大学生
适应性教育
探索与实践

宋胜菊　郭春鸿　主编

XUE SHENG SHI YING XING JIAO YU TAN SUO YU SHI JIAN

知识产权出版社
全国百佳图书出版单位

图书在版编目（CIP）数据

大学生适应性教育探索与实践/宋胜菊，郭春鸿主编. —北京：知识产权出版社，2015.9
ISBN 978 - 7 - 5130 - 3688 - 7

Ⅰ. ①大…　Ⅱ. ①宋…　②郭…　Ⅲ. ①大学生—入学教育—研究

Ⅳ. ①G645. 5

中国版本图书馆 CIP 数据核字（2015）第 178146 号

内容提要

本书通过阐述大学生适应性教育的内涵、任务和目标，详细剖析了大一新生对大学生活不适应的现状，进而用众多实践案例和工作方案提出了适应性教育的有效途径和方法，以及应遵循的原则。

责任编辑：张筱苶　　　　　责任校对：谷　洋

封面设计：刘　伟　　　　　责任出版：孙婷婷

大学生适应性教育探索与实践

宋胜菊　郭春鸿　主编

出版发行：知识产权出版社 有限责任公司	网　　址：http：//www. ipph. cn
社　　址：北京市海淀区马甸南村 1 号	天猫旗舰店：http://zscqcbs. tmall. com
责编电话：010 - 82000860 转 8180	责编邮箱：baina319@ 163. com
发行电话：010 - 82000860 转 8101/8102	发行传真：010 - 82000893/82005070/82000270
印　　刷：三河市国英印务有限公司	经　　销：各大网上书店、新华书店及相关专业书店
开　　本：787mm×1092mm　1/16	印　　张：17.5
版　　次：2015 年 9 月第 1 版	印　　次：2015 年 9 月第 1 次印刷
字　　数：314 千字	定　　价：48.00 元

ISBN 978 -7 -5130 -3688 -7

前　言

　　当代大学生是祖国未来的建设者和接班人，而他们能否担当起历史大任，给大学教育和高校教育工作者提出了艰巨的任务。大学新生适应性教育是新生迈进大学的第一堂课，是高等教育教学中不可缺少的重要内容，是高校思想政治教育工作中的基础性工作。

　　每一名大学生都要经历从大学一年级到四年级学习实践的成长过程，而大学一年级是学生从高中到大学转变角色、重新定位的关键适应期，也是他们人生之梦开始的地方。我们秉承"以人为本、引领向上、尊重差异、注重实践"的教育理念，在连续9年进行《大学新生思想政治状况调研报告》的基础上，用心去了解和研究大一学生初到大学的共性和个性差异，精心安排切实有效的大学生适应性教育活动，把适应性教育当作一项培育人才的基础工程。从事大学一年级教育管理的辅导员、班主任等教学行政管理者汇聚爱的能量，进行了积极的探索和有益的实践。我们把多年来大学生适应性教育的思考和行动进行了认真的总结，将沉淀的思想和成功的实践案例编写成这本《大学生适应性教育探索与实践》。本书通过阐述大学生适应性教育的内涵、任务和目标，详细剖析了大一新生对大学生活不适应的现状，进而用众多实践案例和工作方案提出了适应性教育的有效途径和方法，以及应遵循的原则。

　　本书由中华女子学院北校区大一年级工作组，在实施北京市人才培养共建项目之"北校区校内创新实践基地建设"中创意编写的。这本书记载了大一年级工作组在10年适应性教育的征途上不断耕耘、不懈努力，是一届又一届承上启下的队伍建设成果的浓缩；又是落实学院"十二五"规划和"四个全面"精神，不断推进师生"手牵手"活动的总结；也是学习贯彻党的十八大精神，培育和践行社会主义核心价值观精神风貌的展现。

　　中华女子学院不断创新学生教育管理模式，成立了大一至大四年级工作组，提出分层德育管理模式。在学校党委的正确领导下，在学生工作部（处）的指导下，"牵手教育"与"引航工程"相结合已走过了10个年头，一届又一届新生的到来，一批又一批新员工为我们的工作带来了新的动力和挑战。这里凝结了大一年级工作组老师们对党的教育事业的忠诚，对学生工作的热爱与执著，充分体现了做大一学生的"良师益友、育人阶梯"的主动作为和自觉奉献精神，这种理论与实践相结合的研究探索精神值得肯定。继 2010 年大一年级工作组编辑《牵手》，2011 年《再牵手》，2013 年《情缘女院，牵手大一》的成果相继完成。经过三届全员聘任，北校区多数"老"教工调回学校本部，在队伍变动大、新人多的情况下，大一学生适应性教育的接力棒顺利交接。

本书从大学生适应性教育实践者的队伍建设与管理、教育对象的特殊性与发展性和适应性教育的任务、目标、途径、方法与原则等多角度、立体式地呈现出针对大一学生适应性教育管理中的探索与实践；编者从各自的岗位职责、专业方向出发，细化具体工作案例，共同构筑学生成长网络；将"牵手大一"铺展开来，用"思想育人"——以新生讲堂和心理健康教育形式，加强理想信念教育，用心灵传递温暖的力量，提高学生的政治素质；用"管理育人"——以学风建设和队伍建设为抓手，拉紧先锋骨干的手，加强学生能力建设，又使"活动育人"——以丰富多样的校园文化和传统文化体验、竞赛为载体，使教育实践层层递进，以更丰富的形式体现适应性教育的内涵，为学生成长导航；最后，本书高度概括了多年来北校区党政工团学各项工作的思路、体会并以此与大家分享。

提高大学生适应性教育的针对性和实效性，本书力求达到以下几点要求。

1. 完整性。本书实现了大一学生政治方向与学业进步、搭建平台与实践创新的有机结合。内容全面、重点突出，从思想引领到身心健康、从课内到课外、从个体到群体、从理念到制度、从活动策划到实施，涉及案例丰富。

2. 实践性。本书在内容选择上注重结合实践案例，深入浅出，贴近实际。突出了从理论到实践，从理念到现实，针对性强，且具有鲜明的实用性，突出了个性发展与集体和谐。

3. 适用性。本书作者为大学生教育管理实践第一线的班主任、辅导员和党总支书记，在内容编排上符合大学生循序渐进成长的环境，从调查研究、知识普及、信念引领到活动组织，内容设计贴近实际。不同于学术论文集刊，这本书不仅凝聚了大一学生教育管理者智慧的结晶、研究与探索，更是记录他们全心倾注、育人为本、师生牵手的纪念册。

期待此书能够成为学生们大学梦想腾飞的翅膀，能够有助于大一教育管理者同行进一步提升大学生适应性教育实践与探索，加强交流的案例分享和工作指导。

主　编
2015 年 6 月

目　录

第一章　大学生适应性教育概述

大学生阶段是学生实现从高中阶段教育向高等教育的转变，是从一个"学校人"到"社会人"的转变。由于学习方式、生活环境、管理体制和人际交往方面有很大变化，给大学生带来心理、生理和人际关系等多方面的压力与挑战。因此，如何帮助和引导大学生适应大学生活，完成社会角色赋予他们的特殊使命和任务，是大学生适应性教育需要研究和解决的问题。

第一节　大学生适应性教育的意义

高校新生适应性教育是大学生迈进大学的第一堂课，是高等教育中不可缺少的重要内容，是高校思想政治教育的基础性工作之一。大学新生适应性教育的成效关系到四年大学生活的质量。而适应性教育搞得好不好，关系到学生能否尽快适应大学生活和未来发展，关系到高校人才培养目标能否实现。所以，必须充分认识大学生适应性教育的概念、重大意义、途径、方法和原则，才能取得事半功倍的效果。

一、大学生适应性教育概述

大学生适应性教育启发同学们把全面发展和个性发展紧密结合起来，使得全面发展和个性发展相辅相成。我们要坚持德才兼备、全面发展的基本要求，在适应性教育实践中，注重发展个人兴趣专长和开发优势潜能相结合，在正确处理个人、集体、社会关系的基础上保持大学生个性、彰显纯真本色，实现思想成长、学业进步、身心健康的有机结合，在德智体美相互促进、有机融合中实现大一学生顺利起航。

（一）大学生适应性教育的概念

1. 适应性一词的含义

第一是指生物学意义上的普遍现象，指生物与环境、生物的结构与功能等相适合的现象，是在亿万年进化过程中产生的。第二是指心理学意义上的概念，在心理学上指感觉适应，即感受器在刺激持续作用下产生的感受性变化的现象。如从亮处进入暗室，开始时看不见东西，过一段时间才逐渐看清，这叫暗适应；反之，则叫光适应或明适应。在嗅觉、听觉、触觉、味觉等方面也有适应现象，在痛觉方面则不明显。第三是指瑞士著名心理学家皮亚杰提出的心理学名词。有机体不断运动变化与环境取得平衡的过程。皮亚杰认为，适应是智慧的本质。能适应周围环境，不论环境如何都能满足的相适应。第四就是达尔文的经典解释——适者生存，不适者淘汰。适应性是生物与环境表现相适合的现象，也就是说生物在长时间地与环境的应激能力的不断固化下形成的一种和环境相适应的特性。

2. 适应性教育

各类学校及时对新生进行进入新的学习生活环境后所做的适应性教育与引导工作，使其完成角色转变，适应新的学习，养成良好的学习和生活习惯的教育。每个学生都要经历从小学到中学再到大学的转变，每个阶段的学习模式、生活节奏、学习内容、方式和目标等方面都有很大的不同，适应性教育对于学生转变角色并适应新的环境与要求，具有重要的指导作用。

3. 大学生适应性教育

大学生适应性教育是大学教育的起点，是新生迈入大学的第一课，是指高等学校对大学一年级新生从入学到认识大学、适应大学环境、适应大学的学习要求、养成与大学学习相适应的个人行为规范并达到高等学校要求的一系列教育。大学生适应性教育也是从高中生过渡到大学生的必经阶段。适应性教育阶段以接到大学录取通知书为起点，以学生基本适应所处环境和学习方法、大学生人际关系为终点。一般的时间长度为 3 个月到 1 年，少数学生需要更长一点的时间。

大学新生在入学之初，都会存在心理、学习、生活、环境等方面的不适应，因此，高校要对大学生适应性教育做出科学合理的安排。安排的主要任务是排除大一学生的心理障碍，加强新生的心理健康教育，引导新生做好大学四年设计和人生规划，尽快适应大学的学习和生活，同时要为学生搭建多种平台，开阔视野。而作为新生本身，要正确审视自己，树立正确的人际交往理念，努力做学习的主人。

（二）大学生适应性教育的特点

高校新生适应性教育是高等学校教育教学工作者帮助大一新生适应环境，在高中阶段心理水平和生活能力基础上找到适应大学学习和生活的思想基础、学习方法、生活习惯和为人处世的态度等方面的教育实践活动的总称。

大一新生适应期教育要把"讲"和"做"结合起来，为学生安排更多的实践体验活动。实践体验活动的主要任务是帮助大学新生由高中教育转向高等教育的辅助性活动，从破冰到融合，从拘谨到和谐。具体来说，大学生适应性教育相对于高中阶段教育有以下几个特点。

1. 时间的转折性

四年大学生活伊始，经历艰苦、紧张的高考，拼搏进入大学校门后，处于高中向大学的转换时期，新的环境转换要求他们在生活和交友方式上有重大转折；学习上，由高中接受和掌握知识转变为通过大学的自主学习，动手能力和探索创新精神经历重大转折；生活方式上，初中、高中完全由家长老师的管理变为远离父母的大学自我管理……为了适应这些转变需要通过大学生适应性教育给予一定的指导。

2. 内容的广泛性

大学生适应性教育在内容安排上，主要是以能够满足学生在人生的新起点、新转折点上所需要的新知识为主。引导新生以辩证和发展的眼光看待世界、看待社会、看待大学、看待自己，启发他们在思想政治追求、职业发展方向、与人合作交流等方面提高素质和能力，引导新生对自己的未来发展进行规划，树立自己的奋斗目标，从而注重内涵，提高学生对社会的责任感和对自己行为的约束力。大学与高中的生活不同于以往中小学的成长学习环境。进入大学后，从校园环境、学习方法、管理理念、人际交往、生活方式等方面都发生了变化，面对这一系列的转变，大一新生在思想、生活、心理上都可能出现一定的困惑。而大学适应性教育的内容极其广泛，要指导学生树立正确的人生观和价值观，端正学习动机，激发学习动力，学会独立生活，学会自我学习，学会参与、组织校园文化活动等，这些内容就成为大学生思想政治工作和教育教学管理工作的基础和起点。

因此，要系统、全面做好大学生适应性教育的内容设计，涉及内容多而广，大到国家前途命运、人生理想和规划，小到生活常识、为人处世方方面面。

3. 方法形式的创新性

大学生适应性教育要一改单纯说教灌输，创新教育模式和活动形式。例如，引进团体心理辅导方法，建立新的班集体；引进学风督察和诚信宣誓的方法加强学风建设；引进社团文体活动和传统文化体验提升对大学生活动的参与兴趣；通过自荐竞争上岗和培训的方式，打造菁英成长平台；用校园模拟运营方式，培养学生的职业素养；引进学业辅导概念，帮助学习有困难的学生跟上队伍；用QQ、微信、飞信、电子信息工作坊等现代信息技术，建立师生联系沟通平台。总之，大学生适应性教育要用学生喜闻乐见的方法形式，强调创新性。

（三）大学新生的特点

要开展好大学生适应性教育，必须首先了解和分析大学新生的特点和需求，具体来说，就是要了解从高中阶段来到大学的新生对大学生活有哪些不适应，才能做到因材施教；其次要考虑到不同学校、不同专业、不同生源地学生的具体情况，才可以做到"量身定制"和"有的放矢"，从而收到适应性教育的预期效果。我们从多年工作实际中了解到，大学新生有以下不适应的情况。

1. 对大学学习的不适应

无论是教学方式还是学习方法，大学与中学相比都有很大区别，中学生、高中生的主要目标是中考和高考，学生主要从课堂教学中获取知识，以听老师讲课为主，学习内容相对固定，学习途径和方法相对单一，学习上大多处于被动状态，探索性和自主性不强，学生围绕"教师""教材""教室"三个中心打转转。"灌输式课堂教学"和"高压的题海战术"使学生习惯了高中阶段的"留作业、写作业、点评排队"的教育模式；而大学的学习目标是就业和深造。大学生学习是学生成为职业人的"上岗前培训"，具有较强的专业定向性和一定的研究探索性，教师课堂讲授量少、学生自习量增大。而且教师往往不完全按教材授课，没有重复的讲解和长时间的辅导，更多的是布置阅读参考资料，带领学生参加社会实践和专业实践。面对如此大的教学方式和学习方法上的反差，很多学生很想学习但又感到无从下手，处于压力和矛盾之中，表现出了对大学学习的不适应。

2. 对大学环境的不适应

首先，大学校园里人才荟萃，很多同学在知识、才艺、人际关系、家庭背景乃至身体容貌等方面不如高中时那么拔尖，致使大一新生或孤傲或孤僻。其次，作为独立的社会成员，他们希望得到同成年人一样的尊重和理解，但由于习惯心理的作用，尤其是在经济上还需要依靠家庭、在学习上还缺乏自学能力、在思想上还比较单纯、社会阅历和经验还不够，又渴望得到具体帮助，因此，他们既渴望独立又无法摆脱依赖性。新生入校后，由于生活和学习环境的显著变化，常使一些新生产生焦虑、抑郁、自卑等情绪，如果不及时解决，会给后续年级留下"后遗症"。那么，大学新生需要经过适应性教育缩短高中到大学的衔接过程、降低消极影响、加速积极的心理状态形成以尽快适应大学生活。

3. 对人际交流的不适应

主要表现在人际关系协调不好而产生的孤独和压抑感。大学生来自五湖四海，虽是同班学生，但风俗习惯不同，个人的兴趣爱好也不同。在彼此间缺乏长期了解的情况下，集体生活中往往会产生矛盾，造成人际关系紧张。若不能及时化解矛盾，则会让学生感到孤独和压抑。刚入大学校门的新生，他们的社会地位发生了急剧转变，社会、学校、家庭开始以成年人的标准来评价他们。新生入学首先面临的就是生活环境的变化。很多学生都是独生子女，上大学前，生活上对父母有较强的依赖心理，缺乏独立生活的能力；有的学生缺乏集体生活的经验，不知道如何与寝室同学相处，不知关心他人。他们在主观上总是想做得好一些以获得社会的承认，在客观上却由于涉世不深、经历尚浅，缺乏社会经验和能力，往往会产生既不愿轻易向人表露自己的心迹又迫切需要与人交往的心理矛盾，产生对人际交流方式的不适应。需要在适应性教育中开展丰富多彩的校园文化活动，提供展现他们才能的舞台和交流的平台，使他们开放自己，融入新集体。

4. 学习方向和动力迷失

主要表现在求学动力的暂时消失和目标未定的彷徨。在小学时学习好的目标是上一个好初中；初中阶段的主要目标是上一个好高中；高中阶段，在高考之前，读书的目标非常明确——考上大学，每天既有老师的督促和课业练习的重压，又有父母的关注和陪伴。而一经大学录取，失去了求学动力，同时既无老师的督促也无父母的看管，有些学生有意无意地放纵自己并开始追求享受。还有很多新生进入大学后，需要相当长的一段时间进行摸索和适应，然后才能从彷徨迷失中找到自己，建立起升学之后的高层次目标。在这之前，则常表现为情绪低落，无所适从。这种不适应需要适应性教育给予积极引导，指导他们认识专业、掌握大学学习方法，也可以采取"学姐学长经验交流会"的方式，进行学习方法的指导和交流。

5. 自我评价失调导致自卑心理

大学校园是群英荟萃、高手林立之地，大学生谁没有"辉煌的历史"？谁不是中学时代的佼佼者？为此，他们感到自豪、感到自我形象的高大，他们充满了自信，想力争成为生活的强者。但是，他们也会感到莫名的恐慌，这种习惯于老师宠爱、同学们嫉羡的优越感往往成为发展的障碍。有的学生面对新的环境和新的挑战，原有的优势和平衡被打破，自尊心受到严重创伤，导致自我评价失调，由强烈的自尊心理转为自卑心理。

6. 对大学生活的期望值过高与现实冲突的不适应

很多学生接到大学录取通知书后会长长地吁一口气，认为可以痛快地玩一玩，彻底地放松放松，以偿还那枯燥、单调的青春。"大学生活"更多地意味着图书馆中座无虚席的苦读，报告厅里艰深的学术报告，校园湖畔琅琅的读书声……有的学生会觉得大学生活并非想象中的完美，所上大学并非自己所愿，甚至有的教学实验设备还不如高中，从而产生强烈的失望感。新的理想信念尚未确立而产生茫然和空虚感。有的不适应水土和饮食、气候、语言环境、作息制度等的变化，这些不适应容易导致烦躁、痛苦、紧张不安等焦虑情绪和疲倦、失眠、注意力不集中等亚健康状况。

二、适应性教育实践活动的意义

大学生适应性教育是在新形势下，创新高校德育内容，推进大学生思想政治教育工作的基础。大学是人生中最为重要的阶段之一，能否把握大学阶段的学习与实践是一个人能否成功的关键。只有加强大学生适应性教育，才能通过合理的入学指导，使大学新生树立正确的人生观和价值观，从根本上将不良习惯、懒惰思想、幻想一夜成名等扼杀在摇篮中，使他们顺利起航。大学生适应性教育对于学生顺利完成大学生涯、培养合格人才具有十分重要的意义。

（一）从时间维度来说，抓好适应性教育，是引领大学生思想政治方向的有利时机，具有基础性意义

"九层之台，始于垒土"，"四年大学，始于大一"，坚定不移地做好大一学

生的思想政治教育基础工作，时间重要，意义重大。它关乎大学生四年的思想政治方向、为人处世的态度和习惯的养成。作为大学四年第一个重要的时间节点，对学生思想政治工作提出了重大挑战。我们要通过适应性教育创造条件，尽可能降低高中与大学生活转换期带给学生的迷茫性影响，唤醒学生沉睡的自我意识、自由意识和自觉意识。帮助学生尽快适应"初中等教育"到"高等教育"这种时间维度和人生成长阶段的转换，引导学生弘扬主旋律，学会独立、学会选择、学会交往、学会主动学习。总之，学会做人做事。

（二）从空间维度来说，实施适应性教育是建立大学生思想政治教育的阵地，具有全局性意义

抓住思想政治教育的阵地，必须从基层抓起。从空间维度来说，大学生适应性教育的阵地作用应该体现在缔造学生们共同的精神家园。这个精神家园落脚点是学生基层组织。通过这些组织创建、凝练、灌输不同于高中阶段教育的大学精神文化。精神文化是大学文化的核心，是师生共同的价值观念、道德规范和精神追求，其功能在于培养学生按照他们心目中的大学理想，为共同的目标而努力。大学精神一旦形成，便会对学生产生不可抗拒的影响力并且具有持久的继承性，对于大学四年都会产生积极的作用。置身于这种精神氛围中，就能使大学生循序渐进地熏染上大学的精神、品格。特别是在社会意识形态多元化、多媒体的新形势下，这种阵地建设尤为重要。我们经过多年的探索，形成了"大一学生牵手教育"管理思路，把"团结、勤奋、求实、创新"的校训和"自尊、自信、自立、自强"的"四自"精神，以及"崇德、至爱、博学、尚美"的校风有机融合，作为新生思想政治教育的必修课和追求的目标，对学生的道德培养起着潜移默化的作用。

首先，建立起大学生的第一个家——寝室文化；其次，要做好学生的班级建设工作，包括分班、分组、选班干部、选团支部干部；最后，要建立学生会、团总支、社团联合会、体育联盟、学生艺术团、青年志愿者协会等组织。这些都是大学生思想政治教育的阵地，阵地有了，再抓紧各级学生干部队伍建设，建全学生基层组织，为学生全面发展提供舞台和空间，就如同建立了思想政治工作的健康细胞和神经系统，只有细胞和系统健全，才能保证大学四年里能够掌握正确的方向，事关学生成长的全局。在"制度规范化、育人常效化、基础牢固化"的适应性教育氛围中，落实适应性教育对大学生四年的成长具有全局性意义。

（三）从目标维度来说，大学生适应性教育突出的是"适应"的主题，具有发展性意义

大学生适应性教育，使学生从不适应到适应大学生活，适应社会的环境，适应祖国的发展，目标是要助力学生成长成才，对每个学生都具有发展性意义。

学校教育，育人为本；适应性教育，助人为准，要以助力学生成长成才为目标。大学生思想政治教育作为大学生成长过程始终伴随的必修课，如何更好地实现思想政治工作的育人功能，是摆在每一名学生工作者面前的一项重要任务。大一年级是高等教育的起始阶段，是学生适应大学生活、掌握学习方法、树立发展目标、坚定理想信念和形成正确的道德观、人生观、价值观的关键时期。本科新生由高中进入大学，面临着人生重要的适应期与过渡期，需要学校为其提供及时有效、成体系、有针对性的教育指导。因此，适应性教育对于新生本人及学校人才培养目标的实现都具有重要意义，它是新生进入大学的第一堂课，是高等教育的重要一环，是一项树立大学新生方向感、使命感、成就感的发展性工程。

适应性教育内涵宽泛、内容多样，其形式也在各高校长期实践与探索中不断丰富。通过教育实践活动，让学生们了解学校，了解专业，尽快适应大学生活并树立明确的目标，融入大学生活，适应高校教育与管理模式，养成良好的学习与生活习惯，确立新的人生奋斗目标，科学规划大学学习生涯与职业生涯；学校可以引导新生明确大学学习目的，了解大学学习特点，遵守学校的规章制度，自觉提高思想道德修养和科学素质，迈好大学生活第一步。

三、大学生适应性教育的目标和任务

大学生适应性教育是整个高等教育的起点，是成功的大学教育和做好学生工作的开端和基础。大学生适应性教育能否实现预期目标，直接影响到学生的整个大学生活，甚至影响他们一生。因此，适应性教育探索与实践活动要有明确的目标，突出适应性的主题。

通过大学生适应性教育给学生引领大学生涯的正确方向，播下大学学习实践的种子，培育做合格建设者和接班人的意识，激发大学生创新实践的灵感。

（一）适应性教育的目标

1. 培养学生科学的思维方式

科学的思维方式是现代社会发展的必然需要，也是高等教育自产生以来所强

调的主要教育目的之一。怎样用自己的头脑去决定自己的发展，做出正确的选择，走出一条适合自己、适应社会的最佳路径，这些都要求大学生在每走一步时都必须进行科学的思考。

2. 引领向上，树立正确的人生价值观

全面的教育与点上的教育相结合。以思想政治理论课堂为主渠道，与举办业余党校、团校、学生干部培训班相结合，使新生班（团）干部和政治上要求进步的学生得到及时的指导，使他们的骨干作用得到更好的发挥，增强教育的针对性。

通过适应性教育的系列活动，采取新生讲堂和学习交流活动，使学生们形成对大学的认识、对当代大学生历史使命的认识、对专业的认识和对自我的认识，在这些认识正确的前提下，正确定位，做好人生规划。生活在当今社会的人，不能被动地顺应环境，须主动地去适应环境，保持个人与环境之间的和谐。首先，一个人要能对自己做出实事求是的评价，形成正确的自我观念；其次，客观认识个人能力的优势和劣势，确定适合自己的追求目标，并通过艰苦努力实现目标；最后，培养学生的组织纪律观念，增强学生爱校意识，强化学生的素质培养，促进良好习惯的形成，学会感恩，主动拼搏。

3. 培养学生良好的行为方式

正确的行为方式是指学生在遵守法律和社会公德的前提下，按照具体情况，用正确的方法解决所遇到的问题。行为方式相对于思维方式来讲，更容易受环境的影响，周围人们的言行举止对一个人行为方式的形成有很大影响。行为方式不要求千篇一律，不一定要符合常规，但一定要合情、合理、合法，循规蹈矩不是素质教育的目的。

4. 培养大学生的创新精神

知识经济时代较之以往的工业经济时代，更强调创新。创新是在适应基础上更深层次的发展。没有适应，就无法去创新，仅仅适应而缺乏创新和开拓精神，也不是当代教育的宗旨。

（二）适应性教育的任务

人生如登山，要求所有的人在同一条件下达到同样的高度是不现实的，但我们希望每个人都尽力向顶峰迈进，无论他们最终达到的高度是多少，这就是素质教育的方法论意义。从某种意义上说，大学也是一个"演习场""训练场"。尤其对于大一新生，大学教育的主要任务就是通过适应性教育使学生尽快转变角色，尽快适应大学生活，进而通过演习训练去适应未来的"现实社会"。

1. 开发大学生潜能

这里所说的适应性教育，是指进一步开发人的潜能，使大学生毕业后能够适应社会的发展变化。当代教育的任务可以概括为四个"学会"，即教育个体学会认知、学会做事、学会共同生活、学会生存发展，这是素质教育的基本内涵，而适应性教育正是学生学会生存、学会发展的具体实施途径。

2. 提高认识，形成正确的自我观念

高校大一新生适应性教育也是大学生学习习惯和学风建设的起点，为学风建设提供了最佳时机，提高认识、形成正确的自我观念是新生教育的重要内容，新生教育的成效关乎大学生四年的学业，关系到整个大学教育的质量。

3. 克服应试教育造成的积弊

中学阶段的学习是填鸭式的应试学习，大学阶段的学习是以自学为主的求知学习。因此，一个人进入了大学，首先应该改变读书的观念，把"念书"提升到"求知"，逐渐改变自己在应试教育中养成的不良学习习惯，把教师在课堂上所提示的科目要点只当作个人学习的起点或引线，个人再循点线的方向自行扩大、连接、填充、组织，最后形成自己的知识。明确认识到能力源于知识却比知识更重要，在学习和处世中养成独立思考和判断的习惯。只有这样，才能在大学的社会和文化环境中心智逐渐成熟。

4. 培养积极健康的心理素质，改变人际交往的理念

许多大学生缺乏人际交往的能力，苦于找不到知心朋友，其实，这是由大学生人际交往方面的错误认知所造成的，因而改变交往理念是建立和谐的人际关系的前提。首先不必刻意寻找知心朋友，要认识到每个人都不是完美无缺的，在个体行为习惯、价值观念和情绪状态等各方面每个人可能会有优点或者不足之处；要主动积极发展与同学的交往，获得准确理解别人、与人和睦相处的经验，并促进自己社会性的发展；要正确对待同学之间的竞争问题；多参与社会活动，与人结识，多了解社会，多学一些书本以外的学问。

5. 主动适应大学生活方式

适应性教育的目的在于对刚刚跨入大学门槛并处于人生重要转折时期的大一

新生给予及时、科学的引导。由于大学独特的教育制度和教学活动特点，大学生的学习、日常生活、闲暇娱乐、社会交往等有其独特的模式。以寝室为单位的集体是个新的特殊家庭，其成员之间能否和谐相处是一个新的人生课题。因此，大一新生要认清大学生活方式的特点，分清主次和轻重，提高自觉性、增强自制力，学会理智地驾驭生活、争做生活的主人，努力创造条件，形成有张有弛、有节奏、有规律的生活方式，以达到学习、生活、休息的和谐统一，从而使自己健康成长。

第二节　大学生适应性教育的途径和方法

俄国作家克雷洛夫说："理想是彼岸，现实是此岸，中间隔着湍急的河流，行动则是架在河上的桥梁。"为了实现大学生适应性教育的总体目标，引导和帮助学生了解大学文化、大学精神、大学生活的特点和基本要求，顺利完成从中学到大学的角色转变，完善、健全与大学学习相适应的思维、学习和生活方式，要通过适合的方法和有效的途径实现教育目标。

一、大学生适应性教育的途径

（一）宣传组织途径

要加强大学生适应性教育的组织领导，构建一支基础扎实、热爱学生、乐于奉献的高素质专职学生工作干部队伍，使适应性教育常规化、专业化。

1. 对学校传统和校风校纪校规的宣传教育

通过对新生进行学校历史传统及发展教育，使新生全面了解学校的校史、校情、学校的特色和优势，使他们形成对学校的认同感、归属感和自豪感，培养、巩固新生的爱校意识。

2. 及时的"转换"指导，给予生活适应和人格教育

新生入学教育应倡导自信、自强、友善、诚信的生活理念和健全人格。增强法制观念和安全意识，提高自我防范意识和应对突发事件的能力，保证自身生命财产安全。

3. 深入学生中去宣传组织

教育工作者要成为学生的朋友，要热爱、关心学生，了解、理解学生，帮助、指导学生，这也是老师的职责。

(二) 开展丰富多彩活动的途径

开展形式多样、丰富多彩、健康向上的学生活动，要避免枯燥乏味的"我讲你听"的传统做法，运用符合青年特点、学生喜闻乐见的多种形式，如运用现代化多媒体技术进行内容演示、组织观看心理剧、组织新生参加相关网上知识竞赛和参观校史陈列、科研成果展等，使入学教育活动丰富多彩、生动活泼。

1. 引导新生参与各种活动，培养综合能力

一位西方教育家说过："在中学阶段，学生伏案学习；在大学里，他需要站起来，四面观望。"在大学生活中，一方面学生有较多的课余时间，另一方面大学校园的课余生活是丰富多彩的，除日常的教学活动外，有各种各样的讲座、讨论会、学术报告、文娱活动、社团活动、社会实践活动等，这些活动令新生们眼花缭乱，对大学生活充满好奇。这个阶段是他们的热情与积极性最高的时候，同时也是最容易出现各种疑惑、感到茫然的时候。通过多开展一些丰富多彩、健康向上的活动，对防止和减少学生不良心理问题的出现是有益的。积极向上、轻松新颖的活动内容，可以将学生组织在一起，促进彼此间熟悉和交流，增强集体凝聚力。

2. 帮助学生消除一些心理障碍，开放心胸

各种活动的开展，既丰富了学生的课余生活，又让学生从中体会到集体的温暖和力量，同时能增强学生的自信心，也发展了自己的长处，弥补了自己的不足，对学生的全面发展起到促进和推动作用。

3. 大力培养学生的自立能力

当今大学生普遍存在这样一个问题——自理能力较差。自我国实行计划生育政策以来，独生子女成为家庭的重心。他们衣食无忧，很少从事社会实践活动，难得帮助父母做一些普通的家务劳动，很多独生子女甚至是衣来伸手、饭来张口。面对这样的实际情况，应积极地号召学生"自己的事情自己完成"。告诉他们身为21世纪的大学生应该具备最基本的能力——自立能力，帮助学生树立自信、自强观念，鼓励学生从自己做起，从小事做起。不但使学生能够生活自理，

而且能促进学生在学习上形成独立自主、自我钻研的良好习惯。同时，这对其自身正确的心理调节也是一种促进。教师在充分了解学生、关心学生的基础上，不仅要给予学生必要的帮助，同时鼓励学生多进行一些有益的社会实践活动。

（三）广泛交流和传帮带的途径

1. 科学的专业指导

坚持学科入门指导，帮助大一新生了解相关学科专业的发展趋势、前沿动态以及这种发展动态与社会、经济的联系，从而激发他们对所学专业的兴趣。

2. 专业的学习教育

对大一新生进行学习教育，主要指学习方式和方法的教育。要教育学生培养自主学习、独立学习的观念、意识和能力，尽快完成由高中学习方法到大学学习方法的过渡和转变，使学生尽快适应大学的学习模式。

3. 得当的规范指导

只有从大一学生刚入校就深入学生中去，才能从认识学生到熟悉学生进而了解学生，从而，正确地引导和帮助学生。教师要想看到学生生活最真实的一面，只有主动走进学生的世界，去亲身感受学生的苦与乐、喜与悲。大一学生刚刚开始大学生活，有很多不适应，更加需要教师的关心、引导和鼓励。这一时期，最有利于建立良好的师生关系，使教师成为学生的朋友。通过与学生的谈心，了解他们的思想状况，并给予正确的引导，了解他们生活中存在的困难，想尽一切可行的办法予以帮助解决。与此同时，教师要做到言出必行，答应学生的事情一定要做到。如果实在无法解决，也要向学生解释清楚，给学生一个说法。这样，不仅有利于建立教师在大一学生心中良好的印象，树立教师威信，而且更拉近了师生之间的距离，增进师生感情，使教师获得学生发自内心的尊敬与热爱。

4. 发挥高年级学生榜样作用

学校在组织新生入学教育的同时，在高年级学生中正常开展校风建设活动、学术报告活动和丰富的校园文化活动，为新生进校营造良好的氛围。

5. 悉心的解困指导

随着高等教育大众化和并轨招生后的收费调整，大学生中家庭相对贫困的人数约占20%，教师要帮助新生了解政府和学校设立的助学济困项目种类、评判标准和确认程序。

6. 学生家庭的密切配合

学生综合素质的提高是由家庭和学校双重教育来促成的，父母对学生的影响是从孩子一出生就开始的。大学生活是新生走向社会的开始，从依赖到独立、从不成熟走向成熟的过程中，父母依然扮演着重要的角色。父母的关爱对学生的健康成长仍是重要的精神支柱。但要强调父母对子女关爱的内涵不只是物质上的，更重要的是精神上的鼓励、细腻的情感交流、严格的做人要求等。要培养他们讲诚信品德，特别是在考试中拒绝参与作弊。如果每个学生都能从自己做起，那么考试作弊风也就会有所收敛，良好的学风与考风就能在学校形成。

二、大学适应性教育的方法

大学生适应性教育阶段会遇到很多新问题，而且每个年级既有相同性，也有随着年龄和地域变化的不同性。根据多年的探索与实践，我们采取了"五多一严"的教育管理方法，初见成效，即多活动、多帮助、多关心、多培养、多实践和严管理。

（一）多活动

立足于学生综合素质的培养，引导学生参与健康有益的活动。抓住大学生初次离开疼爱他们多年的父母容易想家的特点，利用他们参与大学活动积极性高的特点，以学生全面发展为目标，广泛开展学生活动，使学生在丰富多彩的活动中受益、成长。大一学生刚入学，对于参加各种活动的积极性高、迫切想要感受大学氛围，因此，必须抓住机会，因时因地制宜，以各种活动为载体，寓思想政治教育于丰富多彩的文化活动之中。比如新生田径运动会、体育文化节、风采大赛、主持人大赛、卡拉 OK 大赛、舞蹈大赛、曲艺大赛、辩论赛、演讲比赛等可以提升学生综合素质，提升学生的精神境界，引领学生健康成长、成才。总之，通过策划组织各种学生喜闻乐见的活动，无论活动大小、参与人多少，都是思想政治工作的重要内容。在活动中，我们弘扬了中华传统美德，凝聚了集体的力量，培养了爱校、爱专业、爱同学、爱老师的健康情感。构建了"123"帮助学生成长的格局，即 1 个体育平台——新生运动会；2 个文艺活动舞台——元旦文艺汇演和青春放歌文艺汇演；3 个活动系统——团总支、学生会、社团联合会，百花齐放。我们并以此为主线，带动了大一学生第二课堂和各类校园文化活动的丰富多彩。

（二）多帮助

大学生适应性教育要立足于学生顺利完成大一的学业，帮助学生解决学习、生活、成长中的困难。通过建立完善的学生学习生活指导体系，教学管理部门对班级学习委员和区级学生会学习部进行指导监督，帮助学生掌握正确的学习方法，增强学习主动性；通过生涯规划讲座，指导、帮助学生分析自身特长，规划未来职业，增强学习动力；通过学风督导和《学生手册》的学习，指导、帮助学生树立严谨学风，自觉学习；通过诚信教育，引导学生诚实考试，不违纪，考出真实成绩。大一学生在来高校前很多是高中阶段的"尖子生"，进入大学后很多人失去了高中阶段的"光环"，与其他同学同在一个起跑线上，容易产生自卑和失落感。因此，必须注意帮助学生增强自信心，多表彰、多奖励。积极营造以激励为主的思想政治工作氛围，形成多层面、多角度、重过程的激励体系，进一步调动学生奋发向上的积极性和进取心。

（三）多关心

教育学生塑造健康人格，解析成长困惑，帮助学生克服生活困难，全身心投入学习。认真落实资困助学服务工作，把党、政府、学校和社会爱心人士的大爱传递给家庭经济困难的学生，关心帮助他们渡过经济难关。勤工助学、困难生资助和临时性补助等相关工作的落实，要确实做到没有一位学生因家庭经济困难而辍学。这既是一份大爱的工程，又是一项政策性非常强的工作，从困难学生申报，班主任辅导员对申报材料的审核、认定，再到学生处助学贷款的审批、各项助学金的发放、勤工助学岗位的设置和安排，每一个环节都必须严格把关，加强管理，准确把握贫困生情况，将适应性教育与解决学生实际问题相结合，其中包括加强对勤工助学岗的指导。从勤工助学岗的选拔招聘到正常使用，每一环节都认真负责，认真指导。这些学生通过自己的辛勤劳动自食其力，不但锻炼了自己，而且为家庭减轻了经济负担。把温暖送给最需要的同学。

（四）多培养

大一新生刚刚入校，政治上迷茫、专业上懵懂，因此，明确适应性教育的任务至关重要，必须突出引领向上的主线。为了有效做好学生的思想教育工作，要注意培养学生，使他们真正从教育中受益，必须以理想信念教育为核心，以学生对加入党组织的迫切愿望为契机，采用多种教育方式，不断提高学生的思想政治素质。我们以开设学生业余党校初级班为龙头，积极组织学生参加党校学习，用党的基本知识教育引导学生。通过对学生党员的教育培养，发挥他们对学生入党积极分子的传帮带作用，促进入党积极分子的培养和学生预备党员的再教育。党校初级班培养了大学生的入党信心，学习了党的基本知识，增强了学生对党的认识。通过各种培养措施，使学生在大一就坚定理想信念，明确自己肩负的使命，这将决定学生四年的思想道德走向。

（五）多实践

立足于锻炼学生能力、强化实践育人，结合应用性人才培养目标着力建立实践育人平台，重点加强了学生社会实践的机制建设、制度建设，拓宽了实践渠道。我们注意发挥学生社团功能，大力开展公益活动。把常规活动和特色活动结合起来，让学生们在服务中获得实践机会，做到点、面的结合，全面辐射，使学生在丰富的实践活动中得到熏陶和教育。例如，青年志愿者协会每周到昌平区北七家镇太阳城银龄公寓进行志愿活动，从中感受"老吾老以及人之老"；农妇会和青协双周到北京儿童村进行支教服务活动，在"学以致用，传播知识"的实践中，体验社会工作。

（六）严管理

立足引导学生养成良好习惯，严格要求、严格管理。我们要不断申明严格的学习纪律、校园秩序和安全规定，强调教师是课堂第一责任人，狠抓课风建设、强化课堂考勤制度，实行任课教师与学生干部双考勤、宿舍管理责任到人等措施，促使学生养成良好的生活习惯、学习习惯、安全习惯，实现管理育人。适应性教育需要严格管理和关爱并重。管理就是要有严格的制度和实施办法，违反则惩罚，遵守则提倡；关爱就是要做到像父母般关爱学生，确保大一学生的人身安全、财产安全、政治安全、网络安全以及心理健康安全等。注重采取多种形式加强管理，比如通过主题班会、安全知识讲座、消防演习、安全疏散演习、参观公共安全馆等形式提高学生的安全意识，确保学生的健康、安全。安全教育工作是学生工作的底线，没有安全保障，一切都无从谈起。

综上所述，每一名从事大学生教育的工作者都要对学生的适应性教育引起高度的重视。从思想政治视角审视教育管理工作，必须做到有理念、有队伍、有载体、有行动、有效果。

第三节　大学新生适应性教育实践活动的原则

大学生适应性教育就是高校在实施新生教育活动中，充分发挥学校教育者的主导作用，使大一新生从不适应到适应再到顺利起航大学的过程。其目的就是对刚刚跨入大学门槛并处于人生重要转折时期的大一新生给予及时、科学的引导。为了学生在大学四年的学习和成才，我们在实施适应性教育过程中要用心、用脑去工作，注意坚持以下原则，有效推进大学生适应性教育的顺利进行。

一、坚持德育为先的原则

坚持德育为先是指在适应性教育目标、内容、方法和形式上要以坚持马克思列宁主义、毛泽东思想、邓小平理论为指导，培育和践行社会主义核心价值观，树立坚定的理想信念。这是我国的大学德育区别于其他不同社会德育的根本指导思想和根本特征，集中反映了社会主义社会对大学教育的根本要求。现阶段，我国正在贯彻党的十八大精神，深化综合配套改革，这就更加要求我们在学校教育中应始终把坚定正确的政治方向放在第一位。在这一思想的指导下，大学生适应性教育方法应该把对学生的正面引导，同识别、抵制错误思潮和不良社会风气结合起来，在坚持正面教育中把党和国家的路线、方针、政策同社会主义和共产主义思想、道德教育结合起来；从教育对象的思想实际出发进行教育，同提倡共产主义精神结合起来；对学生的日常学习、生活、公益意识、思想修养等方面进行教育指导，把大学梦同实现中国梦教育结合起来。

（一）在教育的角色上，进行自我意识教育

1. 认识自我

人要适应环境，首先要熟悉自我、认知自我，建立自我意识，使之适应环境，这主要从增强自我管理意识和提高自我管理能力两方面着手，注重发挥学生的主体地位。

2. 学会交流

加强学校教育者与学生的双向交流，在交流中了解学生的所思、所感、所求、所惑，在交流中建立信任的基础；注重换位思考，改进学校的教育、管理、服务工作，更好地为新生服务，更多地给新生以关爱、生活适应和人格教育，及时地"转换"指导，更好地体现管理育人和服务育人的宗旨。

（二）帮助新生尽快适应大学的学习和生活

现代教育方法要求教师不仅要传授知识，更为重要的是指导学生，使他们学会学习，掌握适合自己的学习方法，具备触类旁通的能力。教会新生学会生活，积极参加健康有意义的活动，培养良好的理财、消费、勤俭等生活习惯。

我们的主要目的是要把学生培养成走出校园后能适应社会发展变化的"社会人"。因此，我们主要是教给学生思维的方式、分析解决问题的方法、对待竞争的态度及遵守公共原则的意识等。古人云："授人以鱼，不如授人以渔"，当代教育界也流行这样一句格言"教是为了不教"。

（三）教育新生建立和谐的人际关系

指导新生在与同学交往中既不自傲也不自卑，尊重自己和他人，以诚相待，以心换心，用真情去赢得他人的尊重和信任，得到他人的理解、支持与帮助。在学习和生活中要团结、互助、友爱，讲求合作、团队精神，要培养与他人交往的兴趣和技巧，与人和睦相处，还要组织新生开展参与性强且有益于培养团队合作精神的活动。

二、坚持统筹协调的原则

对大学生的适应性教育需要从多方面进行关注和参与，包括社会、学校、教师、家长与学生自身共同努力。要全面动员，做到全校一盘棋，从新生录取、迎接新生到入学教育、课堂教育等举全校之力，打牢大学四年的根基。大学有地域、专业、规模、属地等诸多不同，因此各校应该根据自身特点，动员各方力量，因时因地制宜，因材施教，统筹协调。

要全面提高学生的适应能力，就要充分发挥整体的作用。统筹协调也可以称作综合性原则，在当今的大学教育实践活动中，对大学生进行适应性教育工作不是孤立地采取某一种方法，而是要综合地运用各种方法，发挥整个方法体系的整体作用。例如，要把理论教育与实践教育相结合，显性教育与隐性教育相结合，家庭教育、学校教育与社会教育相结合，教育与管理相结合、自我提升和学长学姐指导相结合等，发挥各种方法的综合效力达到良好的效果。在整体性要求的指导下，要考虑各种具体平台和方法之间的联系，在选择或运用某一种方法的时候要考虑和其他方法的联系，发挥互补作用，促进学生知、情、意、行的协调发展。

（一）加强基础性

它的内容涉及理想、人生观、集体主义和职业道德等内容，但是不能代替那些思想政治理论课等教育课程。在教育的角色上，能注重学生的主体地位，加强学校教育者与学生的双向交流，在交流中了解学生的所思、所感、所求、所惑，在交流中建立信任的基础；注重换位思考，改进学校的教育、管理、服务工作，更好地为新生服务，更多地给新生以关爱，更好地体现管理育人和服务育人的宗旨。

（二）讲究程序性

大学生适应性教育似乎是包罗万象，杂乱无章，其实有其合理的内部结构和联系，有规律可循。活动安排一定要符合循序渐进的原则，注意整体设计和部分实施的系统性，不要虎头蛇尾，也不要虚张声势，要一步一个脚印，扎实推进。

（三）注意整体和局部的关系

引导新生做好人生规划，迈好入校第一步，引导学生明确接受高等教育的目标，做好大学生涯规划。通过加强入学教育，改变他们对大学的认识，使他们明白，通过高考进入大学不是一劳永逸的事情，上大学只是完成了人生征途中的一个目标。今后的路还很长，只有尽快适应大学生活学得一身本领，大学生活才会变得充实而有意义。

三、坚持实践创新原则

坚持实践创新原则主要是指在对学生进行适应性教育的过程中，要主动引导、组织学生接触社会、接受新信息、经受锻炼、敢于实践，具有开放的心态和视野，而不是用消极被动的"禁、堵、防"的方式，使学生与外界不良影响隔绝，企图使学生生活在"思想无菌室"里。要采用积极引导的方法，主动地组织学生在社会实践中接受信息，坚持循序渐进，使他们既看到社会主流的一面，同时也认识到存在消极隐患的一面，从而使他们直面现实中的新问题、新情况，帮助他们学会在纷繁复杂的社会思潮和各种社会现象中培养和提高判断是非、辨别真假的能力。要研究学生的思想和心理特点，根据他们的实际，选择符合学生实际的教育实践方法。

（一）有利于加强专业指导

在大学生入学之初就给予其科学的专业上的教育，帮助大一新生了解相关学科专业的发展趋势、前沿动态以及这种发展动态与社会、经济的联系，从而激发他们对所学专业的兴趣，有助于专业的学习教育。对大一新生进行学习教育，主要是指学习方式、方法教育。要教育学生培养自主学习、独立学习的观念、意识和能力，尽快完成由高中学习方法到大学学习方法的过渡和转变，使学生尽快适应大学的学习摸式。

（二）有助于培养健康的心理和健全的人格

1. 做好心理健康测评

通过对学生进行心理健康评价和教育，进行心理健康普查，建立心理档案，及时掌握新生的心理健康状况，有针对性地对学生进行健康教育。讲解心理健康的相关知识，引导学生养成健康的心理、完善的人格，建立良好的人际关系。提高对挫折的承受能力，使学生具备良好的心理素质，为顺利完成学业打下坚实基础。

2. 要培育健康的生理素质

这里所讲的生理素质，不仅仅是使学生拥有一个健康的体魄，而且要使学生养成良好的健康意识，这个意识包括良好的饮食习惯、业余爱好等生活习惯，使之显示出健康人的体征和行为举止；同时，要认识到一个人的健康状况不仅仅关系到个人身体健康，而且影响着周围的环境。

3. 要培育良好的心理素质

在现代社会，对人的影响绝大部分是心理方面的。一个人的言行举止、喜怒哀乐可以说是一个人心理素质的外在表现形式。因此，良好心理素质的培养是适应性教育的主要内容。

（三）有助于爱校守规

对学校传统和校风、校纪、校规的教育。通过对新生进行学校历史传统及发展的教育，使新生全面了解学校的校史、校情、学校的特色和优势，使他们形成对学校的认同感、归属感和自豪感，培养、巩固新生的爱校意识。增强法制观念和安全意识，提高自我防范意识和应对突发事件的能力，保证自身生命财产安全。

（四）有助于服务育人

在教育的内容上，能满足学生在人生的新起点、新转折点上所需要的新知识。工作的出发点和落脚点，要坚持以学生为本，以学生成长成才为本。我们设计的所有方案措施都要有助于做好大学生的服务引导工作。大学生适应性教育实践活动中，大一新生教育是整个高等教育的起点，是成功的大学教育和做好学生工作的开端和基础，它将影响学生的整个大学生活，甚至影响他们一生。在教育活动的安排上，要为学生服务，为学生搭建成长和展示的舞台，加强指导，注意总结提高。要重视学生情感的变化，注意情绪的分析，一事一议，以情感人。

第二章　新生讲堂，思想引航

第一节　思想引航概述

　　大学四年各阶段都有各自的任务和目标。对于初入大学的大一新生来说，可能一切都是崭新的，面对全新的社会身份、生活方式、学习方式、时间管理方法、人际关系处理、政治理想与追求等一系列问题，有必要跟大一学生们讲一讲，因此开设"新生讲堂"是中华女子学院北校区在创新基地建设中的新思路和新实践探索。在连续 10 年组织"新生入学教育"和"百科知识讲座"的基础上，因学习目标、学习动力、学业规划、学习方法、政治追求等方面存在困扰而设立思想引领实践活动，主要是为大一新生传递正确的世界观、人生观和价值观，使大一新生把上大学和树立坚定的理想信念紧密结合起来，起到思想引航的作用。

一、新生讲堂的总体目标

　　新生讲堂的目标就是播种大学精神，培育大学风尚，指引学生方向，奠定大学基础。新生讲堂就像一本大学新生入学指导书，旨在帮助新生缩短对大学的适应期，了解大学的起源、演变和学校发展历程，并在此基础上思考和探讨上大学的目的和意义，明确读大学的目标和任务；领悟大学生活与中学生活的诸多不同，目的是培养大一新生主动适应大一学习、生活的能力。

　　总之，大学是新生梦开始的地方，新生讲堂是为学生们造梦、筑梦、追梦、圆梦奠基和引航。

二、新生讲堂的设计思路

　　大学新生讲堂通过三个模块来达到提高认识、形成正确的人生观念的目的，为大学四年的学习生活打好基础。第一模块为适应篇，重新起航，使学生认识大学精神与内涵，了解校训、校纪、校规，为人生重新起航做好准备；第二模块为成长篇，将理论与实际相结合，面对大学的挑战，服务和指导学生做最好的自己；第三模块为发展篇，筑梦与圆梦，指导学生如何做好大学规划和人生规划，树立正确的学习观，为理想打拼。

第二节　思想引航实践活动的设计思路

一、内容的选择

新生讲堂方案的设立和内容取舍，一是根据学校人才培养目标，二是选取新生入学"应知应会"内容，三是依据多年来对新生思想政治状况调查研究而来。通过调查，了解到有超过三分之一的学生对大学生活抱着"过一天，算一天"的想法，还没有真正融入大学学习生活；有近三分之一学生认为进入大学感觉变化最大的是大学的学习和生活以及学校氛围；最苦恼的问题前三位是找不到目标和动力（50%）、学习压力大（12.5%）、就业压力大（9%）；希望学校举办的讲座主要倾向于学科和专业入门指导、青春励志、时事热点、礼仪修养和职业生涯规划等。因此，我们认为学校不但有必要在大一学生中开展系列讲座，而且在内容的遴选上要立足于为初入大学的学生们答疑解惑，指引方向。

新生讲堂设计了 10 个部分的内容，预计 15—20 次讲座完成，安排在第一和第二个学期，以系列讲座的形式实施。讲座紧扣"大一适应性教育"，主要内容涵盖在把握大学学习规律的基础上找到适合自己的学习策略；大学培养目标、学分制管理和生涯规划的重要性，如何找到成就学业、规划人生的方法和要领；在了解、体味大学生丰富多彩的课余文化生活的基础上，激发大一学生对生活的热爱，处理好多种诱惑和多种选择的关系，用健康的身心去拥抱美好的未来。（详见表1）

表1　2014级新生讲堂暨大一学生适应性教育系列讲座计划方案一览

次　序	主讲题目	主　讲　人	
		负责部门	职称（职务）
第一讲	最初感受：规矩与适应	北校区	主任兼党总支书记
第二讲	重新起航：大学与成才	学校领导	副校长

续表

次 序	主讲题目	主 讲 人	
		负责部门	职称（职务）
第三讲	全新探索：指导与服务	学生处 团委	学工处长 团委书记
第四讲	全面发展：培养与学习	教务处	处长
第五讲	核心价值：培育与践行	党委宣传部 思政教学部	党委书记 宣传部长 思政部教授
第六讲	引领向上：追求与梦想	党委组织部	业余党校教师
第七讲	长远设计：就业与发展	招生就业处	大学生发展研究专家 职业生涯导师
第八讲	特别关注：安全与防范	分校区 保卫部	公安大学教授
第九讲	深度审视：心理与调适	心理素质发展中心	心理教育专家
第十讲	我学榜样：感动与激励	学生工作部校团委	优秀学生和校友

二、师资团队建设与教学组织

新生讲堂在学校各部门的支持下，汇聚各路专家、精英，组成新生讲堂的团队。新生讲堂的老师有学校领导、校内外专家教授、职能部门的领导，还有优秀学生和成功校友。教学组织由大一年级工作组牵头制订总体计划，在各部门鼎力支持下，分步实施，一般在学生军训结束后的第一周开始上课，每周安排一讲。教务部门具体负责新生讲堂的组织与管理，学生持《中华女子学院讲座卡》盖章记录考勤，听课笔记统一记录在《北校区学生创新实践活动记录手册》上，按照学校教务处规定标准可以适当计算学分。

经过多年的实践和探索，在对学生进行了多年调查了解的基础上，根据学生成长和适应性教育的需求，关于适应性教育，我们既有总体设想，又根据每年时事政治形势的变化有所调整。经过精心设计和备课，适应性教育着重在人生观、价值观、大学教育教学管理、学生学习生活指导、大学文化培养、安全教育、党的纲领和基本知识、社会主义核心价值观教育、大学生涯、职业生涯、心理调适等方面依次展开。

（一）最初感受：规矩与适应

作为第一模块的适应篇，主要安排四讲，而开篇所讲课程，一般是在学生们参加完军训第一周上课时安排。由大一年级工作组组长担任第一讲的任课教师，针对大家初入高校的近期感受全面地与同学们做一次交流。同学们经过 12 年苦读，经过高考的洗礼，带着对未来的憧憬和美好愿望考上大学，迈进向往已久的大学殿堂，步入青春和梦想开始的地方。大学，是他们人生的新起点，如何尽快适应大学的学习与生活，怎样在北校区过得更充实、更有意义，这些都需要师长们带着他们去感悟、适应、思考、规划。新生讲堂就是想给大一学生一盏灯，帮助他们更快、更好地找到一条属于自己的航程。主要内容介绍如下。

1. 环境的适应

熟悉学校，熟悉校区，适应大学生活。让他们感受到学校全体师生对他们的热情拥抱，也让他们意识到自己已经是本科院校的一员，完成他们内心角色从高中到大学的定位与转变，激发他们的学习热情和渴求知识能力的愿望。接下来是地理环境、办学条件、教学设施的介绍，让他们尽快完成大学地理环境的适应、校园环境的适应和人际交往的适应。

2. 学习的适应

让同学们了解大学学习的特点，使他们认识到大学学习与高中学习的差异。在学习内容上已经不再是"数理化、语数外"层层递进，每个学期课程都不一样，内容多，学习任务比中学要重，大学老师课上讲得很快，许多内容需要课下做作业和看书自己消化。所以提倡学生课外自主安排学习，并让他们知道逐渐从过去父母老师"要我学"，向未来前途命运竞争的"我要学"方式转变和适应，大学仍然是"没有硝烟的战场"。

3. 管理的适应

大学有多样化的资源，拥有丰富多彩的校园文化氛围和成长平台，大学是一个大舞台，是学习的竞技场，是文化活动的百花园。大一学生要积极参加各种活动，勇于实践，发展自我，展现自我，努力提高个人素养和能力。大学有各种学生会、学生社团活动，有党校业余初级班、大学生志愿服务平台等，这些既是实践的平台，也是学习的资源。

（二）重新起航：大学与成才

学校校领导担任第2—4讲的主讲老师，全面介绍学校本科教学工作。"重新起航：大学与成才"的讲座，围绕"大学的精神、内涵、功能、校训、本校的发展历程与未来的展望"对学生如何做人、做事、做学问给予了指导，并在读书与成才、读书与交友等方面进行重点讲解。讲座中穿插了生动实例，解答新生学习、生活中的疑惑，使大家感悟到高校对学生特有的亲和力、大学精神与文化底蕴，进一步坚定了理想信念。通过本讲的学习，同学们可以了解到大学的起源、演变和发展历程，并在此基础上探讨上大学的目的和意义，明确读大学的目标和任务；可以领悟到大学生活与中学生活的诸多不同，以具备主动适应学习、生活的能力。主要内容介绍如下。

1. 大学的内涵

给同学们讲授大学的精神与文化内涵，大学的功能与培养目标，上大学的缘由，大学能给同学们带来什么，同学们怎样重新起航，等等。

2. 一所高校的发展和奋斗史

以中华女子学院为例，讲述女院与共和国共命运，从风雨中走来，黎明前创建，是如何发展到今天的，女院的未来又是什么，怎样才能建设一流女子大学。女院的文化内涵，女院的校训、校风和成功校友介绍。

3. 高校的人才培养目标

以中华女子学院为例，讲述从知性高雅的女大学生培养目标出发，对同学们提出希望和要求，帮助大一学生摆脱刚刚入校时的迷惘与恐惧心理，把上大学来女院当作人生新的起点，为同学们尽快制订大学学习生活和发展规划，指引新的目标和方向。

4. 我该怎样上大学

引发同学们思考如何确立自己大学四年的目标，触发同学们对自己未来的思考，对自己人生的思考，对自己上大学所填报的学校和专业志愿的思考。使他们明白，走进大学才是开始真正属于自己的人生，开始规划自己的学习和生活，把压力变为动力，把责任变为行动，为大学四年之路越走越好奠定基础。

（三）全新探索：指导与服务

作为第二模块的成长篇，包括四个方面内容，分若干小节讲授，启发同学们上了大学以后要全面发展，刻苦努力学习，做最好的自己。这一讲由高校学生工作部长担任主讲老师，从学校人才培养目标到培养德智体美全面发展，具有"四自"精神、公益意识、知性高雅的应用型女性人才逐一展开，进行全新的探索，使同学们了解到在学院党委领导下，学生工作部（处）和校团委、各院系党总支、团总支、辅导员、班主任构成的全校学生工作系统是一个有机整体，在学生大学四年的成长道路上始终陪伴着他们，为他们提供指导与服务工作。

1. 学生工作指导与服务

（1）生活指导与服务，包括生活补贴与资助，证件办理与班主任工作，养成教育，安全教育。（2）学习指导与服务，包括新生入学教育和毕业生离校教育，就业指导与服务等。（3）心理指导与服务，心理健康教育，心理素质发展和团体辅导及危机处理等。（4）思想引领与服务，丰富多彩的第二课堂活动（宿舍文化节、社团文化节、女生节……），感恩教育、诚信教育。（5）学校资助政策体系，包括奖：国家奖助学金、社会助学金；助：勤工助学（校内、校外）；贷：生源地贷款、国家助学贷款；补：临时困难补助、特殊困难补助；减：减免学费，绿色通道；偿：学费补偿和国家助学贷款代偿（基层就业、参军入伍）等。

2. 奖助学金指导与服务

评选制度与原则：（1）评选条件和标准；（2）评选办法；（3）国家、社会、学校各类奖助学金的种类；（4）社会奖助学金的特殊情况说明。特别说明的是各类奖学金的基本申请条件是：要热爱社会主义祖国，拥护中国共产党的领导；遵守宪法和法律，遵守学校规章制度；诚实守信，道德品质优良；在校期间学习成绩优异，社会实践、公益服务、创新能力、综合素质等方面特别突出，学习成绩排名与综合测评成绩排名均位于前列。

3. 学习指导与服务

（1）学风建设：包括组织开展学风建设主体教育活动、评选优良学风班级和宿舍活动。（2）开展"我的班级，我的家"活动、开展学风督察。（3）评奖评优：优秀学生奖学金、三好学生、优秀学生干部、先进班集体、优秀团干部、先进团支部评选等。（4）组织开展学业辅导：辅导班（资助课堂）、一对一辅导、朋辈辅导等。（5）组织学生海外交流项目，近几年学校已成功组织优秀学生赴我国香港及台湾地区、韩国、新加坡等交流项目。（6）优秀学生个人和先进集体评选，开展"寻找身边的榜样"和"校园之星""团队之星"评选活动。

4. 心理指导与服务

围绕学生心理危机预防与干预五级体系（学校——院系——班级——宿舍——学生本人），主要有设立心理健康教育必修课、开展心理健康教育活动（开展"5.25"心理健康节系列活动、新生心理教育、创办心理健康协会期刊《芳心瓴》）、学生心理健康状况调查（新生心理普查、心理危机月报告、学生心理健康动态数据库）、个体咨询和团体心理辅导，以及班级心理委员培训等工作。

5. 思想引领指导与服务

成立业余党校团校，举办思想政治教育主题活动、形势报告会、国防教育（军训、征兵、民兵工作、国防教育活动）、三大典礼（开学典礼、毕业典礼、奖学金颁奖典礼）。组织社会实践、志愿服务、思想动态调查，包括：开学初思想动态调查、学生发展状况调查、校长有约、学生座谈会等。

6. 学生指导与服务保障体系

（1）组织保障：学生管理系统；（2）制度保障：学生管理制度；（3）人员保障（学生工作队伍）：职能部门工作人员（学工部、团委、招生就业处）、院系党总支书记、副书记，思想政治教育科、学生资助管理中心、院系学生科工作人员，院系团总支书记、辅导员、班主任、学生干部（校级学生组织、院系学生组织、班级干部），组织特色活动与欢度特色节日；（4）学生工作经费保障。

在这里，想把一首诗朗诵给读者听，分享学生们的收获与感悟，作为本部分的结束语：

大学，我来了

会想要一些安静，默默地校园里细啃书本

只想要一些平静，慢慢地汗水里吸收肯定

总会有一些安静，渐渐地伴春秋装满心情

且相守一些安静，萌萌地数星星燃烧青春

大学，我来了！梦想，我来了！远行的火车和行李箱肩上背着爱

家乡在梦里呼唤多少次含泪发呆？寒窗了十载，装满了曾经的无奈

追寻了多少年，在今天可有我色彩？

（四）全面发展：培养与学习

通过这一讲使新生认识大学与中学学习方法、学籍管理、专业课程、培养目标、教学管理上程序与要求的不同之处，使同学们知道未来四年由于每个人的目

标不同，学习方法和重点以及选课等方面会有所不同。因此，明确学习目标，掌握学习和实践的方法是非常重要的。学生要把主要精力投入学习中去，引导学生制订个人学习目标，发挥目标导向作用，不断探索专业学习规律，并以考试、选课、双学位、考研为抓手，制订学期目标和阶段性目标，充分开发学生潜能，提高学习自觉性，营造一种学术氛围。主要内容包括以下几个方面。

1. 大学的教与学。主要介绍大学教学管理的概念和任务，大学学习的概念和学习的任务；介绍世界知名大学的教学管理理念和做法，启发同学们尽快达到思想意识方面的转折，进一步领会大学精神。

2. 大学的专业与培养。大学生的培养过程和影响因素，大学学习效果的影响因素，大学学习规律、基本原则与学习观念，大学学习的方法与技巧。怎样适应学校的教学管理，在探寻学习方法中学会学习，有效探索学习方法，不断提高学习能力。怎样学好理论课？怎样听课？怎样记笔记？怎样预习、练习和复习？怎样正确对待考试？怎样学好实践课？学好实践课的重要性是什么？大学专业实践课的特点和基本方法是什么？

3. 全面介绍高校的人才培养方案和大学的培养体系。包括专业培养方案——人才培养的纲领性文件；课程选择——规定动作与自选动作的结合；大学的学分制管理——总体要求和绩点制。

4. 学校教务处和各二级学院教学管理机构及职能。双学位和转专业等问题的解读；各项学籍管理制度和诚信考试等问题。

总之，这一讲是围绕"我的大学谁做主？怎么学？"展开，引导学生刻苦学习，做到我的大学我做主！我收获，我进步！

（五）核心价值：培育与践行

为宣传落实习近平总书记关于培育践行社会主义核心价值观重要讲话精神，引导大一学生深刻领会并践行社会主义核心价值观，按照《培育和践行社会主义核心价值观实施意见》的总体要求，大学新生要开展社会主义核心价值观宣讲会。由学校党委书记、宣传部部长、思想政治理论教学部教授组成宣讲团，分别从社会主义核心价值观与国家、社会、个人三个层面的关系进行宣讲。

这一讲主要围绕"为什么要培育社会主义核心价值观"、"什么是社会主义核心价值观"以及"怎样践行社会主义核心价值观"三个问题，展开有针对性的解读。宣讲紧密结合女大学生的特点和实际，运用身边鲜活生动的社会事例，围绕国家层面的"富强、民主、文明、和谐"，社会层面的"自由、平等、公正、法治"，个人层面的"爱国、敬业、诚信、友善"核心价值观 24 字进行系统详细的讲述。

本讲教师要紧扣主题，把握精髓，内容生动，联系实际，让师生得以全面、深刻地领会社会主义核心价值观的重要内涵，并指导学生将培育和践行核心价值观贯穿于生活学习的方方面面。社会主义核心价值观专题讲座及时、必要，是学校党委落实立德树人的根本任务，在全校范围内培育和践行社会主义核心价值观系列活动的重要组成部分，为大一新生营造了良好的学习宣传环境和浓厚的舆论氛围。这既是新生讲堂的重要内容，又是大一学生适应性教育暨引航工程的重要一课。

（六）引领向上：追求与梦想

这一部分内容由党委组织部负责主办，大一年级党总支委员会具体承办，以业余党校初级培训班内容为主。具体以讲授党的基础知识为主，以参观和放映红色电影为辅。通过集中授课、个人自学、影像教学、讨论交流和组织参观等方式进行学习。通过党课学习，让更多的大一学生第一次全面认识和了解中国共产党，清楚在大学加入党组织的条件与步骤，使他们知道党的纲领、宗旨和指导思想，知道党员的义务和权利，更是通过讲堂，使他们明白在大学入党的学生党员都是对中国共产党有强烈愿望的优秀人才。这从某种程度上对他们是一种激励，激励他们立志要接受党组织的考验。通过业余党校的短期集中培训，使学员学习党的基础知识，加深对党的认识，端正入党动机，培育和践行社会主义核心价值观，坚定为共产主义事业奋斗的信念，争取早日加入党组织。

本部分内容共安排 6 次课程：第一讲，坚定理想——当代大学生与中国共产党；第二讲，旗帜鲜明——中国共产党的性质和宗旨；第三讲，永葆生机——中国共产党的组织原则、纪律和作风；第四讲，绘就蓝图——中国共产党的最高理想和奋斗目标；第五讲，与时俱进——中国共产党的指导思想；第六讲，成就未来——做一名合格的共产党员。

党课要求学员学习态度要端正，按时参加学习，遵守课堂纪律，不得无故缺勤。学生党员和团支部负责组织集体学习、讨论、考勤，并汇总学习总结。学员学习结束参加结业座谈进行交流并发言，同时上交学习总结（1500 字左右），根据学员平时的学习态度、出勤和学习体会总结情况，参见《高校业余党校培训班初级班结业考评办法》评定成绩。结业合格且拟定为积极分子的学员方可参加业余党校高级培训班的学习。学生党支部、团总支和团支部组织协助本讲的落实。

培训班结束后由班主任会同学生党支部负责组织填写业余党校学习登记表并存档，作为下一步参加高级培训班和支部发展党员的档案材料。

（七）长远设计：生涯与规划

为使大一学生做好大学长远规划，从祖国发展和个人长远发展考虑做好大学学业规划，学校招生就业指导处邀请职业生涯专家、教授为大一学生做"适应与发展——新生职业生涯规划与发展"专题讲座。专家们由浅入深，给同学们讲授了大学学业规划制订的方法、制订的过程、制订的具体内容，以及大学学业规划的实施等。讲座内容全面，语言精辟，契合大一学生实际，受到同学们的热烈欢迎。

（八）特别关注：安全与防范

为了加强大一学生的安全防范意识、普及安全常识、提高大学生自救逃生能力，为安全度过大学生活保驾护航，确保大一学生安全学习和生活，北校区邀请中国人民公安大学王大伟教授为本科大一新生开设题为"平安就是最大的智慧"安全讲座。王教授是中国青少年犯罪学会常务理事，坚守教学第一线，从教30余年，他以告诉同学们"平安就是美丽，平安就是长寿，平安就是财富，平安就是智慧"，引出了本讲的主题——特别关注：安全与防范。在讲座中，他从自己的专业背景出发，为大家分析了大学生犯罪的成因、案例以及如何预防，为大家进行自我防范做提醒，并现场给大家奉上了安全防范"10道菜"。通过举案说法，教大家识贼、防盗、防骗的顺口溜，简单押韵，朗朗上口，并提醒大家：害人之心不可有，防人之心不可无，要相信真善美，也要提高警惕，保护自己，特别是女学生，尤其要学好安全防范知识。另外，王教授现场教给大家一招走夜路防身术——"二龙戏珠"，并现场演示，请同学模仿，深受学生们欢迎。

（九）深度审视：心理与调适

随着大学生活逐步迈入正轨，很多同学对大学的新鲜感和兴奋感会逐渐消退，面对丰富多彩而又富于变化的大学新生活，会有不少同学开始出现各种不适应。有的同学不善于与他人相处，出现人际关系紧张；有的同学学习方法不当，自主学习能力差，学习压力大；有的同学找不到合适的倾诉对象和调节方式，情绪低落，出现心理障碍；等等。所以，我们在新生第二学期4—5月为新生开设新生讲堂之"深度审视：心理与调适"，帮助大一新生掌握必要的心理健康基础知识和适当的心理调适方法，使其尽早适应大学生活，珍惜大学时光，学有所成，更重要的在于培养学生积极向上的健康人格，树立崇高的理想。

（十）我学榜样：感动与激励

这部分安排3—5讲：第一讲是国旗的力量；第二讲是圆梦军旅；第三到四讲是学姐、校友交流；第五讲是师长寄语。

1. 国旗力量，助我成长

特邀中国国旗文化传播者、天安门国旗班第八任班长赵新风给大一学生做一场弘扬国旗文化的讲座，从而对学生进行坚定理想信念教育。讲座以甲午中日战争为序，为同学们描绘了中国共产党人为夺取中国革命胜利英勇奋战的历史，激发了学生们的爱国热情；通过对五星红旗的展示，告诉同学们五星红旗作为中华人民共和国国旗的深刻含义：五星红旗象征着中华民族的尊严与灵魂，象征着中华民族大团结。

2. 圆梦军旅，回归女院

我校曾经有近百名学生应征入伍，携笔从戎。他们分别服役于武警、陆军、海军、驻澳部队、总装备部等，退伍学生身上散发的军人气质和爱校情怀，给大一新生带来榜样的力量，也是适应性教育的一笔精神财富，所以每年4—5月，学校都会请优秀退伍学生开设专场报告会，为学生展示军人的风采。

3. 身边的榜样，无穷的力量

本讲由考研成功的学姐、励志不移的自强之星、优秀学生干部为大家介绍学习工作经验，告诉学妹们应该怎样度过大学生活。

4. 师长寄语，励我前行

由学校领导或者老教授代表师长寄语学生，主题是"大学，学什么？怎么学？"告诉学生、引导学生如何珍惜大学一年级相对安静的学习条件，如何做到学会学习，学会做人，学会做事，学会与人合作。

作为第三模块的发展篇，内容丰富，交流广泛，为大一学生顺利起航助力。

第三节　新生讲堂的成效

新生讲堂作为大一学生适应性教育系列讲座，既是入学教育系列活动之一，也是引航工程重要的一项工作，是为适应北校区校内创新实践基地建设的总体目标而量身定制的，其目标是为大一学生指航、引路。

新生讲堂的作用概括起来就是"激发、提高、增强、明确、奠基"。新生讲堂帮助学生在把握大学学习规律的基础上找到适合自己的学习策略，在了解、体味大学丰富多彩的课余文化生活的基础上，激发对生活的热爱，处理好学习和课余文化生活之间的关系，用健康的身心去拥抱大学生活的美好未来。

第一，新生讲堂有利于正确引导大一学生形成积极的人生态度，提高思想水平，树立高标准的大学目标，树立坚定正确的政治方向。

第二，新生讲堂有利于正确指导学生掌握科学的学习方法，学会学习，学会选择，认识学校，认识专业，奠定良好的学业基础。

第三，新生讲堂有利于正确帮助大一学生准确定位。学有榜样，赶有目标，全面了解学生工作体系和内涵，弘扬校风，遵守校纪，创先争优，积极进取。

第四，新生讲堂有利于学生自主学习，主动参加社会活动，在社会实践中塑造青春，创造美好。

总之，新生讲堂从了解适应、政治方向、学业生涯、心理健康、创新实践、个人发展和生活等多个方面做了深入浅出的阐述，并有针对性地介绍了学校的建设与发展，能够很好地帮助大学新生迅速适应大学的新环境，理解大学阶段的黄金价值，为自己的成才之路创造一个良好的开端，这是大学新生适应性教育的必修课。

第三章　规范指导，学风建设

第一节　学风建设概述

高校学风建设关系到学校的办学水平和声誉，关系到学生成长、成才及为社会培养人才的质量。因此，学风建设和教育永远是高校学生工作的主旋律。大一年级是大学生涯的开局之年，是人生旅途的一次重要转折，因此，必须针对大一新生的特点，加强学风建设教育，引导新生明确学习目标、养成良好学习习惯、树立良好学风，为完成大学学业和今后发展奠定基础。使学生正确处理好人生中这一重要转折点，在黄金时期焕发青春的活力，在繁重的学习中激发自己的潜力，快乐而充实地过好大学生活。

一、学风的概念

（一）学风的内涵

在教育部颁布的《普通高等学校本科教学工作随机性水平评价方案》评估指标体系中，学风被作为重要的一级指标，包含三个二级指标：教师风范、学习风气和学术文化氛围，其中学习风气为重要指标。原教育部副部长赵沁平在全国高校学风建设研讨会上指出，学风有广义的学风和狭义的学风之分。从狭义上讲，学风特指学生的学习风气；从广义上讲，学风包括学习风气、治学风气和学术风气。我们一般意义上所讲的学风则是指"狭义的学风"，即学生在长期的学习过程中形成的一种相对稳定的学习风气与学习氛围，是学生总体学习质量和学习面貌的主要标志，是全体学生群体心理和行为在治学上的综合表现。可见，学风既是一种学习氛围，同时又是一种群体行为，不但能使学生受到潜移默化的熏陶和感染，还能内化为一种向上的精神动力。

在优良学风的环境里，学生的思想品德、价值观念、行为方式和意志情感等都会发生变化，并反过来对自己的成长成才和职业生涯发展产生深远的影响。学风弥漫于无形，却可观察于有形；就其作用而言，学风不仅影响当前的教学效果，影响人才培养目标的实现，而且对学生能否成才都具有重要的不可忽视的作用。一所学校的学风是其人才培养目标和质量的重要标识。

（二）学风的构成要素

1. 学习动机

学习动机是学生学习积极性的内在动力，它能够激发和维持学生的学习热情。教育实践和教育心理学实验都表明，学习动机推动着学习活动，能够激发学生的学习兴趣，保持一定的唤醒水平，指向特定的学习活动。

2. 学习态度

大学新生的学习态度，具体又可包括对待课程学习的态度、对待学习材料的态度，以及对待教师、学校的态度等。学习态度对学习效果的影响作用，已被许多实验研究所证明。心理学家麦独孤和史密斯（W. McDougall 和 W. Smith）早在1919 年就在一项实验中发现，积极的学习态度对学习速度有促进作用。

3. 学习纪律

"没有规矩，不成方圆"，促使良好学风形成的外部因素是良好的学习纪律。在学习过程中，学生要想自觉地保护学习环境、维持学习秩序，就要严明其学习纪律，这是优良学风形成的强有力保障。

4. 学习方法

学习方法是学习者选择、整合、应用学习技巧的一套操作系统，既是内在的学习规则系统，又是对学习过程的调控，在学习过程中起着非常重要的作用。形成良好学风的关键即科学的学习方法，一个科学的学习方法决定着学习的全部过程及其结果。

5. 学习兴趣

在学风建设诸因素中，兴趣是学习过程中非常重要的心理因素之一，是学习动力系统中一种非常活跃、非常现实的内在因素。从教育心理学的角度来说，兴趣是一个人倾向于认识、研究获得某种知识的心理特征，是可以推动人们求知的一种内在力量。学习兴趣既是学习的原因，又是学习的结果。孔子讲过："知之者不如好知者，好之者不如乐之者。"美国当代教育家布鲁纳指出："学习的最好刺激乃是对所学材料的兴趣。"我国现代教育家陶行知先生说："学生有了兴味，就肯定全副精神去做事，学与乐不可分。"兴趣浓厚的学习氛围造就优良的学风环境。

6. 学习效果

学习效果直接衡量高等学校人才生产率的高低，既是判断学风好坏的终极标准，也是学风内涵的最高层次要求，与人才的培养质量直接挂钩，对学风的纠正和重塑起着反馈和调控作用。

二、学风建设的概念

学习是大学生活的中心内容和主要任务，它既是未来事业的准备，也是未来事业的开端。大学学习不是从一个门槛跨入另一个门槛，而是攀上了一个更高的台阶，每个学生都要对其特点和规律有所认识和把握，都要不断调整和适应，树立新的学习理念。

（一）学风是一种态度

1. 学风是为学之本、立业之基

所谓学风，是指学习者个体对学习的态度，在学习过程中呈现出的精神风貌。毛泽东同志曾指出，学风问题既是思想方法问题，也是学习态度问题，学风是一种无形的精神力量。大学生的学风是大学生业务素质的灵魂，它关系到大学生以什么样的精神、态度、风格、方法来对待自己的学业和不久将来的工作和事业。

2. 养成优良的学风，应在勤奋、严谨、求实、创新上下功夫

大学学风建设是一个内涵丰富的概念，既是一个理论问题，也是一个实践问题。从理论上来讲，它回答是什么和为什么的问题；从实践上来讲，它回答如何营造和如何建设的问题。高校学风建设时时刻刻都在对大学生产生强烈的熏陶和感染，激励大学生奋发有为，健康成长。

（二）从广义上讲，学风体现大学精神

大学学风是大学治校、教师治学和学生求学做人的风气。大学学风作为培养合格人才的基础，是高校自身建设最基础的方面，是一所大学无形的资产和财富，体现的是一所大学的风貌和精神。学风建设不仅是学生学习方面的一项基本

建设和自我人格塑造的一项重要内容，同时也是一所学校办学思想、教育质量和管理水平的综合体现。

（三）从狭义上讲，学风体现做人的风气

大学学风是大学生求学做人的风气。在学风建设中，学生是主体，教师是主导，要坚持以学生为本，充分尊重学生，信任学生，既要有规范严格的学风管理制度，也要解决好输与导的关系，重要的是要让学生从低年级开始养成良好的习惯，从而内化为主动行为。一个人的行为往往是由强制到自觉，由自觉到自动的发展过程。良好的学习习惯不是自然而然形成的，要经过强制的阶段，强制的阶段主要靠制度规范。因此，做好低年级的基础教育和引导工作，是良好的开端，也是成功的一半。

（四）大学学风建设的本质乃大学理念的展现

所谓大学理念，是人们对大学本质深层次的思考，是人们对大学的理性认识、理想追求，以及所持的教育观念和哲学思想。从一定意义上说，大学理念决定着大学的发展方向、目标确立、专业设置，以及发挥作用的程度。大学理念反映着根本不同的治学精神和指导思想，是大学的根本和灵魂，它必然深刻地影响着大学的文化，也必然深刻地影响着大学学风建设的质量。高校学风是大学生学习、生活、纪律等多种综合风貌的集中体现，反映着学校的历史积淀和优良传统，以及学校的办学水平与管理水平。学风是学习科学文化知识的重要组成部分。当前，人类社会已步入信息化的知识经济时代，树立与时代发展相适应的学习观，已然成为与国家发展、民族振兴和个体生存息息相关的根本问题。实践证明，立足于当今社会，成为高素质人才，大学生就必须提高自身的思想政治素质、科学文化素质、专业知识素质和心理健康素质，必须树立科学的学习理念。

三、学风建设的途径

（一）立足校园，拓展社会化教育空间

从一定意义上讲，素质教育的过程也就是大学生逐步社会化的过程。推动大学生社会化，一方面，现行的教育教学体制特别是课程体系要改革，使教育内容真正面向社会，面向市场，当然，这不是一蹴而就的事；另一方面，必须通过一

定途径让学生获取切身的社会体验，可以从以下几个方面展开。

1. 通过开展广泛的社会实践活动和青年志愿者行动，动员、组织学生在大学学习阶段提前进入社会，让学生在奉献社会的过程中深入社会、了解社会，明晰社会对人才的要求。

2. 要让学生明白"校园也是社会"，要提高自身素质并不一定要走出校门。新生应该利用现有条件，积极参加校园内部丰富多彩的第二课堂活动，喜欢英语的可以参加"英语角"，喜欢体育的可以加入各类篮协、羽协、乒协组织，喜欢文艺的可以加入各类学生演艺组织。

3. 学生们可以通过集体活动来增长才干，树立自信心，更重要的是提高人际交往的能力。这样，在校园内就可以使书本教育和社会教育紧密结合，促进大学生社会化。

（二）广泛开展学风建设教育，营造良好学习氛围

我们应尽快将大学生学习动机教育纳入高校育人工作的重要组成部分。

1. 开设与专业教育和生涯指导有关的必修课和选修课。

2. 举办有针对性的讲座和制作宣传橱窗。如对自信力差的学生可以举办"学习榜样"讲座，对学习动力不良的学生可以举办"学习状态调适"讲座等。

3. 重视做好特殊学生群体的心理健康教育工作。要特别重视做好有心理困惑、经济困难和学业困扰学生的心理健康教育工作，帮助他们树立自强不息、立志成才的精神。

（三）建设一支能干、高效、作风优良的班级干部队伍

一个班的风气正不正，学生的精神面貌怎么样，与这个班的班干队伍有很大关系。大学毕竟不同于中小学，学生相对要独立得多，老师也不会时时守在学生身边，许多事情和问题要靠同学们自己组织、自己行动、自己解决。这样一来，班级干部的组织能力、领导水平、威望程度就显得尤为重要了。做学生工作的老师一定要本着全面、客观、公正的原则来选拔学生干部，使每名学生都有机会体验到责任感和自我价值的实现，同时也学会更加理智和全面地思考和分析问题。

第二节　学风建设实践活动设计思路

一、学风建设现状

现代大学生学习能力状况总体上不断提高。首先，社会对教育的日益重视，使现代大学生自幼接受较为规范的教育，智力得到较好的开发，观察、记忆、思维、想象、表达等基本能力得到重视和训练，接受知识的整体水平不断提高，尤其是应试能力不断提高。其次，家庭对教育的重视和就业压力使现代大学生普遍具有成才的紧迫感，学习具有实体性目标。最后，经济的发展和技术的普及，使现代大学生普遍掌握电脑、网络等辅助学习工具，善于进行学习方法的交流和学习资料的共享。

（一）学习能力不足

现代大学生"被学习"，是学习能力不足的表现。缺乏学习策略束缚了就业目标向学习目标和学习动力的转化。大多数现代大学生上大学的目的就是毕业时能找到一份理想的工作，但上了大学之后却对学习缺乏兴趣，并不十分努力，有学风浮躁的表现，比如平时学习懒散，考前突击复习过关；忽视本专业学习的重要性而沉迷于考各类证书。习惯性的"被学习"状态束缚了学习的主动性。应试教育使学生习惯于按照老师的要求和考试的内容去被动学习，既没有时间也没有必要去发现和思考问题，学习成为"被学习"，时间一长就养成了被动的学习习惯，不用思考，不用提问，甚至连资料都不用查阅。"被学习"压抑了学生发散性思维的欲望，导致他们丧失主动学习的能力。长期的"被学习"甚至会导致部分学生出现行为不当、情绪低落、无学习成就感等更为明显的学习倦怠，产生心理障碍。除了考前突击记忆，他们平时不需花费更多时间去阅读和思考，也不需要拓展知识范围，不需要主观能动性，而且越被动越能提高学习成绩的性价比。这样"被学习"的学生不会对自己的学习状态作反向的审视和思考，及时发现不足，作出相应的调整，尤其缺乏对学习的方向性思考。主动性的缺乏对个人发展的消极影响可想而知。

（二）知识面狭窄

狭窄的知识面束缚了想象力和创造力。想象力和创造力对知识的要求首先是知识基础扎实、门类丰富，其次是知识结构合理，最后是知识迁移率高。创造力就是不同门类知识元素在头脑中碰撞的结果，元素越丰富、越坚固、越活跃，碰撞的结果就越丰富、越具有原创性。

现代大学生的知识面以本专业为主，虽然每所高校都不同程度给予学生很多学校的选择权，但如果大学生自身学习积极性不高和自我约束能力不强，辅修、自学和课外阅读十分有限，知识面还是基本局限于本专业，狭窄的知识面使思维缺乏想象的元素，无法开拓新视野，吸收新方法，自然不会产生新的想法，更无能力将想法变为思想，转化为新的创造。如学农科的学生不懂经济和产业，就无法在产业化的大农业方面有所成就，跟不上建设新农村的步伐；学工科的学生只懂技术而不懂现代企业运作，就无法驾驭企业，难有大的作为；学经济的学生缺乏法学知识，经济活动在实践中会遇到现实阻碍而无法创新；学法律的学生外语水平低，就无法从事大量涉外领域的法务工作和更高层次的法学研究，创新受到限制。缺乏创造力的学习活动，始终只是接受和使用现成的知识，跟不上时代的发展，极易被淘汰。

（三）面临许多挑战

从高中到大学，学生面临着巨大的环境转换。处于这一阶段的大一新生，面对许多新的挑战，拥有尽快成长的渴望和可能。对大一学生学风建设提出了很多值得思考、研究的问题，它涉及面广、难点较多、关注度高，必须针对大一新生的特点开展工作，工作目标就是为实现本科人才培养目标打好基础。

1. 创造性学习

进入大学学习，首先是接受本专业必备的基础知识、专业知识，在接受的过程中提高自己对知识的获取和应用能力，不断发现自我，完善自我，形成创造性学习品质，从而进行创造性学习。大学的学习活动具有明确的方向性，是围绕所学专业展开的。从纵向上看，要学习基础课、专业课和毕业设计，系统地掌握有关专业知识、接受专门技能训练，使学生成为社会需要的专门人才；从横向看，在学习本专业课程的同时，还需学习相关学科的课程，为提高专业人才的素质服务。按照一般大学本科培养方案，大一、大二侧重于基础课程，大三、大四侧重于专业课程。因此要求大一学生围绕专业方向打好基础，并紧跟专业发展前沿，建构合理的知识和能力结构。

2. 独立性学习

大学对学生学习独立性要求较高。大学课程量大、内容多，大学教师有其自身的特点"教师的职责……已经越来越少地传递知识，而越来越多的是激励思考；除了他的正式职能外，他将越来越成为一名顾问，一位交换意见的参加者，一位帮助发现矛盾论点而不是拿出现成真理的人。他必须集中更多的时间和精力去从事那些有效果的和有创造性的活动：互相影响、讨论、激励、了解、鼓舞。"教师不再是全面而直接的知识教授，而主要是起着引导作用，学生自我支配的时间多，学习的自主性强，学习环境由"硬"变"软"，要自主安排学习活动，也需要独立思考，建构自主的学习观念。进入高校后，首先对学生"自我确定目标"的能力提出挑战。大学已经不再像高中那样为每位学生建立统一明确的目标，高校教师提倡学生自己去思考、设计目标。从实现目标的具体行为来看，高校的要求更高，需要学生自己寻找资源、寻求帮助、努力实践。

3. 实践类学习

大学开设实验课、现场教学、见习和毕业设计、计算机操作、科研活动和社会调查等，都是培养学生独立工作、独立思考、独立解决问题的能力和提高实践能力、激发创造智慧的重要途径。实践学习有两类：第一类是专业训练实践，有助于学生对所学专业知识进行消化、理解，并提高专业技能和运用知识的能力；第二类是社会实践，培养学生高尚情操、提高社会主义觉悟，明确学习目的、端正学习态度和掌握专业知识的重要途径。

托尔斯泰说过："如果学生在学校里进行学习的结果是使自己什么也不会创造，那么他的一生将永远是模仿和抄袭。"学习分为三个层次：吸收性学习、模仿性学习、创新性学习。大学的学习要将创新性学习逐步提到主导地位，是三个层次学习的结合。大学生不仅要理解、巩固、掌握已有知识，还要学会发现问题、分析问题，从新的角度解释已知现象，探索未知领域，力争取得创新成果。大学的学习不仅局限于接受观点、掌握知识，还要求学生勤于思考、敢于质疑，并在博采众长的基础上加以比较、分析，从而使认识不断深化发展，以此来提高创造性，并在创造性的学习中不断提高自己的创造能力。

大学教育教学上的不同，需要大一新生构建自主的学习观念，把握学习的规律，进行参与性的学习，注意运用现代学习手段，充分利用并慎重选择信息，把知识"内化"为素质，努力做到融会贯通，通过知识的相互碰撞激发出思想火花，培养创新能力，为终身学习打下牢固的基础。这些教育教学管理工作给大一学生在思想上、学习上、思维方法上，以及对社会的感知与认识上都具有启蒙作用。

二、学风建设设计思路

学风建设是高校教学基本建设和教育管理工作的重要内容，是全面推进素质教育、培养高等人才的关键。学风建设与教学、管理密切相关，学风建设必须与教学和管理相结合，必须融入日常的教学与管理工作中去，才能实现教学与管理合作共赢。

通过学习委员培训规范指导，使学生适应学习方法的转变；丰富第二课堂，开展各类讲座，营造浓厚学术氛围；高年级同学的传帮带，可以帮助学生尽快步入学习轨道；建立和完善学风教育制度，加强学风督察，使新生了解学校管理各项制度，在督察下自觉遵守学校规定，营造良好学习风气；诚信考试动员，加强考风考纪，使学生培养良好考风；在学生中开设通识教育实践类选修课程，提高学生自主学习能力及综合素质，锤炼学生实践能力；进行优秀学风班级、宿舍评比，使学生在评比中更加注重学风建设。

（一）加强教育，提高认识

1. 上好新生入学第一课

在新生入学教育中，通过组织学生学习校训、校纪、校风和学校各项管理规定，使学生熟知学生管理的各项规章制度，使学生明确在学习和考试中应该做什么，不应该做什么。明确学习目的，树立远大理想：作为立志成才的大学生，要树立正确的世界观、人生观和价值观，要"立志做有理想、有道德、有知识、有体力的人，立志为人民做贡献，为祖国做贡献，为人类做贡献"，树立了这样的远大理想，才能对所学专业有一个正确的认识，进而树立正确的专业方向。

2. 端正学习动机，熟知各项规章制度

要把优良学风当作综合素质和合格大学生考核的重要指标，让学生在思想上高度重视，端正学习态度，明确学习目的，切实解决好"为谁学"和"怎样学"

的问题。在行为上严格要求，自觉实践，从学生上课、自习等常规管理入手，加强制度落实情况检查，辅导员班主任不定期检查上课迟到、早退、旷课等现象，实行通报、总结制度，按照《学生手册》违纪处分条例、学籍管理条例严格管理。

（二）教师规范指导，发挥学生干部带动作用

1. 学习委员培训，明确任务与职责

为使学生更快更好地适应学习方式的转变，同时便于进行教学管理，于每学期对学习委员进行培训。主要针对教学、课堂、作业、考试、学习方法等方面进行培训指导，对学习委员提出了要做"监督员""观察员""信息员""服务员""联络员"五个要求，做学生的学习榜样，来确保发挥学习委员带头的作用。学习委员例会的召开，使各学习委员了解、明晰了自己的工作职责，为充分发挥教师与学生的纽带作用，以后更好地为学校教师教学及学生学习服务。

2. 发挥学生干部在学风建设中的带动作用

班委、团支部、校级学生干部要团结协作，密切合作，形成领导核心，能及时根据学生出现的问题给予有效指导、支持和服务。学生干部以身作则，起模范作用，以先锋模范作用发挥学风建设的带动作用。在加强学生的自我管理、自我教育和自我服务方面做出显著成绩。

3. 教师规范指导，教书又育人

大一新生要在大学教师的引导下，培养学习的兴趣，提高学习的积极性、主动性和创造性，从而培育自主和能动意识，变"要我学"为"我要学"，增强学习的目的性；在打牢基础理论知识、拓宽知识面的同时，重视实践，积极参与第二课堂和教学实践活动，培养动手和创新能力，提高个人的综合素质，引导培养良好的学习习惯。这里，教师的示范及引导作用很重要。

（三）激发学习的主动性

大学学习与中学学习截然不同的特点是依赖性的减少，代之以主动自觉地学习。知识的深度和广度比中学要大为扩展。课堂教学往往是提纲挈领式的，教师在课堂上只讲难点、疑点、重点或者是教师最有心得的一部分，其余部分就要由学生自己去攻读、理解、掌握。大部分时间是留给学生自学的。

1. 培养和提高自学能力

这是大学生必须具备的本领。大学的学习不能像中学那样完全依赖教师的计划和安排，学生不能只单纯地接受课堂上的教学内容，必须充分发挥主观能动性，发挥自己在学习中的潜力。这种充分体现自主性的学习方式，将贯穿于大学学习全过程，并反映在大学生活的各个方面。如学习的自主安排、学习内容和学习方法的自主选择等。

自学能力的培养，是适应大学学习自主性特点的一个重要方面，每个大学生都要养成自学的习惯。正如钱伟长所说：一个人在大学四年里，能不能养成自学的习惯，学会自学的习惯，不但在很大程度上决定了他能否学好大学的课程，把知识真正学通、学活，而且影响到大学毕业以后，能否不断地吸收新的知识，进行创造性的工作，为国家做出更大的贡献。当今社会，知识更新越来越快，三年左右的时间人类的知识量就会翻一番，大学毕业了，不会自学或没能养成自学的本领，不会更新知识是不行的。因此，培养和提高自学能力，是大学生必须完成的一项重要任务，也是进行终身学习的基本条件。

2. 在学习方法上发挥自主性

一般来说，大学生学习活动的主要形式有四种：按教育大纲规定进行的课堂学习活动；补充课堂学习的自学活动；独立钻研的创造性活动；相互讨论、相互启发的学习活动。在各种不同的学习形式中，都要发挥学习的自主性，可根据自己的情况，选择适合于自己的最有效的学习方法。大学的学习，不再是去死记硬背老师所讲的内容，而是按照自己的学习目标和专业要求，选择、吸收有用的知识。在方法上要自主选择，靠自己去理解和消化所学的知识。

3. 专业性与综合性相结合

大学教育具有最明显的专业性特点。从报考大学的那一刻起，专业方向的选择就提到了考生面前，被录取上大学，专业方向就已经确定了。四年大学学习的内容都是围绕这一大方向来安排的。大学的学习实际上是一种高层次的专业学习，这种专业性，是随着社会对本专业要求的变化和发展而不断深入的，知识不断更新，知识面也越来越宽。为适应当代科技发展既高度分化又高度综合的特点，这种专业性通常只能是一个大致的方向，而更具体、更细致的专业目标是在大学四年的学习过程中或是在将来走向社会后，才能最终确定下来。因此，大学在进行专业教育的同时，还要兼顾到适应科技发展特点和社会对人才综合性知识要求的特点，尽可能扩大综合性，以增强毕业后对社会工作的适应性。一般来讲，专业对口是相对的，不可能达到专业完全对口，这样，在大学期间除了要学好专业知识外，还应根据自己的能力、兴趣和爱好，选修或自学其他课程，扩大自己的知识面，为毕业后更好地适应工作打下良好的基础。

4. 全面发展和注重能力培养的特点

德、智、体全面发展是我国教育方针对学生提出的基本要求。全面发展的要求是以马克思对未来社会关于人才全面发展的学说为依据，结合我国社会主义建设对人才的需要所提出的。马克思认为：个人劳动能力的全面发展，不仅要有良好的科学文化素质、身体素质、思想道德素质，而且还要有能妥善处理人际关系和适应社会变化的能力；个人的才能获得充分的多方面的发展，做到人尽其才、各显其能，社会要提供个人能力充分发展的环境。我国教育历来都强调德、智、体、美、劳五个方面的全面发展，或简称为德才兼备。人才的五要素是一个统一的有机体，五个方面对人才的成长互相促进、相互制约，缺一不可。能力的培养是现代社会对大学教育提出的一个重大任务。知识再多，不会运用，也只能是一个知识库、"书呆子"。要认真搞好专业实习和毕业设计，积极参加社会调查和生产实践活动，努力运用现代化科学知识和科学手段研究并解决社会发展和生产实践中的各种实际问题，克服在学习中存在的理论脱离实际和高分低能的不良倾向。

（四）上好《学科入门导论》课程

初入大学，学生们对自己所学专业课程和内涵并不熟悉，通过修习《学科入门导论》课，深化对所学专业课程结构、专业目标、学习要求、专业发展趋势等的认识与了解，培养学生对所学专业的兴趣，使学生既具备定向的专业面，又有宽广的适应面，成为复合型的人才，引导学生注重培养自身的人文精神、科学素养和综合能力。树立对所学专业的自信心，才会有永不降温的热忱和永不放弃的毅力，才能刻苦钻研，勤学好问，收到更好的学习效果。

（五）丰富第二课堂，开展各类讲座，营造浓厚学术氛围

积极开展各种类型学术讲座和知识讲座，使学生在感受丰富的校园文化和学术氛围的同时，扩大知识面。为使学生了解世界政治、社会经济、国家发展、国际民生等，邀请名师名家近距离为学生讲座和答疑解惑，以拓宽学生的视野，在

人生新的起点得到激励、促进，使学生更快地融入大学文化氛围。

（六）高年级同学的传帮带，可以帮助学生尽快上轨道

学姐、学长充当着重要的角色，他们的地位不可取代，是帮助新生各方面尽快适应大学的一大资源。与学姐学长交流、学习，能使新生以最快的速度了解学校、老师、专业、学习、业余生活，以及北京这个大环境的基本情况。更快帮助大一新生调整心态，接受并适应新的生活；帮助新生认识自我，认识同学，学着与人相处、交流；帮助新生学着调整自己的心情，克服各种心理消极因素，以更好的精神状态投入学习和生活中。如我校北校区实行各专业班级学姐学妹交流会，主要围绕学生在学习生活过程中面临的困惑、方法、兴趣等方面问题进行深入交流。交流过程中，学妹首先提出自己所面临的问题和困难，学姐结合自己学习、生活体会对怎样学好基础课和专业课、怎样树立专业发展方向、怎样培养专业兴趣、怎样做好个人发展规划等内容与学弟、学妹进行愉快又深入的交流。交流会收到了良好的效果。交流会极大地提高了同学的学习动力，很好地解决了同学们学习生活中的一些困难，提高了同学们的专业认知，取得了良好的效果。其中，性别与社会发展学院社会工作系的学姐都经过了社会工作的专业教育，有丰富的实践经验；他们参与组织的社会工作实践团有着严格而有效的管理，有优秀而热心的老师们做指点，在他们专业所学帮助下，各级学弟、学妹度过了充实、紧张而快乐的大一生活。

（七）建立和完善学风督察制度

学风是一种氛围，是一种群体行为；优良的学风是一种积极的氛围，是一种动力，也是一种凝聚力，有利于培养学生集体主义精神。学风建设不仅要做好教育和引导，同时应采取行之有效的措施抓好落实工作。

1. 建立和完善制度

要建立和完善一系列与学风建设相关的制度，如考勤制度、学风督察制度、考风考纪制度、评优制度等，建立约束机制，充分调动学生学习的主动性和自觉性，保证教育效果，提高教育质量。

2. 提升学生自我管理能力

加大学生自我参与、自我评价、自我教育、自我建设的比重，在学生中形成自我教育、自我约束、自我管理的机制，由制度管理向制度约束下的自我管理转

变，在学风督察活动中组建学风督察小组，以日常管理和考试管理为重点，突出抓好学生学习纪律的检查监督。

3. 重点抓好纪律巡查

学生考勤以及考试纪律的检查监督，充分调动学生的积极性，充分发挥学生自我教育的功能，为避免学生上课迟到及旷课，监督掌握学生到课、上课情况，促进北校区各班级良好学风形成，特设立学风督察规定。

总之，通过学风建设活动，就是要帮助和引导大一新生尽快适应大学的学习、生活和人际关系等，帮助学生了解大学里的学习环境，掌握大学里的学习方法。从课程设置、专业思想到学习内容和方法，做大量深入和细致的工作。大学阶段强调以自学为主，课余时间较多，面对大量的课余时间，要引导学生合理地分配和运用。良好的学习习惯和优良学风一旦形成，就会极大地激发广大学生学习的积极性和创造性。

附1：

中华女子学院北校区学风督察规定（修订）

为避免学生上课迟到及旷课，监督掌握学生到课、上课情况，促进北校区各班级良好学风形成，特设立学风督察规定。

1. 参加人员：学习实践部全体成员及全体学习委员；
2. 督察内容：分别于每天早8：20，中午13：20检查各教室上课学生考勤情况，认真做好记录；察看各教室多媒体情况，有问题及时反馈；根据考勤情况，每月作考勤通报，表扬全勤班级，通报缺勤频繁班级；
3. 人员安排：周一至周五轮流每天6人、每层2人进行督察，学习委员进行配合工作；
4. 要求：佩戴"学风督察"袖标，有服务精神、公正严谨、认真负责。

（八）诚信考试，加强考风、考纪建设

除新生入学教育期间对学生进行系统的规章制度教育以外，为严肃考风，每学期末对全体学生进行一次考风、考纪动员，进行诚信考试承诺书签字、宣誓，提高学生诚信意识。对于在考试中违规作弊的学生依学校规章制度严肃处理。加强考试的组织管理，认真履行监考义务，并加大督查力度，使学生在考试中没有机会去作弊。

完善落实教风考风制度、教学督导制度、听课制度、考试巡考制度等，狠抓教风考风。学校通过班会、橱窗、横幅和网络等多种形式进行考风考纪宣传，在校园内形成了加强考风建设的良好氛围，同时加强考试的组织管理，加大巡考力度。

附2：

中华女子学院诚信考试动员书

大家好：

期末考试马上就到了，这是大家进入大学的第一场正规考试，也是检验大家这一学期的学习成果，希望大家诚信应对期末考试，实事求是，信守承诺，认真学习，诚实考试，公平竞争，营造公平、公正、诚实、守信的考试环境，树立良好形象。

诚信是中华民族的传统美德，诚信考试是当代大学生义不容辞的责任。考试成绩是对自己学习方法和态度的检验，反映了一个真实的自我。期末考试将至，为了营造"诚信考试"的考试氛围，树立"严谨为学，诚信为人"的良好学风，我们号召大家自觉遵守考场纪律，杜绝各种作弊现象的发生，展现一个真实的自我，现在面向全体同学发出如下倡议：

1. 端正态度，严于律己

希望同学们充分把握复习时间，认真准备好每一门功课。端正考试态度，诚信对待每一门考试，用自己的实力应对每一科考试，展现大家良好的学风和自立刻苦的学习作风。

2. 认真复习，积极备考

在接下来的这半个多月里，希望同学们抓紧时间，积累和巩固基础知识，进而解决一些较难的问题。大家可以多向老师和同学请教，补一下自己的弱科，满怀信心迎接考试。

3. 严守考纪，诚信应考

自觉遵守考纪，维护考场秩序，尊重监考老师是大学生应尽的义务。弘扬诚信，正风正气。希望同学们认真查看我们的《学生手册》第32页《中华女子学院考试违纪、作弊的认定及处理办法》、第43页《中华女子学院考场规则》。在这里再次强调一下学校违纪作弊的处理：违纪者，严重警告处分；再次违纪，记过处分；作弊者，记过处分；再次作弊，视行为或本人态度给予留校察看或开除学籍处分；由他人代替考试、替他人考试、组织作弊、使用通信设备作弊及其他严重作弊行为，开除学籍。在此说明一下北校区考试要求：学生提前 15 分钟进考场，带学生证或校园一卡通，各班按照学号就座，具体听现场老师安排，手机关机。

同学们，让我们共同行动起来，实事求是，信守承诺，认真学习，诚实考试。要守住内心的一份坚持，交出一份合格的诚信答卷。

最后，衷心预祝所有的同学考试顺利，取得最理想的成绩！

附3：

中华女子学院北校区诚信考试承诺书

期末将至，为了保持良好的考风考纪，创造一个公平、公正的考试环境，我们班级全体同学已认真阅读《中华女子学院考场规则》《中华女子学院学生考试违纪、作弊的认定及处理办法》，对其内容知晓、认可，并承诺在考试过程中自觉遵守，若有违反考场规则的有关规定，则自愿接受《中华女子学院学生考试违纪、作弊的认定及处理办法》中有关规定的处理。

承诺人　　　　　学院　　　　　班级

请班级全体学生在表格中签名

诚信承诺签 名	诚信承诺签 名	诚信承诺签 名	诚信承诺签 名	诚信承诺签 名	诚信承诺签 名

班长：　　　　团支书：　　　　年　月　日

附4：

中华女子学院北校区学生诚信考试宣誓词

我宣誓：

我自愿恪守中华女子学院"崇德、至爱、博学、尚美"的校训，以女院学生的人格和名誉保证：一定用实际行动践行社会主义核心价值观，以诚实守信的态度参加考试，珍惜荣誉，自尊自爱，公平竞争。努力学习，积极复习，杜绝违纪，绝不作弊。

宣誓人：

（九）开设实践类选修课

教育部关于全面提高高等教育质量的若干意见（教高〔2012〕4号）提出，大力提升人才培养水平、推进文化传承创新，全面提高高等教育质量，要完善人才培养质量标准体系。全面实施素质教育，把促进人的全面发展和适应社会需要作为衡量人才培养水平的根本标准。建立健全符合国情的人才培养质量标准体系，落实文化知识学习和思想品德修养、创新思维和社会实践、全面发展和个性发展紧密结合的人才培养要求。创新人才培养模式即鼓励因校制宜，探索科学基础、实践能力和人文素养融合发展的人才培养模式。

北京市教育委员会关于进一步提高北京高等学校人才培养质量的意见（京教高〔2012〕26号）提出，进一步加强北京高等学校人才培养工作，应实现学生专业素质培养与创新能力提升兼顾，学生全面发展与个性发展并重，课堂教学改革与实践体系完善同步，学生学习能力增强与教师教学水平提高互促，人才培养模式创新与教育质量保障共举。进一步完善实践课程体系，更新实践课程内容，丰富实践教学手段，提高实践类、应用类课程比例。

实践类选修课的总体目标就是突出学生的主体性和个性化培养，有效激发学生参与课程的兴趣和积极性，提升学生的自主学习能力、实践能力、创新能力。实践类选修课，旨在丰富新生的课余生活，培养新生创新实践意识与能力。

大一学生经过第一学期的适应与发展，单纯的学习活动不能满足学生课外创新实践活动的需要，学生需要更多的关于认知及实践类的指导课程，实践类选修课就是适应性教育中的新实践探索。我们结合大一学生实际情况，根据学生的特点、兴趣等开设了基于戏曲方法的仪态训练、传统手工艺编织、电子影像、影像拍摄与制作等方面选修课。在教师指导下培养学生的自主创新实践能力和创新实践意识，营造良好的环境和条件，丰富大一新生的创新视角与实践能力。

实践类选修课安排在大一年级的第二学期，以课堂讲授指导、学生实践的形式实施。《基于戏曲方法的仪态训练操》课程主要是通过传统文化方法训练，使学生仪态得体，达成身体第二天性的形成；《传统手工艺术坊》课程集中国女性传统手工与工艺针织设计与制作基础，注重培养大一学生的基本动手能力——手工编织实际动手能力以及花样设计能力，传统手工艺术丝网花、茶艺、插花既培养学生的动手实践能力、美的鉴赏能力，也通过各种艺术形式进行传统文化的传播和推广。《电子影像处理》课程主要教授图像处理、幻灯片制作、动画制作、视频处理等技术，以图像处理技术为基础，灵活运用到幻灯片、动画和视频制作中。《影像拍摄与制作》课程，学习拍摄方法，使学生掌握一定的摄影知识和拍摄技巧，增加个人技能。

（十）开展校园文化活动之优秀学风班级、宿舍创建活动

文化本身涵盖大量的学习内容，同时也潜移默化地影响着人的思想和行为。校园文化是大学生学风建设的重要影响因素，它引导着学生世界观、人生观和价值观的树立，它强有力的吸引力和渗透力扩大了它的涵盖范围，对学生的影响非常深远。校园文化与学风建设既有同一性，又有互补性。校园文化和学风建设的目的都在于育人。创建积极、健康、高雅的校园文化是实现建设优良学风的途径之一。校园文化以其特有的精神环境和文化氛围，使生活在其中的每个师生在思想观念、行为方式、价值取向等方面受到引导和教育。为进一步加强学风建设，激发学生学习积极性和主动性，我校每年4—5月都要开展"加强学风建设"主题教育活动，进行优良学风班级、宿舍创建和评比。通过学风先进集体总结评比，争先创优工作，让受表彰的集体总结经验，再接再厉，同时也希望其他班级、宿舍以他们为榜样，刻苦学习、积极进取、全面发展，争创优良学风宿舍、优良班风集体，共同促进学风建设。

附5：

中华女子学院北校区优良学风班级评选办法

第一条　为了鼓励学生勤奋学习、积极进取、全面发展，争创优良学风班级，促进学风建设，根据《中华女子学院三好学生、优秀学生干部、先进班集体评选办法》，结合北校区实际，特修订本办法。

第二条　本办法适用于北校区全日制本科生班集体。

第三条　北校区党总支全面负责组织实施优良学风班级评选工作。

第四条　优良学风班级，按照北校区班级总数的30%进行评选。

第五条　评选条件：

1. 认真学习"社会主义核心价值观"及"四个全面"系列理论，业余党校初级班参加率高，在"两课"教学、时事政策教育中能认真学习、领会精神；

2. 团结友爱，热爱集体，班集体成员均能模范遵守社会公德和学校各项规

章制度；课堂、早操出勤率高，迟到、早退现象较少；班级学生 2014—2015 学年没有违规、违纪行为而受到纪律处分；

3. 学习气氛浓，学习平均成绩较高，不及格率较低；全班坚持体育锻炼，体育测试达标率高；全班集体荣誉感强、创新意识较强，积极参加学校和北校区举办的各项活动，并在校园各项活动中取得较好成绩；

4. 班委会、团支部团结协作，形成领导核心，学生干部以身作则，作风正派，工作积极，起模范作用，在加强学生的自我管理、自我教育和自我服务方面做出显著成绩；班主任、班委密切合作，能及时根据学生出现的问题给予有效指导、支持和服务；

5. 班级活动积极向上、文明健康、有创新性；班级活动参与率不少于班级总人数的 80%；高质高效地编辑班级板报，并在板报评比中获得好评；班委及时向班级学生通报经费支出等班务情况，学生对班级管理和服务的满意度高；

6. 班级及班集体成员宿舍卫生整洁，并在教室评比中得分较高；在公寓卫生评比中，被评为文明宿舍的比例较高。

第六条　评选办法：

1. 每学年评选一次，评选时间为每年 4 月；

2. 优良学风班级在班级申报、民主评议、PPT 展示的基础上，经北校区团总支审核、公示无异议后，报北校区党总支审批；

3. 对评为"优良学风班级"的班集体，由北校区授予北校区"优良学风班级"荣誉称号，颁发奖状和奖金；

4. 对评为"优良学风班级"的班集体，在北校区进行宣传。

第七条　评选过程中要做到条件标准公开、程序办法公开、评选结果公开，确保优良学风班级的评选质量。

第八条　本办法经 2015 年 3 月 23 日北校区党总支委员会讨论通过，自发布之日起实施，原《中华女子学院北校区先进班集体评选办法》同时废止。

第九条　本办法由北校区党总支负责解释。

附6：

中华女子学院北校区优良学风宿舍评选办法

第一条　为了培养学生良好的生活习惯和生活规律，加强学生公寓管理，提高学生自我教育、自我管理和自我服务意识，创建文明、和谐、温馨宿舍，根据

《中华女子学院文明宿舍评比规定》，结合北校区实际情况，特修订本办法。

第二条　本办法适用于北校区 D 座公寓及小白楼学生宿舍和位于实训楼内的男生宿舍。

第三条　北校区党总支全面负责组织实施优良学风宿舍评选工作。

第四条　优良学风班级，按照北校区宿舍总数的 10% 进行评选。

第五条　评选条件：

1. 宿舍成员思想要求进步，能够认真学习党的路线方针政策和时事政策理论，培育和践行"社会主义核心价值观"，积极参加政治理论学习，积极参加业余党校初级班，结业合格率高；

2. 宿舍成员集体荣誉感强，积极参加学校、北校区和班级举办的各项活动，并在活动中取得较好成绩；

3. 宿舍学习气氛浓厚，学习平均成绩较高，不及格率较低；课堂、早操出勤率高，迟到、早退现象较少，无考试违纪作弊现象；全体成员坚持体育锻炼，体育测试达标率高；

4. 宿舍成员安全意识强；注重安全保卫，在安全检查中好评次数多；宿舍整洁，地面干净，物品摆放整齐，获得卫生流动红旗次数较多；

5. 宿舍成员文明礼貌，团结互助，严格遵守学校规章制度；全体成员无因违规、违纪行为而受到纪律处分。

第六条　评选办法：

1. 每学年评选一次，评选时间为每年 4 月。

2. 优良学风宿舍在宿舍申报、民主评议、PPT 展示的基础上，经北校区团总支审核、公示无异议后，报北校区党总支审批。

3. 对评为"优良学风宿舍"的集体，由北校区授予"优良学风宿舍"荣誉称号，颁发奖状，并作为评选学风建设先进班级条件。

4. 对评为"优良学风宿舍"的先进，在北校区进行宣传，并在回迁本部时向所在院系转交相关材料。

第七条　评选过程中要做到条件标准公开、程序办法公开、评选结果公开，确保优良学风宿舍的评选质量。

第八条　本办法经 2015 年 3 月 23 日北校区党总支委员会讨论通过，自发布之日起实施，原《中华女子学院北校区优秀宿舍评选办法》同时废止。

第九条　本办法由北校区党总支负责解释。

第三节　学风建设的体悟

一、加强思想教育是优良学风建设的根本

学风是一种氛围，是一种群体行为，优良的学风是一种积极的氛围，是一种动力，也是一种凝聚力，有利于培养学生的集体主义精神。学风建设不仅要做好教育和引导，同时应采取行之有效的措施抓好落实工作。在具体学风建设中，应加大学生自我参与、自我评价、自我教育、自我建设的比重，在学生中形成自我教育、自我约束、自我管理的机制，由制度管理向制度约束下的自我管理转变，如实行学风督察活动并组建学风督察小组，以日常管理和考试管理为重点，突出抓好学生学习纪律的检查监督，重点抓好学生考勤以及考试纪律的检查监督，充分调动学生的积极性，充分发挥学生自我教育的功能。

二、加强学科建设是优良学风建设的基础

人才市场是社会需要的指挥棒，高校应主动面对人才市场，优化学科结构调整与建设，对课程教育进行改革。但在改革过程中要保持理性，既要遵循市场这一指挥棒，又要对各种人才市场的信息进行思考，过滤那些虚假信息，设置一些新专业，调整一些就业形势不好专业的招生人数，合理地调整学科建设。强大学生的学习志向教育，"志当存高远"，高远的志向对学生学习的激励是长久的，荀子言"志不强智不达"，没有远大的志向，智力也会受到限制。因此要加强对大学生的志向教育，树立一个远大的理想，有一个明确的学习目标，对学生的学习态度将会产生深远的影响。

三、加强师资队伍建设是优良学风建设的主导

师资队伍建设包括两部分的建设：一是教师队伍的建设。抓教风、促学风，教师是关键的一环。要加强师德建设，"学博为师、德高为范"，一个有着良好职业道德的教师可以教会学生许多东西，让学生体会到做人与做学问的真谛；加强对教师教学方法的培训，以提高教学的艺术，激发学生的求知欲。二是学生工作队伍建设。按照比例配备学生辅导员，尽量减少学生辅导员日常性事务的处理，以便抽出更多的时间与学生交流，掌握学生的学习情况；加强对学生辅导的

培训，以提高他们的业务水平，更新他们的思想教育观念，适应新形势的发展。

四、加强制度建设是优良学风建设的保障

建设优良学风，科学合理的制度是必不可少的。体现良好学习纪律制度建设，既要体现出对学生的真诚关怀，又要有利于规范学生的行为，可操作性强；对于违纪的学生要用制度来制约他、教育他，对于违反学习纪律的学生，要给予及时的处理，及时矫正他们的行为。

五、实现角色转换，营造良好的学习气氛

要改变教师是"演员"、学生是"观众"的填鸭式模式，变成教师是"导演"、学生是"演员"的启发式教学模式，使学生由"要我学""被动学"变成"我要学""主动学"的良好学习气氛，促进"教与学"的良性互动。

良好的学风建设可以带动学生齐心合力，共同打造学习氛围浓厚、团结互助的学习风气。学风建设是一个系统工程，需要各方面通力合作，标本兼治，才能迈向新台阶，培养德才兼备的有用人才。

第四章 阳光起航，心理健康

第一节 心理健康教育概述

一、心理健康教育概述

心理健康教育是教育者根据学生的生理、心理发展特点，运用心理学、教育学及其相关学科的理论与技术，通过心理健康教育课程、心理健康教育活动、学科渗透、心理辅导与咨询、心理治疗以及优化教育环境等有关心理健康教育的途径和方法，帮助学生解决成长过程中的心理问题，促进全体学生心理素质提高和心理机能健康发展的一类教育活动。它既面对有心理障碍或心理问题的学生，也面对正常学生，帮助他们解决生涯规划、个性完善等发展性的问题。

心理健康教育是有目的、有计划、有组织地对学生的心理素质施加影响的过程。为了保证该过程能顺利进行，必须建构一个切实可行的高校心理素质教育总目标。这一目标的制订既要考虑到现在社会发展对人才的需要，也要考虑到大学生身心发展的特点。高校心理健康教育总目标是：提升大学生整体心理素质，使其个性和谐；提高其社会适应性；增强大学生自我心理教育能力；解决大学生在发展中所面临的各种发展性问题；预防和减少心理疾病。在总目标下，应根据不同年级大学生的身心特点，分别提出年级心理健康教育的侧重点。

适应是指个体对自然环境和社会环境的顺应，根据环境条件改变自身，调节自身与环境的关系使之协调。积极的适应是一种健康的适应，是改变自己去适应环境，实现个体的目标。当个体出现失调，会产生一系列的矛盾和情感体验，产生异常的心理和生理反应。现代社会日新月异的变化和发展对社会中每个人的适应能力都提出了更高的要求。

（一）大学新生心理发展特点

1. 个性鲜明，系统思考能力差

眼界开阔，敢问、敢说、敢闯，渴望挑战已经成为这代大学生的鲜明个性，他们对于热点事物、社会现象有着自己的理解和看法，对于老师传授的知识，他们也能一分为二地看待，很少盲从。但是由于年龄较小和阅历的不足，缺乏鉴别和正确判断的能力，系统思考的能力也较差。

2. 渴求专业知识，缺乏持之以恒的韧性

学生们渴求专业知识，愿意通过讲座、读书等自觉拓宽知识面，并且愿意通过企业实习、调研等加深对所学专业知识的了解和认识。但是由于大学生活刚刚开始，理论与实践的经验并不丰富，尚未形成学习的目标和动力。此外，在自主学习方面，自我监督、自我管理的能力还不是很强，对自己的学习计划难以持之以恒。

3. 网络依赖程度高，接受能力强

新一代的大学生几乎与计算机、网络等信息技术的发展一同成长，因此他们的交流方式也受到网络的重大影响。根据相关调查可以看出，绝大多数的女院学生都是通过网络获取信息。她们获取的信息更加丰富，接受新事物的能力更强，视野更加开阔，网络已经成为新一代大学生日常生活中的重要组成部分。

4. 主流价值观主导，受多重现实因素影响

美国哈佛大学著名学者乔治·赫尔斯教授的研究表明：一个人事业的成功和对国家的贡献并不完全在于智慧和天赋，而更关键取决于人品的优劣。大学生在大是大非上有着正确的判断，受到社会主流价值观的导向，但是不可避免的是，随着浮躁和利益充斥着社会，学生们的自我认知常常受到外界的影响。

处在成长过程中的大学新生生理与心理正在发生重大变化，适应是特别重要的，能否快速、顺利地适应大学生活成为大学生涯能否平稳持续、四年以后步入社会能否继续完善发展的重要因素之一。进入大学后的急剧变化，要求大学新生的心理在相对较短的时间内调整和顺应，以适应新的生活。大学新生只有学会适应，才能克服困难，健康成长。如果大学教育没有提供很好的指引和帮助，新生很容易产生生活、学习、人际交往等心理适应问题。

（二）具体的心理健康教育目标

1. 适应新的生活环境

尽快全面了解大学生活，熟悉校园环境、设施以及各种可利用资源，学校周围的交通情况以及所在城市的风俗习惯、市区概况等，同时增强生活自理能力、理财能力。

2. 适应大学的学习生活

了解大学中授课方式及学习方式的改变，激励其主动探索适应自身的学习方法。

3. 更好地认识自我

对自我有一个全面深入的了解，加强自我意识，明确自己的人生观、价值观，为树立更好更符合自己的实际目标打下基础。

4. 学习与人交往

学习社会交往的技巧和培养人际关系的能力，敏锐地觉察他人的感受和需要，学会关心他人，信任他人。

5. 培养学生团队意识

培养学生的协作意识，提高人际交往的技巧能力，使他们在集体活动中学会分工合作，并尝试不同的角色，确保团队任务的完成。

6. 培养生涯发展意识

对学生加以引导和帮助，使他们能够找到新的学习动机和奋斗目标，合理规划自己的学习生涯和人生，为大学生活注入生机和活力。

第二节 心理健康教育实践活动设计思路

一、心理健康教育设计思路

（一）要符合上级精神

国家对大学生心理健康日益重视，在以往的文件中并没有关于大学生心理健康的专门文件，现在出台了独立的文件，例如《教育部 卫生部 共青团中央关于进一步加强和改进大学生心理健康教育的意见》中提出，要积极引导大学生保持健康向上的心理状态，把心理健康教育融入思想政治教育之中，开展深入细致的思想教育活动，做到"一把钥匙开一把锁"，化解矛盾，润物无声。

（二）开展多途径服务

要组织并引导大学生参加丰富多彩、形式多样的校园文化和社会实践活动，陶冶大学生高尚情操，促进其全面发展。通过各种活动，加强大学生思想、感情上的交流与沟通，努力营造有利于大学生健康成长的良好氛围。此外，《教育部办公厅关于印发〈普通高等学校学生心理健康教育工作基本建设标准（试行）〉的通知》中也指出，高校应通过多种途径开展心理咨询服务。应经常开展团体辅导活动，针对不同学生群体的需求，研究制订相应的团体辅导计划和实施方案，努力帮助学生解决心理问题，促进健康发展。

（三）建立和坚持心理咨询值班制度

以中华女子学院为例，学院对大学生心理健康的重视度也发生着变化，从2012 年开始设立心理健康课程，全面提高学生对心理健康的关注和重视程度。连续 5 年跟随北京市开展心理情景剧大赛，反映大学生在日常学习和生活中遇到的困惑、迷茫等心理问题。个体咨询也日益规范，从前几年没有固定的心理咨询老师，到心理老师每周定时值班咨询，满足学生的咨询需求。

（四）要重视调查研究，方案可行

我们经过连续 9 年新生的思想政治状况的调查，对学院新生思想政治状况调查结果分析，基本了解到学生在哪些方面适应，哪些方面不适应，之后再制订切实可行的方案，重点在学习方法、校园文化活动、学校管理方式和教学方式等较难适应的方面，帮助学生们进行心理调适，使他们通过老师的引导和自己的摸索，尽早找到适应自身的大学学习方法，以适应大学学业。此外，丰富多彩的校园文化活动尚需新生平衡时间，学会适应校园生活。

（五）指导学生合理利用课余时间

通过调查得出，学生们对于课余时间的利用主要有以下几个方面：在校自习或在阅览室看书，参加学校学生组织或社团活动，上网和外出参加各类培训或到图书馆等。大部分学生能够将课余时间利用在自习和看书上。大学生活是宽松和自主的，因此有 66.2% 的学生能够自主选择学习和充实自己。不容忽视的是，17.9% 的学生将上网作为课余时间利用的第一位选择。刚步入大学的学生尚不具有管理自己的能力，人生观和价值观也不是很成熟，很容易沉迷于网络，荒废学业，因此对这一部分学生的引导和监督是刻不容缓的。

二、心理健康教育设计方案

大学新生由高中升入大学，由于学习和生活环境条件的变化、目标追求的提升、社会地位的变迁和他人对自己看法的转变，心理较高中阶段有了很大的改变。据调查，大学新生面对中学生活向大学生活的转变，表现出众多的心理不适应问题。在新生中开展心理健康教育可以引导大学新生顺利适应大学生活，从迷茫和不适中找到方向，平稳开启人生的新阶段。

中华女子学院已经开展了近 10 年的心理健康教育工作，也在工作中不断探索和创新，为每一代新生种下良好心态的种子，在大学阶段生根发芽，完善自我、发展自我，成为知性高雅的大学生。大学新生心理教育实施方案包括新生心理普查工作、心理委员培训、"5.25"心理健康节、心理情景剧大赛、个体心理咨询、团体心理咨询等内容。下面以中华女子学院为例，举例说明大学新生心理健康教育工作的开展和实施。

（一）新生心理普查工作

为了全面了解新生入学后整体的心理状况，对入学新生进行了心理普查，其目的一方面是筛选、排查可能有心理问题的学生并进行心理危机干预，同时起到心理卫生的宣传作用，使同学们意识到心理健康在大学生成长过程中的重要性；另一方面建立大学生心理档案，比较科学全面地了解大学生的心理健康状况，可以对学生进行有针对性的教育和辅导，帮助学生健康成长。

通过专业心理测验对同学们进行心理普查，能让大家认识和了解心理健康对大学生的重要性和必要性，帮助学生们了解自己的心理健康状况，在以后的学习和生活中积极主动调节自身心理状态，以达到良好地适应、发展和提高的目的。同时，也为学校制订符合大学生身心发展的教育措施提供决策依据，提高学校心理健康教育工作的成效。

附1：

2014 级新生心理普查工作方案

为全面了解中华女子学院 2014 级新生的心理健康状况，增强工作的针对性和实效性，及时化解学生在适应期乃至大学生活期间产生的心理矛盾和困惑，为学生提供层次化、科学化和专业化的心理指导服务。中华女子学院学生心理素质发展中心拟于 2014 年 9 月中旬开始对 2014 级新生开展心理普查工作。为保证普查工作顺利进行，现将具体安排通知如下：

一、时间安排

2014 年 10 月 11 日至 2014 年 11 月 7 日

二、普查对象

2014 级全体新生

三、普查工具与内容

本次普查采取症状自评量表（SCL90）、卡特尔 16 种人格因素问卷（16PF）、大学生人格问卷（UPI）。普查问卷内容涉及学生心理健康状况、人际交往、人格培养、情绪管理等多个方面，针对性强，能够切实反映学生的心理健康综合状况、人格特征和家庭、社会支持体系，为学生提供一个审视自我、发现自我、了解自我的契机。

四、普查工作方式及流程

各班心理委员组织本班级 2014 级新生在校园网环境内按照心理普查时间表安排自主上机测试。学生登录校心理素质发展咨询中心"心理测评"网站 http：//219.242.28.146/psy/login.aspx，按照指导语在规定的时间内完成症状自评量表（SCL90）、大学生人格问卷（UPI）、卡特尔 16 种人格因素问卷（16PF）相关内容。学生登录用户名：学生学号，学生登录密码：学生学号。

普查结束后，校心理素质发展咨询中心将分别对普查筛选出可能存在心理异常的学生，保持和相关学院常态沟通，制订科学指导方案，实施有效干预。

五、几点要求

1. 要精心组织安排

心理普查工作目的在于了解新生的心理和社会支持系统状况，为有需要的学生提供心理辅导服务，帮助新生更快更好地适应学习生活环境。由于学生人数多、工作面大、普查指标多、普查严肃性强，各班心理委员要精心组织，周密安排。各班级在普查前要召开 2014 级学生心理普查工作布置会，明确心理测评的目的、意义、测试要求及操作流程，确保学生按照规定程序和要求操作，确保普查工作有序、及时、全面展开。

2. 要及时约谈和干预

要及时对筛查出来的关注对象进行进一步甄别和干预。一方面，班级在接到中心约谈通知后，及时组织关注对象接受约谈核查；另一方面，做好日常工作，充分发挥学生干部和朋辈心理委员的骨干作用，保持对全体学生常态化、动态化的关注，区分不同性质和程度的学生心理状况，采取有效方式指导和救助。

3. 要客观对待心理普查结果

目前心理测试量表仍有其局限性，心理测试结果又因受诸多因素影响，会出现"假阳性""错报""假阴性""漏报"等情况。得分高被筛查出来的学生，未必都有心理健康问题，而有明显心理健康问题的学生可能未被筛查出来，所以心理测试结果仅能作为判断心理健康问题的辅助手段和参考依据。

4. 要严格做好保密工作

依照心理健康工作的原则和要求，对每个学生特别是被筛查出可能有心理问题的学生要严格做好保密工作，切实保护学生合法权益。

（二）班级心理委员培训

近些年随着高校心理健康工作逐步走入正轨，班级设心理委员作为一种学生心理健康工作管理模式，已经成为学校心理健康教育体系的重要组成部分。目前，国内多数高校、高职均设有班级心理委员，并开展了大量卓有成效的工作。可以说，做好心理委员的教育与培训，明确班级心理委员在高校心理健康工作中的职责与角色定位，对于做好大学生心理健康工作、构筑高校心理安全防线具有重要的现实意义。大一班级心理委员是校园心理健康预警和援助体系中最基础的一个环节，他们生活在学生之中，最容易发现问题，最容易彼此沟通，通过心理委员进行选拔培训，充分调动学生朋辈辅导的感染力，可以让心理委员在自助的基础上学会互助，在互助中和谐成长。

中华女子学院新生心理委员培训已经进行了4年多，充分提升了心理委员的责任感和工作技能，培养了"小老师队伍"。通过"舞动工作坊""提升人际交往""提升班级凝聚力""心理委员朋辈辅导"等主题技能培训提升心理委员朋辈陪伴技能，为每位同学送去关怀，帮助同学们更快更好地融入大学生活，开启人生的新篇章。

例2：

2014—2015 年心理委员系列培训的通知

为充分调动和发挥班级心理委员在心理健康教育工作中的积极性和主动性，进一步完善心理健康教育工作网络和工作体系，形成大学生心理危机预防与干预的长效机制，中华女子学院心理素质发展咨询中心开展专题班级心理委员培训。

具体安排如下：

一、培训目标

了解学校心理健康教育工作的基本体系，熟悉和掌握班级心理委员的职责和工作要求，掌握朋辈心理辅导活动设计的基本原理，学会在班级中开展心理健康教育活动；能运用一些简单的危机干预原理，引导同学寻求专业老师的帮助。

二、培训内容

1. 班级心理委员的职责和工作技能

2. 个人心理成长与团体辅导技能培训

3. 朋辈心理辅导技能体验培训

三、培训形式

工作坊、团体心理训练、案例研讨

四、具体安排

培训主题	培训时间	培训地点	参加人员
心理个人成长 ——舞动工作坊	11 月 28 日（周二） 13：00—15：30	C 座教学楼 306 教室	2014 级心理委员
人际交往技能提升	5 月 19 日（周二） 13：00—15：00	C 座教学楼 306 教室	2014 级心理委员
朋辈心理辅导体验式 培训——倾听与谈话	5 月 23 日（周六） 13：30—16：30	学校本部主楼 201 教室	全校心理委员
班级凝聚力团体辅导技能与心理委员工作职责	6 月 9 日（周二） 13：00—15：00	C 座教学楼 306 教室	2014 级心理委员
朋辈心理辅导 技能培训与体验	6 月 16 日（周二） 13：00—15：00	C 座教学楼 306 教室	2014 级心理委员

（三）"5.25"心理健康节实施方案

1. 心理健康节的来历

2000 年，由北京师范大学心理系团总支、学生会倡议，随后 10 多所高校响应，并经有关部门批准，确定 5 月 25 日为"北京大学生心理健康日"。"5.25"是"我爱我"的谐音，对此，发起人的解释是：爱自己才能更好地爱他人。2004 年团中央、全国学联共同决定将 5 月 25 日定为全国大中学生心理健康节。

2. 心理健康节的作用

把这样一个意义重大的日子定在 5 月 25 日，是精心挑选的。首先，5 月 4 日是五四青年节，长久以来，5 月本身就被人们赋予了和年轻人一样的活力和激情。作为新一代的年轻人，首选的时间当然是 5 月。其次，鉴于大学生缺乏对心理健康知识的了解，由此导致缺乏对自己心理问题的认识，所以，"心理健康日"活动就是要提倡大学生爱自己，珍爱自己的生命，把握自己的机会，为自己创造更好的成才之路，并由珍爱自己发展到关爱他人，关爱社会。5 月 25 日是全国大学生心理健康日，提醒大学生"珍惜生命，关爱自己"。核心内容是：关爱自我，了解自我，接纳自己，关注自己的心理健康和心灵成长，提高自身心理素质，进而爱别人，爱社会。

3. 实践项目

中华女子学院在每年 5 月 25 日大学生心理健康节都会开展系列活动，繁荣北校区校园文化，进一步加强我校大学生心理健康教育，在学生中营造一种学习、普及、宣传心理健康知识，开展心理委员培训，关心、理解、帮助有心理困扰的同学，共同创建心理健康的良好氛围，使北校区的校园文化健康向上、格调高雅、百花齐放，在丰富师生业余文化生活的同时加强精神文明建设。

附3：

2015 年 "5. 25" 心理健康节实施方案

为了促进大一学生学会关爱自我，了解自我，接纳自己，关注自己的心理健康和心灵成长，提高自身心理素质，进而爱别人，爱社会，共同创建心理健康的良好氛围，北校区决定在 2014 级学生中开展 "5. 25 心理健康节" 系列活动。

一、活动主题：为爱点赞，对青春负责

以 "为爱点赞，对青春负责" 为主题，通过举办丰富多彩的心理文化活动，引导当代大学生继承中华民族仁爱的传统美德，发扬人性中爱的最美情感。在日常生活中用自己的行为表达爱、传递爱，担当起国家与社会赋予青年一代的责任与使命，在爱的行为中体现自己的价值，让青春绽放得更加亮丽。

二、活动目的：增强心理健康意识，提高自我调适能力，提高大学生心理健康水平；关注心理健康问题。

三、活动时间：2015 年 4—5 月

四、活动地点：中华女子学院

五、主办组织：心理素质发展中心

　　承办组织：2014 级"心吧 118"（北校区心理协会）

六、预期效果：本届心理健康节以倡导学生关爱自我与关爱他人、自助与助人、担当责任与使命为重点，使得参与者更多地了解心理知识、完善心理健康。

七、主要活动

1. 第五届"寻心续梦，逐梦远航"心理情景剧大赛

主要内容：以大学生生活和感受为原始素材，融合或渗透心理学的理论知识和技巧，以情景剧形式展现大学生的青春活力和勇于担当的精神。评选出优秀作品 2 个，推选进入学校心理情景剧评选。

时间：2015 年 4 月 14—20 日

地点：A 座报告厅

2. 素质拓展训练活动

主要内容：针对大一心理委员以及心吧 118 社团骨干举办的素质拓展领导技能培训，使心理委员能将学到的技能运用于平时的工作和活动中，推广素质拓展的理念和形式，营造互助和谐的氛围，让大学生能在日常生活中用自己的行为表达爱、传递爱，在爱的行为中体现自己的价值。

时间：2015 年 5 月

地点：国旗广场

3. 心理健康知识讲座

主要内容：邀请心理学专业的老师开展讲座活动，普及心理学知识，让大学生体察自身心理能力，培养大学生关注心理健康的意识，推动心理素质教育工作的开展，为大学生搭建一个心灵交流的平台。

时间：2015 年 5 月

地点：礼堂

4. "为爱点赞，对青春负责"摄影故事征集大赛

主要内容：主要围绕"责任""感动""青春"三个关键词，以个人、宿舍或班级为单位，将身边发生的勇于承担社会责任的大学生的典型动人故事拍成视频或一组照片，并附上相关事迹文字介绍。通过此活动树立大学生乐观自信、积极进取、敢于负责、勇于担当、实践爱传播爱的典型，激发青春活力。

作品要求：作品必须原创，照片需要画面清晰，故事必须真实、主题突出，每个故事的照片数小于 5 张。照片格式为"jpg"，像素大于 300dpi。文字描述包

括作品名称、作品介绍，字数在800字以内。

活动方式：由各班级自行组织活动并评选出1~3个优秀作品报送心理素质发展中心，填写摄影故事报名表，将作品整理压缩打包于4月22日前和报名表一起发至bxqxinli@163.com。届时将评选出一等奖1名，二等奖2名，三等奖3名，优秀奖若干。优秀获奖作品将被推荐参加校摄影故事征集大赛。

5. 班级心理委员培训

主要内容：大一班级心理委员是校园心理健康预警和援助体系中最基础的一个环节，他们生活在学生之中，最容易发现问题，最容易彼此沟通，通过心理委员进行选拔培训，充分调动学生朋辈辅导的感染力，可以让心理委员在自助的基础上学会互助，在互助中和谐成长。

新生心理委员培训已经进行4年多，充分提升了心理委员的责任感和工作技能，本学期拟于2015年4—6月继续开展心理委员培训，通过"提升人际交往""提升班级凝聚力""心理委员朋辈辅导"三大主题技能培训提升心理委员朋辈陪伴技能，为每位同学送去关怀，帮助同学们更快更好地融入大学生活，开启人生的新篇章。

6. 团体辅导

主要内容：为提高大一学生的心理健康素质，提供一个疏导压力的途径与空间，学校心理素质发展中心将以班级为单位，在本学期开展一系列团体心理辅导。团体心理辅导是一种重要的、更有效率的心理咨询方式，可以提供更多的资源和观点和"与别人一样"的感觉、归属的体验。通过参加各种形式的团体活动，获得身心的减压，增强化解压力的能力，对自己与生活用新的视角加以认识，以更加积极成熟的心态面对生活。

团体带领者：辅导员/班主任

时间：2015年4—5月

地点：心理辅导室

八、活动要求

1. 高度重视，精心组织

各承办组织高度重视、认真组织，为活动提供良好的支持保障，确保活动有序推进、圆满完成。

2. 广泛宣传，营造氛围

依托多媒体手段，进行全方位、多渠道宣传，以本次系列活动为载体，促进学生关注心理健康，营造良好的校园文化氛围。

（四）个体心理咨询辅导

1. 心理咨询的概念

心理咨询是指对来询者就心理、精神方面存在的问题，向咨询人员进行述说、商讨和询问，以求问题解决及平衡心态的过程。是咨询人员运用心理学专门的理论和技巧，在良好的人际关系氛围中，启发和帮助来询者，使其潜能得到挖掘，从而找到产生心理问题的原因，辨明心理问题的性质，寻求摆脱心理困扰的条件和对策，达到恢复心理平衡、提高适应能力，并最终增进身心健康的活动。

2. 心理咨询的作用

心理咨询一直都是处理心理危机的有效途径，通过对学生心理问题的疏导，排解学生心理忧虑，减轻心理压力，改善适应能力，如因学习成绩不如意而忧愁，因人际关系不协调而苦恼等。心理咨询的终极目标是使大学生领悟消极情绪产生的实质，并能在日常学习生活中运用咨询所学到的知识，调整自己出现的心理问题，学会面对现实问题和建立新的人际关系，使心理自由度大大提高。

3. 实践案例

以中华女子学院为例，心理咨询也由曾经的当时出危机、当时找咨询老师，发展成每周都会有专兼职心理咨询教师值班，更加及时、有效地解决学生的心理问题。

附4：

中华女子学院2014—2015年第二学期心理咨询安排

亲爱的同学，这里是心理素质发展中心。在这里，你可以敞开自己的心扉，诉述自己的烦恼和困惑；在这里，你可以得到专注的倾听，可以被无条件的接纳；在这里，你可以得到专业的心理咨询和辅导。我们欢迎你的到来，期待与你心灵相约。

你可以通过以下方式联系我们：

1. 每周周二下午、周四下午（13：30—16：00），都有专业老师在D座公寓二层心理咨询室（活动室旁）值班，你可以直接来找我们。

2. 通过电话预约咨询。

预约电话：89758305　联系人：马俊巍

预约时间：周一至周五 8：30—11：30；下午 1：30—4：00

3. 通过电子邮箱 bxqxinli@163.com 发送预约需求。一定要留下自己的联系方式哦！我们会在收到预约登记的第一时间联系你。

附5：

咨询预约登记表

同学，你好，欢迎你联系心理素质发展中心！

请详尽真实填写以下内容；填写完毕后，选取一种方式，电子版投至 bxqxinli@163.com 或纸质版交至 C303 学生科马老师处，我们将在一周内将咨询安排回复给你。（表格内所有的内容都只作为咨询的参考信息，不会向第三方透露，完整填写整个表格将有助于我们为你准备更合适的咨询老师。）

姓名		学号		
民族		院系班		
性别		出生日期		
联系电话		心理困惑程度	轻重缓急	
你目前主要的心理困惑和困难是什么？从什么时候开始的？或者希望得到怎样的帮助？				
请告知你方便过来的时间段好吗？				
你对咨询师有什么特别的要求？如何看待咨询？				
以前是否有过接受心理咨询的经历？如果曾经在本中心接受过咨询，效果怎样，是否再次选择该咨询师？				
以前是否接受过精神科药物治疗？如果有，请问是在什么时候？因为哪些原因呢？				
认为家庭关系的哪些方面以及成长过程中有哪些重要经历对现在的困惑造成了影响？				
你有既往病史吗？你的近亲中有精神方面的问题吗？若有，他（她）的具体问题是什么，他（她）与你的关系。				

（五）团体心理咨询实践活动

大学生已成为这个社会不可或缺的一部分，近年来，大学生中存在的心理障碍问题日趋严重，越来越多的学生感到自己最薄弱的素质是心理素质。曾有一项以全国12.6万大学生为对象的调查，发现20.23%的人有心理障碍。目前，开展大学生心理健康教育，大学生的心理亚健康问题值得关注。维护和增进大学生的心理健康，已是现实而紧迫的任务了。

1. 团体辅导的概念

团体辅导是在团体情境下进行的一种心理咨询形式，它是通过团体内人际交互作用，促使个体在交往中通过观察、学习、体验，认识自我、探讨自我、接纳自我，调整改善与他人的关系，学习心得态度与行为方式，以发展良好的适宜的助人过程。

2. 团体辅导的作用

为提高大一学生的心理健康素质，提供一个疏导压力的途径与空间，北校区心理素质发展中心将以班级为单位，在本学期开展一系列团体心理辅导。团体心理辅导是一种重要的心理咨询方式，在国外及我国港台地区已得到广泛的发展，目前在国内一些大城市与高校中也被很多人接受。

团体成员可以探索与他人相处的模式，并学会更有效的社交技巧；团体成员可以讨论他们彼此之间的理解和觉察，并获得其他团体成员对其理解和觉察的回馈；团体为成员的日常生活提供了一个反省的机会，尤其是当成员的年龄、社会背景、兴趣、问题范例等方面较为一致时，团体成员间互相提供的人际理解和支持的氛围，促使成员愿意探索他们自己带到团体中的问题。

3. 实践项目

中华女子学院心理素质发展中心根据这些依据，结合大学新生的现实问题，对大学生进行新生适应团体方案的设计，试图促进学生在同质性团体的交流互动中相互理解、相互支持，在较短的时间内更好地适应大学生活。现已经由辅导员班主任担当团体带领者，完成20个班级的团体辅导工作，增进了班级同学间的了解，增强了班级的凝聚力。

附 6：

中华女子学院 2014—2015 年第二学期团体心理辅导安排

为提高大一学生的心理健康素质，提供一个疏导压力的途径与空间，学校心理素质发展中心将以班级为单位，在本学期开展一系列团体心理辅导。团体心理辅导是一种重要的心理咨询方式，在国外及我国港台地区已得到广泛的发展，目前在国内一些大城市与高校中也被很多人接受。团体辅导更有效率，可以提供更多的资源和观点"与别人一样"的感觉、归属的体验、通过参加各种形式的团体活动，获得身心的减压，增强化解压力的能力，对自己与生活用新的视角加以认识，以更加积极成熟的心态面对生活。欢迎在班级凝聚力、学习、人际关系等方面遇到心理压力问题而自己又无有效方式应对的同学报名参加。

你可以通过以下方式联系我们：有意向参加的班级心理委员以班级为单位向辅导员报名；通过电话预约咨询；通过电子邮箱发送预约需求。

预约电话：010－89758305

预约时间：每学期周一至周五上午 8：30—11：30；下午 1：30—4：00

附 7：

团体辅导方案设计与实例

一、活动目标："阳光起航，铸就梦想"——指导新生通过参与"新生入学适应团体辅导"的活动，使班级成员之间尽快熟悉，形成新的班集体的意识，通过班级成员之间建立新的互助和互信关系，来提高学生应对困难和解决问题的能力，也为个人和班级的和谐发展奠定良好的基础。

新生入学适应团体辅导活动的本质：活动、理解和分享

二、活动场所：教室或心理咨询室

三、活动时间：自定

四、团体带领者：辅导员/班主任

五、参加者：2014 级新生

六、简明活动方案

表1

活动阶段	活动目标	活动内容	时间（分钟）
暖身阶段	1. 建立团体契约 2. 营造融洽活跃的团体氛围	1. 寻访大手印	5
		2. 无家可归	15
相识阶段	1. 促进成员间非言语互动	1. 微笑握手	10
	2. 增进彼此相识，在短时间内认识更多的人	2. 寻人游戏	20
	3.（1）思考自己的价值观念，体验和澄清自己的人生态度	3. 价值观大拍卖	45
	（2）搜寻学习、生活等方面共性的问题，寻求解决方案	4. 头脑风暴	30
	（3）回顾大学初的喜悦和担忧，聚集未来生活的力量	5. 大学生活三个最	30
	4. 初步交流大学生涯规划	6. 四年后的我……	20
结束阶段	烘托气氛，处理分离情绪，为班级发展奠定良好基础	全班合唱自选歌曲	10

详细活动过程与操作要点

一、准备工作

（一）一间可留出足够大活动空间的教室，团体成员围圈而坐。

（二）团体带领者简要说明本期团体活动的内容及意见，提出参与活动的要求并通过项目的形式，指导团体成员共同探讨建立团体活动规则。

项目一："寻访大手印"

目的：酝酿团体氛围，建立团体活动规则

时间：5分钟

操作：通过成员之间的对比和自荐的方式，需找出参与成员中手掌最大的人。

确认最大手掌后，由另一团体成员用纸笔描绘出最大手掌的掌印。

探讨团体活动规则，逐条填写在"大手印"五指的空白处。

团体规则制订完毕，由团体带领者宣读一遍，要求全体成员遵守。

团体规则范例：

1. 全身心投入活动中来；

2. 真诚地表现自己；

3. 无条件接纳他人；

4. 保守秘密；

5. 关闭手机 。

二、活动开始

总指导语：亲爱的同学们，从今天开始，我们班全体同学将一同度过四年的大学时光。我的同学是什么样的人，我们之间是否会成为好朋友，大家对四年的大学生活都是如何规划的？让我们怀着真诚友善的心，开始我们今天上午的活动。首先让我们做一个小游戏。

项目二：无家可归

目的：让成员形成新的团体意识，培养成员的团队观念，让个人认识到团队的重要性，感受团队和个人的关系，从而增强个人参与团队的主动意愿，增强团队凝聚力。

时间：15分钟

操作：让全体成员手拉手围成一个圈，让大家体会团队在一起的感受。然后，团体带领者说："变，4人一家"，活动成员需根据要求组成一个由4人形成的团队。再以此类推，5人一家、7人一家……

指导语：请大家起立，手拉手形成一个圈，体会一下此时的内心感受，有谁愿意分享一下？我们的班级是一个大家庭，大家团结在一起才会有力量，可一会儿大家需要根据我要求的人数重新组成一个新的家，看看谁没有找到家。同学们准备好了吗？现在开始啦！变，变，4人一家！变，5人一家……（看看谁总是站在圈外，让他谈谈自己的感受），最后大家再一起分享体会。

注意：

1. 团体带领者可以不断变化组合（4人一组，5人，7人……）。

2. 在让站在圈外的成员谈体会时，团体带领者一方面要表示出对他的理解，另一方面也要积极鼓励他在后面的活动中积极变化，不要再"无家可归"啦。

3. 在大家分享体会时，团体带领者要引导大家意识到：无家可归的人的孤独和无助的感受。人是社会的人，我们渴望被他人接纳，彼此关心帮助。离开了集体，我们会失去安全感。大家从五湖四海来到中华女子学院，组成了我们的新家庭。在我们的班级里，许多同学都是第一次离开自己的父母，我们的班级就是我们的家。

如果我们中间的哪位同学生病了，或是遇到困难了，希望大家去关心他，帮助他。家给人的感觉是温暖的，家人之间要相互支持，因此营造一个温馨和谐的班级是我们共同的责任。在集体中我们能够获得关心、帮助和理解，找到归宿感、荣誉感和安全感。

本项目变形技巧：

1. 使用呼啦圈或绳子围成一个环，设置成为安全岛（家）。

2. 两次未能够按照指示进入安全岛——"无家可归"的学生要表演一个节目。

3. 在两次组合的过程，学生不能待在原来的家里，否则团体带领者也要让其为大家表演节目。

项目三：大风吹（室内操作，有椅子）

目的：活跃气氛、消除紧张

时间：10 分钟

操作：活动小组成员把凳子围成一圈并围圈而坐。团体带领者说："大家要彼此留意每个人的特征，外表穿戴、性格、地域都可以，但要求必须是独一无二的。然后，第一名同学站起来说某个人的特征，符合该特征的同学就要站起来，两位同学交换座位，如果被说到特征而没有站起来的同学，就会被淘汰，而如果特征不对或是有多个人符合这个特征，那么第一名同学自己就要被淘汰。听明白了那么就可以开始。"西北风吹呀吹，吹到穿红衣服的人"，穿红衣服的人快站起来换位置（寝室长、来自长春的……）

项目四：微笑握手（知你识我）

目的：初步相识

时间：10 分钟

操作：团体带领者先让团体成员按等数围成内外两个圈，然后按照不同的方向旋转，当带领者喊停时，内外圈相对的成员就要彼此微笑并相互介绍自己，介绍的内容包括：姓名、籍贯、宿舍、个人兴趣爱好，每次 3 分钟。然后，继续旋转认识新朋友。同时，要向新朋友介绍刚刚认识朋友的心情。

指导语：大家在介绍彼此时，讲述清楚，双方要正视对方，相互尊重并面带微笑。如果两次暂停时，面对成员相同，那么要再转一个人位置继续进行。第一轮 2 分钟，第二轮 3 分钟，第三轮 4 分钟。

注意：根据活动项目内容要求，自我介绍内容至少应当涵盖姓名、籍贯、最大的兴趣爱好等。

项目五：寻人游戏

目的：通过活动内容让团队成员之间通过自我介绍和相互介绍来促进彼此的

了解，加速团队成员的熟悉度。

时间：20分钟

操作：把"寻人信息卡"发给每一位学生，大家交流"寻人信息卡"，以最快速度找到与表格中所列内容相匹配的人让其在表格中签名，每人只能签一个格子。选出获取全部签名或签名人数最多者为胜利者，准备几个小礼品作为奖赏，并寻访他们寻人的秘诀。

表2

序号	特征	签名	序号	特征	签名
1	会打乒乓球		17	戴眼镜	
2	穿运动休闲类衣服		18	拔过牙或补过牙的人	
3	兄弟姐妹数和你不同		19	穿黑色袜子	
4	认为早上6点起床太早		20	喜欢唱周杰伦的歌	
5	喜欢看选秀节目		21	当过志愿者	
6	身高170厘米		22	网络游戏高手	
7	读过韩寒的书		23	有住院开刀的经历	
8	参加过爱心捐款		24	喜欢红色	
9	4月出生		25	喜欢爬山	
10	会两种乐器的人		26	做过兼职	
11	擅长游泳		27	爱养小动物	
12	和你家住得最近的同学		28	和你家住得最远的同学	

请你邀请一个同学帮忙完成一个任务，至少邀请12位帮助你完成下表格里所有的任务。

表3

找寻至少3位能用3种语言（包括方言）做自我介绍的人	找寻至少3位同学和你交换手机号码和QQ号码，击掌3次
请至少3位同学用左手帮你签名	找寻至少3位同学能为你提供肩膀按摩的人，并赞美对方1分钟
找寻团队里所有和你同月出生的人，并为对方哼唱一曲生日快乐	

引导：刚才的活动中有很多相互理解和相互帮助的活动。当我们来到一个新的集体中，都希望自己能够被大家喜欢、接纳，那么如何成为一个受人欢迎的人呢？我们需要注意三条原则：首先是自己的事情自己做，其次是集体的事情大家做，最后是他人的事情帮着做。掌握这三条原则，你就能够更容易地融入新的集体生活中。

项目六：对对碰（滚雪球）

目的：扩大交往圈子，拓展相识面

时间：15分钟

操作：刚才自我介绍的两个组合并形成4人一组，进行他者介绍。每位成员将自己刚才认识的朋友向另外两位新朋友介绍，每人2~3分钟。如下图所示。A向C和D介绍B，B向C和D介绍A，依次类推。然后4人一起自由交谈几分钟。

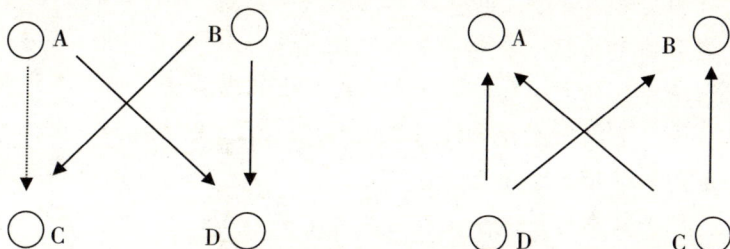

图1　他者介绍（4人组）

指导语：2人变成4人小组，开始"他者介绍"（每人将自己刚认识的新朋友介绍给另外两个人）。每人2分钟。当4个人分别介绍完后，交流一下高中时代最快乐或最有成就感的事情。

注意：通过回忆的方式，使学生意识到自己现在的角色已变，用来克服角色突变带来的同一性紊乱。同时调动愉快的情绪，找到许多共同语言，拉近同学间距离。

项目七：名字接龙（连环自我介绍）

目的：进一步扩大交往范围，引发个人参与团体的兴趣

时间：20分钟

操作：两个4人小组合并，8人围圈而坐（也可以全班同学一起做）。要求每个人以一句话介绍自己，一句话包括自己的姓名、家乡和性格特征。首先由第一个人介绍自己，接下来的人除了介绍自己外，还要介绍前面所有已经讲过的人的信息。先按顺时针，再按逆时针进行，这样能够使所有参与者都集中精力、相互帮助，而且通过不断的重复，可以使大家尽快记住他人的信息。

指导语：4人变8人一组，开始围圈顺序介绍。每个人以一句话介绍自己，一句话包括自己的姓名、家乡和性格特征。当小组决定从谁开始时，必须按顺时针方向依次转。如甲说"我是来自山东青岛的性格开朗的张蕾"，下一位同学乙说"我是来自山东青岛的性格开朗的张蕾旁边的来自上海爱看韩剧的刘晶"，依次类推。最后，每组请出一位代表介绍本组成员。

注意：鼓励团队其他成员帮助记忆，不允许成员用纸笔记录相应信息。

项目八：价值观大拍卖

目的：促使学生思考自己的价值观和人生观，帮助学生体验和澄清自己的人生态度

时间：45分钟

道具：充足的道具钱币、颜色各异的硬纸板、价值观项目表、拍卖槌

操作：将拍卖的项目事先写在硬纸板上（最好是不同的颜色），以增加拍卖的趣味性及方便拍卖进行。每个学生手中有5000元（道具钱币），它代表一个人毕生的时间和精力。每个人可以依据自己对人生的理解任意拍下表中的项目。每样项目都有底价，每次出价的单位为500元，出价高者得到，有出价5000元的，立刻成交。由团体带领者或学生主持拍卖，按拍卖方式进行，直到所有的东西都拍卖完为止，拍卖结束后请学生认真考虑买回来的东西。

表4

项　目	预价	实价	项　目	预价	实价
1. 几世用不完的钱			12. 亮眼耀人的情人		
2. 天使面容与身材			13. 超级豪华的房子		
3. 一生平淡的爱情			14. 博学多闻的知识		
4. 刻骨铭心的爱情			15. 如松如柏的寿命		
5. 深得己心的友谊			16. 环游世界的机会		
6. 无病无疾的健康			17. 一呼成群的影响		
7. 幸福美满的家庭			18. 服务他人的真心		
8. 一帆风顺的事业			19. 完美无瑕的人际		
9. 发挥所长的工作			20. 如首富样的头脑		
10. 无人能及的学历			21. 与世无争的生活		
11. 高潮迭起的人生			22. 优异无比的成绩		

指导语：现在，你们进入了一个理想的世界，你们的梦想都可以用钱来购买。在所发的"价值观项目表"的表格中，列有22个价值项目。每位同学都有5000元，代表一生的精力和财富，但你们不一定全部用清。你会花多少钱来买"价值观项目表"中的项目，请将自己预期的金额填在表中第一栏内。拍卖时，请在第二栏记录每个项目的拍卖成交价。

填写时请注意：

1. 不必每项都写；

2. 拍卖时如你想对某一项出价，起价不得少于500元；

3. 拍卖时如你想加价，每次加价至少500元；

4. 你的总开支不可以超过5000元。

讨论及分享：

1. 从"拍卖成交价"最高的项目开始讨论，请中标的学生分享为何要买这一项；

2. 请同时竞标的其他人解释他们看重此项目的原因，并分享竞标失败后的心情和感受；

3. 参照上述方法，讨论"拍卖成交价"位居第二、第三的项目，依次类推；

4. 让学生分享、讨论拍卖过程中的心情和感受如何，争取过来的东西是否是最想要的？有没有除了比上面所说的这些更值得追寻的东西呢？在个人价值观方面，对自身职业选择的影响是什么？

注意：团体带领者在拍卖进行的过程中，要注意把控秩序，如果纪律太乱，活动就成为乱哄哄的游戏。有的同学可能会重复使用自己手中的道具钱币，团体带领者应注意提醒这些学生购买所付出的钱不能超过5000元。此外，拍卖时不一定遵循项目的顺序拍卖项目，这样有助于学生不能预计各项目会何时出现。

项目九：头脑风暴

目的：搜寻学习方面共性的麻烦或问题，寻求解决方案。

操作：阻碍我完成学习任务的主要原因是什么？小组内讨论的结果用N次贴贴在海报纸上，越多越好，看哪个组写的多，写得最多的组给予小奖品。由全体成员投票，决定贴在海报上诸多学习困惑中，最想要解决的问题2~3个。小组成员共同讨论每个问题的解决方法，写在白纸上，由1名代表发言。

注意：不批评，多多益善。

项目十：洞口余生

目的：清楚了解自己的人生目标及将来对社会可能的贡献

时间：30 分钟

操作：8 人一组围圈坐下。相互距离拉近，留出一个出口。每人讲最先离洞的理由。经过协商，大家共同决定谁最先逃生。然后成员讨论自己在整个过程中的感受。

指导语：一群学生到野外郊游，不幸遭遇泥石流，所有人都被困在一个危险的洞穴中，洞穴只有一个出口，但一次只能出去一个人，而出口随时都有倒塌的危险，先出去的人就有活下去的希望，其他人可能面临巨大的危险。团体成员依次说明自己需要先出去，并阐明自己首先出去的理由，然后由团体投票决定谁第一个出去。

注意：团体带领者要注意引导成员把小组讨论的重点集中在每个人是否能说出将来生活的目标和方向，听了别人的阐述后自己是否更正原有的想法，小组内以怎样的标准决定逃生者的顺序等方面。此外，要引导学生认识到每个人的价值观是不同的，是多元化的。有的人重视物质方面，有的人重视精神方面。在多元的价值观中，没有绝对的好坏之分，因此，在同学间的人际交往中，要尊重他人不同的价值观，要相互理解和包容他人。

项目十一：求生锦囊

目的：培养学生应对困难和挫折的意识和能力

时间：20 分钟

操作：团体成员每组 8~10 人一组，围圈而坐

指导语：有一天你被歹徒抢劫了，他们把你劫持到很远的你并不认识的地方，并抢走了你所有的财物……所幸的是你的身体没有受到严重的伤害，你将如何克服困难，回到家人身边？

请大家进行一场头脑风暴，尽可能多地寻找脱离困境的方法，无论什么样的奇思妙想都可以提出。各小组间进行比赛，哪个小组求生锦囊里妙计更多更好。

注意：对成员提出的所有克服困难的方法都无条件表示赞赏。

项目十二：我的联络图

目的：整理自己的人际支持网络，便于在遇到困难和挫折时能及时寻求帮助。同时，对曾经帮助过、关心过自己的每个人心存感激，带给他们真诚的祝福。

时间：10 分钟

操作：接上一个备用项目，给每个成员发一张小卡片，请成员在卡片上写下自己遇到困难和挫折时可以寻求帮助的人的姓名和联系电话，并保存珍藏。

指导语：请大家回想一下在上一个游戏中你们想到的可以联系的亲人朋友，写下他们的姓名和联系电话。这些人是在这个世界上最关心你、最值得你信赖的人，请好好珍惜他们。珍藏好这张小卡片，就珍藏了我们的爱。希望在活动结束后，用我们感恩的心给他们最真诚的祝福。

同时也希望每一个人都能在新的大学生活中去认识更多的朋友，让自己的小卡片上的名字越来越多。

项目十三：大学生活三个最……

目的：回顾大学初期的喜悦和担忧，交流中互相启发，聚集开启未来生活的力量

时间：30 分钟

操作：适当分组，请小组成员在纸上写下"大学生活三个最"，即"进入大学后我最高兴的是……""进入大学后我最担心的是……""进入大学后我最期望的是……"，填写结束后，请每个小组成员在小组内分享自己初入大学的感受及对日后学习生活的期望和规划。有的成员规划明确，有的可能尚未好好思考，分享过程中相互启发。

注意：要求每位成员尊重发言者的感受分享，认真倾听、互相学习和探讨。每人 2~3 分钟。然后请每个小组派一个代表将小组成员的感受和计划归纳后在全班发言。全班同学共同感受各组的特色之处，每个人形成自己的合理规划。

项目十四：四年后的我……

目的：人生探索，大学学习生涯规划

时间：20 分钟

操作：请大家闭上眼，冥想 3 分钟：虽然我才刚刚进入大学，但是，白驹过隙，四年后的我，在哪里？会在从事怎样的工作？周围是怎样的场景？冥想结束后，团体带领者让每个成员在小组内分享自己冥想时的感受以及对大一学习生活的计划和安排。然后每组选派 2~3 名目标最明确或目标最特别的同学进行阐述，让全班同学自由分享。

注意：要求每位同学认真倾听同学的发言，相互启发探讨，完善自己的大一学习生活计划。

项目十五：心有千千结

目的：团队协作，靠团体的力量解决问题，感受团体支持氛围对个人的意义和重要性

时间：30 分钟

指导语：适当分组，小组成员手拉手围圈而站，每个成员记住自己左手和右手各握的是哪位伙伴的手。记住后松手，小组成员散开自由走动，打乱顺序后，团体带领者叫"停"，成员位置固定，不要移动，并寻找刚才左右手相握的手尽力握在一起，此时形成很多结。在手不分开的情形下，努力想办法共同解开这个"千千结"。

注意：引导学生感受方法总比困难多，看上去不可能完成的任务，只要大家共同开动脑筋，团队合作，最后会有让人惊喜的结果。

结束活动：歌曲合唱，握手感谢

目的：相互支持和鼓励，团体圆满结束，对未来充满信心。

时间：10分钟

操作：大家一起讨论，选出一首大家可以普遍接受的歌曲（或自定），全班同学手拉手一起唱，感受相亲相爱一家人的氛围。共同手拉手围圈，每个人一面唱歌一面微笑说声"谢谢"。（最后也可集体合影留念）

附：推荐4～5首歌曲。

《真心英雄》《相亲相爱一家人》《朋友》《祝福》《明天会更好》

推荐书目：《团体心理辅导》樊富珉、何瑾编著

《大学生团体辅导与团体训练》吴少怡主编

《团体辅导：理论、设计与实例》周圆主编

《实用团体心理游戏与心理辅导》李权超、谢玉茹主编

表5　团体辅导反馈表

姓名：	班级：	活动时间：

请就每一项目，根据小组现在的情形分别给予1～5分。5分表示最接近事实，1分表示与事实最不符合。

小组气氛

_____ 1. 小组具有分工合作和团队的精神。

_____ 2. 我觉得和这个小组的每个人相处得都很融洽。

_____ 3. 我信任小组里的其他人。

_____ 4. 在这个平衡量表中，我很认真作答。

个人成长

_____ 5. 参加小组使我对自己越来越有信心。

_____ 6. 我对这个小组采取负责的态度。

姓名：	班级：	活动时间：

　　＿＿＿＿＿＿　7. 我乐于与小组里其他人分享讯息。

　　＿＿＿＿＿＿　8. 我能把我在小组中学到的应用于小组外的生活中。

　　小组带领人

　　＿＿＿＿＿＿　9. 仔细倾听且能真诚接受小组成员。

　　＿＿＿＿＿＿　10. 鼓励成员共同交流各自的感受。

　　＿＿＿＿＿＿　11. 能与成员共同交流、分享经验。

　　＿＿＿＿＿＿　12. 小组带领人在活动时表现出适当的反应行为，譬如，澄清、简述语义、反应情感、结论等。

　　对于我们小组的活动，你最喜欢的环节是什么？（说明理由）如果一位很好的朋友，问你对这个小组的看法，你会说什么？

第三节　心理健康教育与发展的实施成效

一、心理健康教育助力学生成长

　　学生在学习、生活和与人交流中遇到了某些障碍，不能很好地加以处理，并由此产生不同程度的焦虑与困惑，通过来信和面对面交流，北校区心理健康教育帮助学生以发展的眼光来审视其生活、学习、交流中出现的困难。通过对其认识与解决来提高个人自助的能力，学会以辩证的眼光来看待个人生活中的种种困难与挫折，增强他们的自信心和心理承受能力，帮助他们积极适应成长过程中所遇到的种种困扰与问题。帮助学生在学习、生活中学会调节控制自己的情绪，保持乐观、平和、愉快的心境等。

（一）认识现实与理想的落差，医治心理上的失落

1. 案例呈现

　　某大一女生小 E，来自偏远山区，从小天赋优秀，后考入某名牌大学。到了学校，与来自全国各地的同学在一起，突然产生强烈的自卑感。她不太会使用计算机，不懂时尚和打扮，英语发音不纯正。更可怕的是第一学年自己放弃了很多其他的活动，非常认真地学习，可是成绩平平，连奖学金也没有拿到⋯⋯

2. 成因分析

作为教育工作者，首先需要明确导致学生这种心理问题的最主要原因，在实际工作中切忌简单地归类，把问题主观地归为哪一类，而是要澄清客观成因。因为事实上感到自己不再优秀、出现失落情绪的学生有很多，案例仅仅是其中一例，每个人的原因各不相同。有些学生感到学习上不再是尖子生了，有些学生感到不再是班干部或社团骨干了，甚至有些学生觉得自己在班里、在宿舍里不是最受欢迎的人，等等，这些问题的客观根源是不同的，因此有必要予以了解和分析。

值得注意的是，学生困扰的通常是他们最重视的一个或几个方面，之所以特别重视这些方面是有特殊原因的。澄清问题时不仅要分清是哪一方面，更重要的是关注更深层的心理困扰，也就是说表面上看可能是学习问题，或人际交往问题，但更深层的可能是自我评价、自我认识方面的问题。原本对自身不客观、不全面的认识和评价，是不能适应外在环境的变化的，一旦发现现实环境与自我认识有偏差，便产生了困扰与落差。

3. 教育与辅导的要点

（1）接受不可能永远第一的现实。首先要引导学生接受现实，接受自己不可能在各个方面都是第一的现实。让学生体会到这并不代表自己不再优秀了，而是表明还有一些人和自己一样优秀；然后鼓励学生在现实基础上寻求提高，才是解决问题的良好方式。

（2）正确认识并利用嫉妒心理。嫉妒是人们普遍的心理现象，羡慕他人的优势，既可能产生不悦、恼怒等破坏性的负面情感，也可以激发自己奋发图强的精神；既可能造成自身心理困扰的障碍，也足以构成不断进步的动力。引导学生看到两面性，懂得趋利避害和扬长避短。

（3）找到自己的优势。大学生活是多元化的，对一个人的评价也是多方面的。每个人都有自己的优势，同时也都有自己的不足，鼓励学生在各方面均衡发展。

（二）解决同伴关系不良，纾解人际交往冲突

1. 案例呈现

下文是一名大一新生发送给学校心理咨询老师的一封短信内容：

"您好！我是一名大一的学生。受家庭的影响，我初中和高中时经常搞不好人际关系，甚至快走到马加爵的地步了；同时，也有好多过去心理上的伤痛和不

愉快的记忆总是缠绕着我，怎么办都挥之不去。现在上了大学，问题还是没有什么缓解，依然搞不好与同学的关系，为此我也感到十分心烦，甚至感觉影响到了身体健康。所以非常希望能得到你们的帮助，不胜感激！"

2. 成因分析

大学生人际交往方面的问题，在女大学生众多常见心理问题中尤为突出。主要表现为无法和同学很好地交往，或是退缩、逃避，或是产生矛盾、冲突，甚至对自己和同学之间良好的交往缺乏信心，严重时还会影响学习和生活。

3. 教育与辅导的要点

（1）引导学生了解自己的个性，学会扬长避短。有的来信者认为自己之所以人际关系处理不好，就是因为自己的个性造成的。比如认为自己内向，一定不善于交往。而且越是这样想，越觉得自己没法和同学很好地相处。来信者只看到个性中不利于人际关系的方面，而忽视了其他有利的方面，比如人们通常认为内向的人更稳重、更值得信任等。因此，教育工作者首先要帮助学生确立一种观念：个性没有好坏对错之分，只要扬长避短就可以了。

（2）人际交往的技巧和行为训练。对于那些确实是缺乏交往技巧的大一女生，可以建议她们提升自己人际交往的能力。在人际交往中很重要的两个方面是：要成为良好的倾听者和沟通者。这就是说，要善于倾听对方的话，并且还要恰当地回应。当然也要注意自己非语言信息的传达。人际交往需要多去尝试和锻炼，逐渐去摸索，找到符合自己个性而又适当的人际交往方式。

二、心理健康教育的学习目标

通过班级的团体辅导，学生增进了与他人交流学习的机会，使学生学会了正确面对人生道路的挫折，努力寻求自救方法的本领，使学生在困难面前，积极发现个人与周围环境的有利因素，加以有效利用，促进个人的成长。这种学习不是强加灌输的，而是通过个人努力思考及同学间活动的积极启发而"悟"出来的。同时，心理健康教育提高了学生的自助能力，帮助学生并培养学生适应新环境的压力，接受考试失利的打击，调解人际关系中的冲突，纠正不良心理，从而不断提高学生的心理素质。

（一）消除自卑心理

1. 案例呈现

吴某，女，重点大学一年级。自进入大学后，一直很自卑，父母都是农民，家境贫寒。以前因为在中学时成绩拔尖，深受老师和同学的器重，自己也没有太过在意家庭的贫困和普通。为了她上大学，家里负债累累。进了大学后，自己又借了不少钱以掩饰自己的贫困。原以为到了大城市，会有很多机会，可以通过打工来补贴自己，但实际上很难。曾想过许多办法来提升自己的素质（比如参加社团、看书、看展览会、考证书等），但实施之后，往往都是半途而废，从而感到自己脱离不了贫穷，走不出社会底层的地位，自己不会有好的前途，不可能光宗耀祖，甚至找男朋友都很困难。

2. 成因分析

大一女生正处于自我意识不断发展和增强的阶段，自我意识还不够稳定。他们常常对周围人的评价非常敏感，哪怕是一句随便的议论，都会引起她们内心很大的情绪波动，甚至对自我评价发生动摇。在这样的心理状态下，很容易产生自卑心理，并认为他人会因此看不起自己。

3. 教育与辅导的要点

（1）正确对待失败。由于经验的不足，大学生在失败时常常找不到恰当的归因，很容易产生自卑感、挫折感，结果出现恶性循环，失败导致自卑，自卑又引起失败。要学生了解到，每个人在不同的阶段、不同的问题上都可能遇到挫折和失败。对此要保持平常心，可以避免在感情上产生很多的波动。

（2）增强自信。自信是消除自卑、促进成功最有效的补偿方法。建立符合自身实际情况的"抱负水平"，才可能促进自身更大的发展。"抱负水平"是指个体将某件事做到某种程度的心理需求，需要和学生探讨的是，"抱负水平"不宜定得太低或太高，要符合自己的实际条件。当目标过高时，难免失败的机会多，不利于建立自信。

（3）避己之短，扬己之长。每个人都有自己的长处，我们需要看到自己的短处，知道自己的不足才可能进步，但同时也不可以忽视自己的长处。自卑的学生，尤其是大一女生，往往只看到自己的不足，认为自己的优点不值一提。因此要鼓励学生挖掘和发展自己的优势，以补偿自己的不足；教师可根据对学生的初步了解，启发她们发掘自己的优点。

（二）帮助学生摆脱失恋的痛苦

1. 案例呈现

一名大一女生走进学校心理咨询室，因失恋而产生不良情绪，故主动前来咨询。以下是该生咨询时主诉的一部分。

她委屈地说："看他可怜，经常一个人看书，我才主动去陪他，后来他开始喜欢我，我觉得他人也不错，就答应做他的女朋友，想先处处再说。可我一用真心对他，他反而冷了下来，甚至还不如那些一般朋友的男生，平时就像没我这人似的，连句好话都不会说，我一和他争，他就走，连哄人都不会，真蠢，真傻，真笨！可我，我也不知道怎么了，就是越来越喜欢他，一天看不见他都不行，有时候忍着不和他先说话，回到宿舍就受不了，一个人偷偷哭。"

2. 成因分析

大多数失恋的大学生能正确对待和处理好这种恋爱受挫现象，逐渐开始新的生活。但也有一些失恋者会体验强烈而持久的负性情绪，如果不能及时排解这种强烈的情绪，容易导致心理失衡。尤其是大一女生，她们的阅历不是很多，心智还没有完全成熟，加之情绪敏感的特点，更不容易摆脱失恋带来的痛苦。很多学生不仅为失恋痛苦，更为自己无力自拔而痛苦，她们觉得自己既已被别人抛弃了，还这样为对方难过是不应该、不值得的，于是对自己非常生气，加重了痛苦经验。

3. 教育与辅导的要点

（1）寻求支持系统倾诉。学生受到失恋打击后，被一系列不良情绪困扰，应该找一个可以交心的对象，一吐为快，以释放心理的负荷。既可以把自己的烦恼向知心朋友倾诉出来，并听听她们的劝慰和评说，也可以运用日记或书信的方式记录下来，这样可以释放自己的苦恼，并寻得心理安慰。

（2）转移注意力。及时适当地把情感转移到失恋对象以外的人、事或者物上。如积极参加各种娱乐活动和体育活动；投身到大自然中去；与朋友交流思想；努力学习或工作；等等。当然也可以与其他异性交往，但是要注意最好等情绪基本平复之后，以免受失恋的影响而做出错误的决定。

（3）情绪疏通。借助理智来获得解脱，用理智的"我"来暗示、战胜感性的"我"。可以进行反向思维，寻求心理平衡。如多想想对方的不足或彼此不适合的地方；将失恋看作另一个机会的开始，鼓足勇气，迎接新的生活。

三、心理健康教育的自我完善目标

心理健康教育的最终目标就是自我完善。通过个体咨询、团体辅导、校园心理文化活动，以及讲座等方式，使学生全方位多角度地深入思考自我，更好地认识自我、悦纳自我、发展自我、协调自己。因此，每一次心理健康教育活动都让学生朝着自我完善的目标迈进了一步，使学生学会积极面对人生的挑战，建立健康的自我形象，使他们对自己的所作所为有充分的信心，不会因一时的挫折与失败而丧失对自我的信念，以愉快、健康、积极向上的心态来面对学习和生活。

从中学到大学，是人生的重大转折，大学生活的重要特点表现在：生活上要自理，管理上要自治，思想上要自我教育，学习上要求高度自觉。尤其是学习的内容、方法和要求上，比起中学发生了很大的变化。要想真正学到知识和本领，除了继续发扬勤奋刻苦的学习精神外，还要适应大学的教学规律，掌握大学的学习特点，选择适合自己的学习方法。

（一）帮助学生掌握正确的学习方法

在大学学习中要把握住的几个主要环节是：预习、听课、复习、总结、记笔记、做作业、考试等，这些环节把握好了，就能为进一步获取知识打下良好的基础。

1. 预习。这是掌握听课主动权的主要方法。预习中要把不理解的问题记下来，听课时增加求知的针对性。既节省学习时间，又能提高听课效率，是学习中非常重要的环节。听课记好笔记。上课时要集中精力，全神贯注，对老师强调的要点、难点和独到的见解，要认真做好笔记。课堂上力争弄懂老师所讲内容，经过认真思考，消化吸收，变成自己的东西。

2. 复习和总结。课后及时复习，是巩固所学知识必不可少的一环。复习中要认真整理课堂笔记，对照课本和参考书，进行归纳和补充，并把多余的部分删掉，经过反复思考写出自己的心得和摘要。每过一个月或一个阶段要进行一次总结，以融会贯通所学知识，温故而知新，形成自己的思路，把握所学知识的来龙去脉，使所学知识更加完整系统。

3. 做作业和考试。做作业是巩固消化知识，考试是检验对所学知识掌握的程度，他们都起到了及时找出薄弱环节并加以弥补的作用。做作业要举一反三，触类旁通，要养成良好习惯，对考试要有正确态度，不作弊，不单纯追求高分，要把考试作为检验自己学习效果和培养独立解决问题能力的演练。在学习中抓住这几个基本环节，进行思考，在理解的基础上进行记忆，及时注意消化和吸收。经过不断思考，不断消化，不断加深理解，这样得到的知识和能力才是扎实的。大学学习除了把握好以上主要环节之外，还要有目的地研究学习规律，选择适合自己特点的学习方法，来提高获取知识的能力，如"四要四先四会"方法："四要"，一要听懂老师讲课的内容；二要掌握重点、难点；三要不受干扰，跨越听课障碍；四要厘清文字概述思路。"四先"，先预习后听课；先复习后看书；先看书后做作业；先思考后提出自己的观点。"四会"，会制订学习计划；会充分利用时间；会找出有价值的问题进行讨论；会阅读参考资料，延伸学习。

（二）要制订科学的学习规划和计划

根据总目标的要求，从战略角度制订基本规划。如设想在大学自己要达到的目标，达到什么样的知识结构，学完哪些科目，培养哪几种能力等。大学新生制订整体计划是困难的，最好请教本专业的老师和求教高年级同学。首先，制订好一年级的整体计划，经过一年的实践，待熟悉了大学的特点之后，再完善4年的整体规划。其次，要制定阶段性具体计划，如一个学期、一个月或一周的安排，这种计划主要是根据入学后自己的学习情况、适应程度，主要是学习的重点、学习时间的分配、学习方法如何调整、选择和使用什么教科书和参考书等。这种计划要遵照符合实际、切实可行、不断总结、适当调整的原则。

（三）要讲究读书的方法和艺术

大学学习不光是完成课堂教学的任务，更重要的是如何发挥自学的能力，在有限的时间里去充实自己，选择与学业及自己的兴趣有关的书籍来读是最好的办法。莎士比亚说："书籍是全世界的营养品。"培根也说："书籍是在时代的波涛中航行的思想之船，它小心翼翼地把珍贵的货物送给一代又一代。"学会在浩如烟海的书籍中，选取自己的必读之书，就需要有读书的艺术。首先是确定读什么书，其次对确定要读的书进行分类，一般来讲可分为三类，第一类是浏览性质，第二类是通读，第三类是精读。正如"知识就是力量"的提出者培根所说："有些书可供一赏，有些书可以吞下，不多的几部书应当咀嚼消化。"浏览可粗，通读要快，精读要精。这样就能在较短的时间里读很多书，既广泛地了解最新科学文化信息，又能深入研究重要理论知识，这是一种较好的读书方法。读书时还要做到如下两点：一是读思结合，读书要深入思考，不能浮光掠影，不求甚解；二是读书不唯书，不读死书，这样才能学到真知。

（四）做时间的主人，充分利用时间

大学期间，除了上课、睡觉和集体活动之外，其余的时间机动性很大，科学地安排好时间对成就学业是很重要的。吴晗在《学习集》中说："掌握所有空闲的时间加以妥善利用，一天即使学习 1 小时，一年就积累 365 小时，积零为整，时间就被征服了。"想成事业，必须珍惜时间。首先，要安排好每日的作息时间表，哪段时间做什么，安排时要根据自己的身体和用脑习惯，在脑子最好用时安排干什么，脑子疲惫时安排干什么，做到既调整脑子休息，又能搞一些其他的诸如文体活动等。一旦安排好时间表，就要严格执行，切忌拖拉和随意改变，养成今日事今日做的习惯，千万不要等明日。我生待明日，万事成蹉跎。其次，要珍惜零星时间，大学生活越丰富多彩，时间切割得就越细，零星时间越多。

以上列举了大一女生较常见的心理和学习问题及相应的教育策略和效果，不同类型的问题由不同具体原因导致，也有不同的教育方法和要点。但究其根本，教育工作的核心精神是相同的，即人文关怀——用教育工作者的爱心和耐心对待大一女生出现的问题，温暖每一颗脆弱的心，照亮每个年轻生命的希望。

第五章 选拔培养，菁英成长

高校是培养高级专门人才的摇篮，高校学生干部群体在高校人才培养目标的实现及教育管理中占据一定的位置，发挥着重要的作用。我国高校学生干部的培养以社会主义核心价值体系为指导，全面贯彻党的路线和教育方针，发掘学生干部成长成才过程中的共性和特性，按照学生干部个性发展规律，以提升综合素质和能力为目标，建立有效的监督机制和评价体系，以"学习——实践——考核——再学习——再实践"的过程为依托，通过学校、院系、班级三级体系团学活动的开展，得到组织领导能力、沟通协调能力、语言表达能力、信息分析处理反馈能力、公文写作能力及宣传动员能力等综合能力的提升。在大学生群体的自立意识、主体意识不断增强的时代，要与时俱进地做好大学生的思想政治教育和学生管理工作，创建良好的学风、校风，建设一支综合素质高、能力强的学生干部队伍尤为重要。

第一节 学生干部选拔与培养概述

一个良好的团队能够体现学校的精神风貌，对外展示一个学校的形象；也是各级组织、教师和学生之间沟通的纽带，对于顺利开展工作、提高学生管理工作的效率都具有重要的影响。而这一切都是建立在选拔工作的基础之上。认真做好高校学生干部的选拔工作，对树立良好的学风、校风，培养合格的接班人，提高学生管理工作效率至关重要。

一、学生干部选拔工作的重要性

（一）学生干部的概念

学生干部是在学生群体中担任某些职务，负责某些特定职责，协助学校进行管理工作的一种特殊学生身份。也有部分学者认为，学生干部是指在高校学生思想教育、学习、生活管理等一切组织机构中承担工作任务的学生。学生干部按照不同类别分为党组织干部（包括党小组、党支部）、班干部（包括团支部）、团学干部（包括校院系各级学生会、团总支或分团委）、社团干部（包括各公益性组织）等。他们是学生中的骨干分子和中坚力量，在高校学生工作中扮演着十分重要的角色。

中共中央、国务院在《关于进一步加强和改进大学生思想政治教育的意见》中明确指出：高校团学干部是"思想政治教育工作队伍中的重要组成部分"。高校团学干部发挥自己的能力和作用成为学校行政管理人员、教师与学生之间沟通的桥梁和联系的纽带。在各项活动的开展及工作中充分调动广大同学的积极性和创造力，在教师的指导下，引领和带动广大同学顺利完成和实现高校人才培养目标。

（二）学生干部选拔的重要性

高校学生干部选拔工作是高校学生管理工作的重要组成部分。《中共中央关于构建社会主义和谐社会若干重大问题的决定》指出：要完善大学生思想政治教育工作队伍的选拔、培养和管理机制。学生干部选拔工作是组建高素质学生干部队伍的入口，也是培养学生干部的基础，在高校教育管理工作中具有重要作用。学生干部选拔工作直接影响高校的形象和学生管理工作的效率。

因此，高校思想政治教育部门和学生工作部门必须高度重视高校学生干部的选拔工作，并以此为基础，做好学校教育管理工作，完善高校大学生思想政治教育工作队伍建设。高校学生干部的素质优劣、能力高低将会在很大程度上影响其作用能否得到充分发挥。

（三）学生干部应具备的基本素质

随着高校的不断发展创新，学生干部群体在高校学生的教育、管理工作中，扮演着越来越重要的角色。这就要求学生干部要勤于思考，努力创新，主动提高自身各方面的能力。能力，是完成一项目标或者任务所体现出来的素质。学生干部在完成活动中表现出来的能力有所不同，体现出来的能力素质也不相同，而能力直接影响效率。

素质是潜藏在人体身上的一种能动力，包括工作能力、组织能力、决策能力、应变能力和创新能力等素质，是影响青年成才的一种智能要素。能力也可称其为"胜任力"，高校学生干部除应具备上述能力之外，还应具有合理利用与支配各类资源的能力、处理人际关系的能力、获取信息并利用信息的能力、综合与系统分析能力、运用特种技术的能力等。提升能力素质是高校学生干部培养的重点。在高校学生干部的培养中，重视思想引导、加强培训与交流、掌握工作方法与工作艺术、在实践中通过具体活动的创意、策划、组织，是逐步提升学生干部能力素质的有效途径和方法。具体把握以下几点。

1. 较高的政治素质

学生干部候选人应具有较高的政治素质，能自觉地抵制各种错误思想的侵蚀，在任何情况下都要坚持正确的政治方向、坚持党的领导、坚持四项基本原则，都要敢于坚持真理，实事求是，敢于同不良行为做斗争，能遵守国家法令和学校的各项规章制度，积极要求进步，思想活跃，有较强的责任感和事业心。政治素质高的人，才能站得高、看得远，工作思路有远见，才能担重任、成大事。

2. 较强的业务素质

高校学生干部应具有良好的道德素质，应有端庄正派的良好作风，工作务实求真，为人正直，积极上进；应有谦让他人的豁达胸襟，能够听取不同的意见；应有严于律己的自我批评精神，能够经常剖析自己，敢于承认自己的缺点和错误。在工作能力上，必须体现出较强的组织管理能力、协调统筹能力以及相应的总结能力、交往能力、自控能力、应变能力和表达能力等。

在高校学生干部上任之时，很难完全体现或者具备以上全部素质，多数能力需要在不断实践中慢慢积累和提高，但其应在上任初期展现出一定的学生干部素质以及在此方面较大的提升空间。

3. 健康的身心素质

高校学生干部应具有健康的身心素质，即身体和心理两方面。

良好的身体素质，即为"革命的本钱"，是保障高校学生干部高效完成各项任务，提高自身其他素质的物质基础。作为一名合格的高校学生干部，凡事需站在同学们的前头，在某些情况下，强健的体魄可以提升同学的安全感以及信赖感。

良好的心理素质是继政治素质、业务素质和身体素质之后，高校学生干部对同学们实现有效影响的又一重要因素，它包括广泛的兴趣、丰富的情感和坚定的意志等方面。具体体现在：高校学生干部自身对学校及院系开展的各类活动带有较为浓厚的兴趣；能够敏锐地观察到同学中存在的学习、生活、情感问题，尽可能在第一时间以知心朋友的身份加以理解和劝导；对工作中出现的挫折和干扰有坚强的自制力，善于控制自己的情绪，保持高度的自信心；等等。只有这样才能带领同学完成学校及院系布置的各项任务。

4. 强烈的服务意识

从一定高度上来说，高校学生干部须具有全心全意为同学服务的高尚情操。关心集体，团结同学，有较强的责任感和集体荣誉感；工作有热情，不怕吃苦，有团结合作精神；乐于奉献，自愿为集体和同学服务。

服务意识是高校学生干部的核心问题，只有坚持这种心态才能真正诠释"学生干部"这四个字的深层含义，让前面的几种必要素质用到实处。

（四）学生干部选拔的程序和原则

选拔高校学生干部，应该坚持任人唯贤、德才兼备的原则。对于学生干部来说，"德"就是政治素质好；"才"就是综合能力强，学习成绩优异。要坚持德才兼备，就是要选拔那些具有坚定的政治立场、作风正派和乐于为同学服务、踏实肯干、任劳任怨、学习成绩较好的学生担任干部。高校学生干部选拔是高校学生工作顺利开展的保证，无论采取什么方法选拔，我们都应当遵循一定的程序和原则，具体把握好以下几点。

1. 自愿自荐（我要干）；
2. 公开竞聘，公平竞争；
3. 群众评议，择优录用（让对的人干对的事）；
4. 定期总结，述职考核。

附1：

中华女子学院班级学生干部管理办法（试行）

第一章 总 则

班集体中的班委会和团支部是我校学生工作的基层组织，班团干部是学生、班级与学校沟通的桥梁，是发挥学生"自我教育，自我管理，自我服务"职能的基础。为加强我校班级建设、增强班集体凝聚力、充分发挥班集体学生干部在班级中的带头作用，特制定本办法。

第二章 组织架构及岗位职责

一、组织架构

1. 班委会一般由班长、学习委员、生活委员、文体委员、心理委员组成。

2. 团支委一般由团支部书记、组织委员、宣传委员、社会实践与科技委员组成。

二、各岗位职责

1. 班长岗位职责。负责制定并落实班级管理制度和工作计划。负责综合协调各班委的工作，做好班委会的学习、教育和管理，定期组织召开班委会和班会。组织班委会认真负责做好日常管理及各种评优评奖工作。组织同学参加学校、院系活动，每年开展不少于4次的班级集体活动。负责动员和组织同学共同维护校园及班级的安全稳定，配合有关部门开展法制宣传和安全教育。了解班级同学的思想动态，及时向院系反映、汇报。做好班级日志和班会的记录。协助团支书做好团建工作。认真及时完成学校、院系下达的工作任务，积极配合学生会做好各项工作。

2. 学习委员岗位职责。负责做好学习纪律、课堂考勤和班级学分绩点的整理工作。做好教学管理部门、教师与同学之间的沟通联系工作，积极向院系教学主管部门反映同学在学习过程中存在的问题，及时向同学传达有关教务管理和学籍管理的通知和文件；组织开展有利于带动学风、提高学习能力和学习效果的活动，努力营造良好的学习、学术氛围。对于同学中好的学习方法、学习与创新的模范及时宣传推广，对学习有困难的同学及时开展帮扶工作。配合学生会学习部做好工作。

3. 生活委员岗位职责。负责做好班级学生宿舍的卫生管理、安全检查工作，积极开展文明宿舍创建活动。负责管理班级活动经费，及时公布班费使用情况。做好班级活动的后勤保障，协助相关部门办理保险、订购车票。通过调查充分掌握贫困学生的情况，做好勤工助学、助学贷款、困难补助等助困的基础工作。配合学生会生活部做好工作。

4. 文体委员岗位职责。负责组织开展班级文体活动，主动了解班级同学的兴趣、爱好、特长。组织同学参加文艺演出、运动会、体育文化节等各种文体活动。积极营造健康向上的班级文化氛围。为校艺术团、运动队推荐优秀的文体人才。配合学生会文体部做好工作。

5. 心理委员岗位职责。负责组织班级同学开展心理健康教育活动。落实学校及院系安排部署的心理健康教育工作任务，协助学校心理健康教育机构做好学生心理健康普查和建档工作，定期排查班级中可能出现或即将发生的心理危机事件，及时进行干预并向学校有关部门和人员报告。积极参加学校组织的业务培训和工作交流研讨活动，不断提高自己的知识水平和助人技巧，促进自我成长。

6. 团支部书记岗位职责。负责制定并落实团支部管理制度和工作计划。负责综合协调支部委员的工作，做好支委会的学习、教育和管理，定期组织召开支委会和支部团员大会。组织支委会认真负责做好各种评议评优工作。做好经常性的思想政治教育工作，了解掌握团员的思想、工作、学习情况，及时反映支部成员的思想状况，做好"支部工作手册"的记载。组织同学学习党团理论，积极开展争创红旗团支部、争当优秀团员活动；组织同学参加学校、院系活动，每年开展不少于4次的团日活动。负责发展团员及推优入党工作。配合班长管理班级事务。积极配合团总支做好工作。

7. 组织委员岗位职责。负责团支部团员的各种奖励和处分材料的收集、整理工作和支部档案管理工作。协助团支书做好评议评优和团员推优入党工作。按时完成团员注册、团费收缴、团务统计和团组织关系接转工作。负责团课及组织生活的考勤。配合团总支组织部做好工作。

8. 宣传委员岗位职责。负责向支部团员宣传路线、方针和政策，协助党团支部书记开展宣传和思想教育工作。组织团员青年学习党团理论知识以及会议精神，并开展理论研讨和思想交流。做好支部活动的宣传报道工作，及时表扬团内好人好事，批评不良现象。负责团支部微博建设、管理维护和监督工作。配合团总支宣传部做好工作。

9. 社会实践与科技委员岗位职责。负责班级社会实践、创新创业、科技竞赛等活动的动员、组织开展和总结评优等工作。积极为班级的社会实践团队、科技竞赛团队组织开展相关培训。配合团总支开展志愿者注册、管理、考核和评优工作；负责发展班级志愿者队伍，组织参加或策划申请班级志愿服务活动；负责西部计划志愿者工作的宣传动员、组织申报等工作。配合团总支社会实践部做好工作。

第三章　干部遴选及换届

除一年级新生班级临时班委可由班主任任命等方式产生外，班委会和团支部成员均由民主选举产生。班委、团支委向班会、支部会负责，接受班主任及上级团学组织指导。具体要求详见《班级学生干部遴选换届工作实施细则》。

第四章　干部培训

加强班级干部队伍的培训和指导，是实现班集体健康发展的重要保证。

每年校团委通过初级团校等形式，对班级学生干部进行针对性培训，对班委会和团支委就工作职责、如何做好一名班干部等内容进行培训，邀请优秀集体、优秀班团学生干部现场介绍经验，使班级和团支部建设的理论和实践更好地结合，实现班级和团支部目标建设与规范管理相结合。

各院系、班级也可自行设计提高班团学生干部提高理论水平、综合素养等培训。特别优秀的班团干部可推荐参加学校学生骨干培训班。

第五章　附　则

本办法自 2012 年 9 月 1 日起执行，由校团委负责解释。

二、学生干部的培养与提升

加强对高校学生干部的培养是社会对人才的要求，是学校培养全面发展人才的重要组成部分。从高校学生干部所处的地位、所担负的职责以及所处的环境来考虑，新的形势要求高校学生干部必须具备过硬的思想政治素质、扎实的专业知识、较强的工作能力、良好的团队合作精神和综合协调能力以及良好的身心素质。

应从学生干部的实际特点出发，重视加强对他们的思想政治素质和组织管理能力的提高，以及工作方法上的指导。

（一）学生干部培养内容

1. 思想政治教育

学生干部不仅应具备坚实的文化基础，而且还应具备坚定、正确的政治方向，具有为人民服务的意识和良好的道德品质。

2. 沟通意识培养

高校学生干部既要对老师负责，又要对学生负责。他们和同学生活、学习在一起，对同学的思想、生活、学习等方面的问题能够及时了解。接受过较好训练的学生干部，还能对这些问题做出正确的分析，并迅速反映上来，这就可以帮助教师及时了解学生的思想情况，搞清学生的思想脉搏，掌握工作的主动权。

必须教育好学生干部顾全大局，既对组织负责，又要对同学负责。帮助教师及时掌握学生思想动向，要他们意识到只有及时与指导老师互通信息，把问题解决在萌芽状态才不至于把小事化大。

3. 培训与交流

学校是培养学生干部的第一场所。为了提高学生干部的综合素质，学校需建立各种培训机制，通过这些培训机制正面引导和教育他们，重点培训工作岗位要求、工作协调、工作责任和一些工作技巧（如公文写作、宣传报告）等。还可以邀请学校的教授、社会企业家、职业经理人做报告，传授一些日常的管理常识、社会交际方法等。学校还可以举办各种比赛活动，通过实践活动提高高校学生干部的综合素质。

定期对口交流。该方法简单易行，实践证明效果很好，就是定期把相同职务的学生干部召集在一起，进行总结交流，共同探讨。这种交流在一般情况下，会前要指定好重点发言人。比如召开班长会，首先由每个班长介绍近期班上的学风、班风、考勤、文体活动的开展、综合考评和卫生状况等，然后请工作突出的班长具体介绍做法和经验。

4. 兼顾学习与工作

学生干部应是同学们的表率，在德、智、体等各方面都应该努力成为同学学习的楷模。一个学习懒惰、成绩偏低、工作不力、办事拖沓的学生干部缺乏威信和号召力，无法起到榜样引领作用。高校学生干部既要耗费一定的精力做好本职工作，又要搞好自己的学习，在时间安排上难免发生矛盾，这就要求学生干部能够将两者较好地结合起来，使之在实践中相互促进，共同发展。

5. 团结合作精神与创新意识

团队合作精神是当今社会人才的基本素质和能力体现。高校学生干部作为高校学生中的特殊管理者，应学会并擅长团队协作，这样能够促使学生干部自身正确地沟通、广泛地交流与积极地合作，从更深层次来说，这是顺应时代发展的需求。首先，学生干部若自身拥有外向开朗的性格，可较为快速地培养起良好的团队合作精神。外向开朗的性格能够使其善于交际，善于沟通，且利于交流。沟通是交流的前提，有效的交流是形成稳定团队的基础。其次，若学生干部自身性格条件有限，可通过理论加实践的方式锻炼其沟通能力和团队协作能力，发挥桥梁助手作用，培养真正的团队合作精神。

创新意识指人在顺利完成以原有知识经验为基础的创建新事物的活动中表现

出来的潜在的心理品质。作为高校学生干部，要有锐意创新意识，在工作上更应有过人的胆识，新颖的想法；要具备创新能力，学生干部的知识面要广，要善于发现问题和解决问题，敢于提出自己的独特见解，乐于在实践中总结经验教训，不断提升自己。

（二）学生干部的能力提升

1. 整体优化

科学研究发现，人从智力方面分析，一般有三种类型，即善于观察、想象、推理，善于发现问题、提出问题的"探索型"；善于根据任务和要求，率领和组织人力去加以实现的"组织型"；善于理解上级意图及当前需要，踏踏实实去完成任务的"再现型"。从心理学分析，人的气质一般可分为热情好动的"多血质"；易怒、运作激烈的"胆汁质"；沉静缓慢的"黏液质"；过于敏感、易于郁闷的"抑郁质"。一个管理团队应该是多种类型的结合，才能使得高水平的个体达到整体优化，形成有活力的集体，从而发挥团体精神，达到管理的高效率。如果搭配不当，会使工作失调。比如，我们的干部如果都是"探索型"，就会想得多，做得少，实际工作没着落；如果都是"再现型"就会缺乏创新意识，难以适应改革的形势，打不开工作局面；如果都是"多血质"，虽然活泼、敏捷，但易于轻率；如果都是"黏液质"，虽然冷静、坚忍，但易于萎靡。因此，配备学生班子时要尽量做到知识互补，能力叠加，性格相容，以求产生协调效应。

2. 充分信任与合理使用

（1）学生干部之间需要建立高度的信任感，在相互信任的环境中培养高度的合作精神。团队中的每一个成员，相互之间都应首先肯定对方的品格、能力以及贡献和成果。该良好的前提条件，可使工作开展得更为顺利，也可使学生干部能致力于合作共事，并随工作的进展逐步增强相互的信任，为了一个共同的目标而努力工作。

（2）辅导员和指导老师需充分信任学生干部。俗话说："疑人不用，用人不疑"，对于大部分人来说，信任感具有强大的鼓舞力量。因此，指导老师对学生干部的信任感可通过以下几个方面体现：经常与他们交流思想，交流情况，沟通信息；认真听取他们对某些情况的分析和某些工作的意见，且不怕意见的片面性甚至错误性；耐心分析、探讨工作中发现的问题，提高发现问题解决问题的能力；在实践中使其具备责任感，激发他们的工作热情。

（3）辅导员和指导老师要大胆放手。给了任务就要放手，指导老师应该"导而不代，引而不包"。一般按职责给予任务，布置任务时讲清原则和要求，具体办法由学生干部自主研究，鼓励其在工作中放开手脚地创造和探索。这样，一方面，尽量挖掘他们的潜力，充分发挥他们的特长；另一方面，放手并不等于不检查、不指导，更不是放任，而是让学生干部逐渐产生一种越苦越累心越甜的感觉。

3. 学生干部的激励

高校学生干部是老师的助手，平时付出较多，作为老师应当多给予关心，通过鼓励、表扬来缓解他们的压力，应为他们创造良好的工作环境，使他们在工作过程中亦能感受到温暖，避免光使用不加"油"。因此，当他们工作上遇到困难时，要经常给予支持、帮助和鼓励，与其共渡难关；当他们取得成绩时，要及时表扬，肯定成绩，让他们感到成功的喜悦，激发努力向上的工作热情；当他们有了错误和缺点时，要热情帮助，既不能求全责备，更不能一味迁就，要帮助他们分析和处理问题，使其确实感到领导和老师对他们的关心和爱护；当他们碰到经济困难、身体欠佳、家中有事等情况时，要注意过问，并给予实实在在的帮助。对学生干部的关心越是周到，他们的工作热情就会越高，劲头自然更足。

学校和院系设立的各种奖项，在同等条件下，对学生干部应给予适当倾斜。目前高校的激励机制还很不完善，各种奖励还很不完善，且不够透明，这样不利于学生干部的成长。每学期期末，学生干部管理部门应针对学生干部一个学期的工作进行考核。从思想道德、工作态度、工作实绩、学习成绩等各方面对学生干部进行逐项考核。此外，还应该实行综合评估与学生民意测验相结合对学生干部进行考核，判断其工作成绩的优劣，并将考核结果记入个人考核档案中。考核过程中，每位学生干部都要公开述职，总结成绩，指出不足，明确改进方向。学生干部管理部门要在年度考核基础上评选出优秀学生干部、优秀团干部若干名并予以表彰；对于平庸的学生干部采取谈话方式了解其工作懈怠原因或者有何困难，帮助其解决，如实在无法胜任劝其自动退出；对工作不负责造成不良影响、没有工作实绩或有严重违反校纪校规的，根据情节，采取除名甚至大范围通报批评等方法。

学生干部的培养工作是长期的，也是艰巨的。学生工作者必须将其作为一项系统工程，有计划、分阶段、有条理地进行，让学生干部能在学生队伍中发挥积极的作用。培养一支高素质的学生干部队伍，对高校从学生管理工作角度全面推进大学生素质教育具有重要意义，它也是高校教育工作者应不断深入探索和实践的课题。

三、学生干部考核的原则和内容

（一）考核评价的基本原则

如何在新形势下根据学校的实际情况，合理制订、完善并实施科学的学生干部考核评价机制，从而使学生干部能够借助多种渠道获得信息，不断提高自身素质，是高校面对的一项重要工作。与现行的学生干部考核评价制度相比，科学的学生干部考核评价机制更增强了考核结果的可比性，增强了考察干部的全面性、考核定性的准确性、学生干部使用的科学性，从而最大限度地激励并调动学生干部的工作热情，促使他们不断超越自我，实现人生价值。

1. 思想过硬、能力突出

对学生干部进行考评，必须遵循思想过硬、能力突出的原则。思想过硬包括了学生干部的政治素质、道德品质和工作作风。能力突出则是指学生干部在保证自身专业学习的基础上展示出来的工作能力和业务水平。对学生干部来说，思想是为人的基本性要求，对于才能的发挥起着积极重要的指导作用；才能则是学生干部工作能力的大小和工作水平的高低，对于完成工作任务来说也是非常重要的。有的学生干部一心想为同学办实事、办好事，但由于自身能力的制约，不能胜任该工作。

2. 为人正直、客观公正

对学生干部的考评，必须坚持为人正直、实事求是的原则。在对学生干部进行考评时，如果违反了该原则，就会使考评的效度和信度大大降低，使学生干部考评无法达到预期的目的和效果。

3. 考核立体化、公正化

科学的学生干部考核评价机制在具体操作中，应采用以下几种方式。

（1）自我评价。在考核评价中，采用自我评价的方法，是以充分尊重学生干部个人权利和意志为前提，从而培养学生干部实事求是的精神，引导学生干部正确评价自己，对自己的表现进行分析与反思，为他人的综合评价提供参考。同时，这种评价方式也是依法治校的一个有效途径。民主化、人性化的人本主义管理，同样会调动起学生干部的工作积极性，从而到达考核评价的目的。

（2）学生间的互评。为了充分体现学生干部考核评价机制的客观性、广泛性、公正性，在学生干部评价方面也应重视学生干部服务对象对学生干部的评价。通过定期召开学生座谈会或者是采取民意测验等方式，广泛听取学生意见，对学生干部的工作进行评估并填写相应的学生干部工作情况测评调查表。这种评价因为直接来自服务对象及相关者，因此对评价学生干部工作有相当大的参考价值，更能真正体现出评价的客观性与准确性。

（3）相关指导老师评价。相关指导老师评价是依照学校、学院，如高校的本科教育规范等有关规章制度对学生干部进行跟踪式的考核评价。由于这一评价具有一定的权威性，因此，评价过程中要切实依据相关条例进行评价。在评价过程中院（系）领导及教师要广泛听取多方面的意见，充分发挥民主集中制原则，真正实行公正、公平、公开原则。同时更应该及时与评价的学生干部进行沟通，把评价意见转达给学生干部，并听取学生干部本人的意见。评价方式的多样性，参与评价的多元化，不仅有利于保证评价结果的公平、公正，更有利于学生干部对考核评价结果的认同，从而达到评价的最终目的。

（4）奖惩结合、赏罚分明。对学生干部进行考评，可以全面了解学生干部各个方面的情况。但这还不是主要目的，对学生干部进行考评的主要目的在于优化干部队伍。对那些成绩显著的学生干部给予精神和物质奖励，对那些德才兼备、品学兼优、组织管理能力强、办事效率高的优秀学生干部，根据工作需要，把他们选拔到更高的职位上去，让他们的能力得到更好的发挥，从而为更多的同学服务；而对于那些工作能力欠佳、工作态度差、工作作风败坏、没有责任心的学生干部则要坚决劝退、撤换，不能让他们"在其位不谋其政"或是"在其位不能谋其政"，并及时地选拔有能力的同学补充该职位，优化学生干部整体队伍。

（5）以评促改、以评促建。坚持以评促改、以评促建的原则，是一个导向意义的原则。遵循这一原则，就要求每次考评有明确的目的和计划，精心设计考评内容、标准，从长远意义和整体构架上把握考评的方向，使学生干部考评的标准有较强的导向作用。从学生干部考评的目的来看，主要是为了全面了解学生干部的情况，以帮助他们找出不足，明确今后努力的方向，以便在以后的工作岗位上更好地发挥自己的特长。

坚持以评促改、以评促建的原则，就是要考评者充分认识到学生干部考评的长远意义。对于整个学生干部队伍来说，就是要选拔出优秀的学生干部，进一步优化学生干部队伍。从这个意义上说，学生干部的考评不仅仅是给予学生干部一个评价，更重要的是要总结经验，合理选拔、使用和培养人才，促进学生干部队伍的建设和发展，培养学生干部的竞争意识与社会接轨。

（二）高校学生干部考核的内容

全面考核和评价高校学生干部，主要将体现在工作过程中的品德素质、工作能力、工作态度、工作实绩、工作作风等作为考评标准。

1. 品德素质

品德，是高校学生干部考评的首要元素。高校学生干部需要的是高于其他普通学生的政治素质、思想素质和道德品质；希望他们能以实际行动带头遵守校纪校规，自觉地发挥模范作用；同时需要在工作中体现出的素质前后一致，并能不断完善。有的学生干部当初在竞选职位时，展现出良好的素质和精神面貌，有着相当大的干劲，处处身先士卒，能赢得多数人的认可。

对高校学生干部进行考评，就是要看他们是否能够真正地严格要求自己，在岗位上是否能够坚持做到始终一致、表里如一。对于那些思想道德素质"蜕变"，或是不能积极发挥模范带头作用的学生干部则要进行重点考评。一时干劲可以展现出一名学生干部拥有的潜质，但判断一名学生干部是否值得信赖，更重要的是延续性。

2. 工作能力

对高校学生干部能力的考查至关重要。不仅要看他们是否具备组织学生活动的能力，更要看他们的能力发挥得怎么样，是否带头组织策划了活动，是否真正把能力运用到了为同学服务的实际工作中。

3. 工作态度

在对高校学生干部自身素质和能力考核的同时，绝不能忽视学生干部工作态度的考核。这主要是看学生干部在工作岗位上是否肯钻研，是否对工作充满热情，是否能在工作中积极发挥主观能动性。

具体来说，不仅要看学生干部值班执勤的到岗率，还要看他们在工作中是否具有脚踏实地的求真务实精神；不仅要看学生干部参加了多少次活动，更要看他们在豁达中是否很好地发挥了组织协调、沟通配合能力，是否起到了促进活动顺利开展的作用；不仅要看他们是否完成了工作任务，还要看他们是否注重完成工作任务的质量，是否真正具有竞争意识；不仅要看他们组织策划了多少次活动，还要看他们在组织活动中是否具有开拓创新和奋力进取的精神。执勤的考核，为的是让高校学生干部真正做到出工又出力。要做好这项考核，需要对高校学生干部情况进行全面、深入的了解，才能对他们的工作态度和事业心、责任心做出正确、公正的分析和评价，让学生干部心服口服。

4. 工作实绩

高校学生干部在保证自身学习成绩的基础上，从干部考核角度需要突出工作实绩。工作实绩是高校学生干部在工作岗位上认真负责并通过有效的领导方式所取得的工作成绩，高校学生干部不但要会做事，也需要想做事，这是高校学生干部能力大小的重要衡量标志。

对高校学生干部工作实绩的考评，不仅要看高校学生干部在活动中完成了多少任务，更要看他们完成任务的质量如何；既要看开展了什么活动，还要看活动的成效是否显著，看活动是否具有很强的影响力，是否能让学校和同学满意。对于一项完整的活动或者事物，事先要有可行的方案，紧急情况的处理预案，事中要有详细的记录，事后要有总结和思考的体现。

在对工作实绩考评时，不能主观地扩大，也不能随意地缩小，一切尽量以书面或其他形式的记录材料为考评依据，尽量公正客观。如遇到相关支撑材料的情况，也从一个侧面反映了高校学生干部未把工作做好。在对高校学生干部工作实绩进行考评时，还应认真分析集体和他人的作用，分清工作成绩是个人努力的结果，还是集体和他人工作的结果，不能把集体和他人的成绩归功于个人，以避免挫伤他人工作的积极性。

5. 工作作风

对于高校学生干部工作作风、生活作风的考核也不容忽视。高校学生、干部应当本着为广大学生服务的初衷，在工作过程中不贪图小利，不以职位优势谋取个人私利。实际生活中有几个现象值得关注。比如，某些学生平时表现不积极，入党时花重金请学生干部吃饭，而学生干部不但不阻止并及时纠正此种不良之风，还睁一只眼闭一只眼从中捞点好处；在活动开展期间，对于经费预算和实际使用情况也应增强透明度，有助于学生干部廉政之风的树立。

第二节　学生干部选拔与培养设计思路

很多学生干部进入大学前都有过担当管理者的经历，也积累了一定的管理经验。管理既是一门科学，又包含很多艺术的成分。管理实现的效果与管理的情境及管理者自身的素质有很大的关系。进入大学，学习生活的环境与以前相比发生了明显的变化，要顺利适应环境的变化，需要我们重新认识自己。

一、自我认知

自我认知是高校学生干部选拔和培养的前提，学生干部要理解何为学生干部、自己具备哪些优势竞选适合自己的学生干部岗位，要达到这样的目标，学生本身要有高度的自我认知，清楚地知道自己是谁，要做什么工作，做到什么程度以及产生何种积极的作用。

（一）何为学生干部

学生干部是具有学生身份的特殊的领导者、教育者和管理者，其具有以下特点。

（1）学生干部是"兼职"的，具有志愿性质和锻炼性质。学生干部首先是学生，其管理者的角色意味着一种自愿承担的责任。责任往往带来压力，而选择担任学生干部也就意味着选择了一份责任与压力，但是，这种责任与压力恰恰是自身成长的绝好机会。

（2）学生干部在自己的学生身份中扮演的是次要角色，是配角，尽管这个配角十分重要。不管这个身份给自己带来了多少荣誉或烦恼，作为学生永远都不能忘了自己的本分——学习。作为学生干部要懂得如何平衡自己的角色。

（3）学校领导、教师及学生干部在开展工作时都需要运用权力型影响力和非权力型影响力，对学生干部而言，能使用的主要是非权力型影响力。因此，作为学生干部，最好以服务者或学习者的心态投入工作，要懂得克制自己的"官瘾"。靠自己的非权力型影响力，如个人的人格魅力和能力魅力开展工作。

（二）学生干部的角色冲突

所谓角色冲突，指的是主体在扮演角色时，其行为与角色所提出的期望及要求之间的矛盾所引起的心理上、行为上的不适应、不协调的状态。担任管理者的角色就意味着承担责任，学会担当对学生干部而言也是一项很重要的学习内容。在实际行动中，个人行为与角色要求之间并不总是那么和谐，冲突是难免的。而化解这种冲突的能力正是学生干部成长的重要方面。

角色冲突可分为以下几类：

1. 角色间冲突

角色间冲突是指同一个角色扮演者所扮演的不同角色之间的冲突。这种冲突是由于学生干部无力在同一时间或空间同时扮演好两个或两个以上角色造成的。例如，一名学生干部，他肩负着自己学习和成长的责任；作为父母的儿子，他承担着孝敬长辈的义务；作为班级的管理者，他承担着为同学服务和引导的责任；作为学生组织中的学长，他承担着组织和引导学弟和学妹的责任。不同的角色都会对其有相应的要求，这样就不可避免地在时间和空间上产生了矛盾。角色间冲突另一方面是行为模式内容上的冲突，一个人改变了旧角色，担任了新角色，并且，新角色与旧角色有质的区别时，也会产生新旧角色间的冲突。例如，一些学生会干事被选拔为学生会的部长，从被管理到被授权管理团队而出现的不适应就是一个例证。

2. 角色内冲突

角色内冲突是指发生在角色扮演者所扮演的同一个角色内部的矛盾。对于同一个角色，由于社会对其期望与要求的不一致，或者角色承担者对这个角色的理解的不一致，而在角色承担者内心产生的一种矛盾与冲突。例如，学校要求学生干部应抓好思想教育，处理事务要讲究原则；学生则希望学生干部能够多搞娱乐性活动，多一些变通。这种角色期待的不一致很容易使学生干部在具体管理工作中左右为难，很容易发展成角色冲突。

对于同一角色，他人期待、自我领悟与现实之间往往很难协调统一，这种不一致也极易发展成角色冲突。那么当冲突不可避免地发生时，该如何应对呢？这时考验的是当事者的处事原则与技巧。面对矛盾，头脑要保持清醒，一定要分清轻重缓急，并考虑到当下决定对将来可能产生的影响。要知道哪些原则是绝对不能违背的，该果断时必须果断，不能一味想当老好人，这样往往能避免很多无谓的麻烦，并树立自己的威信。

二、合理规划大学生涯

大学是人一生中最为关键的阶段。经过大学四年，你会从思考中确立自我、从学习中寻求真理、从独立中体验自主、从计划中把握时间、从交友中品味成熟、从实践中赢得价值、从兴趣中攫取快乐、从追求中获得力量。这是李开复说的，听起来都是那么地美好，但美好并不等同于必然，结果是要靠行动去创造的，而能保证行动产生预期结果的是前期的规划。从规划中我们才能获得行动的目标和方向，并组织和调动行动所需的资源和力量，否则我们的行动就是盲目的。

（一）学生干部学会合理规划的重要性

老子讲：慎终如始，则无败事。作为学生干部，在自我认知的前提下，还应该问问自己这个问题：读大学究竟读的是什么？对于这个问题每个人都会有自己的答案，或清晰或模糊，是每学期都拿奖学金？毕业继续到自己心仪的高等学府深造？毕业找份体面的工作？出国？创业？……目标是什么因人而异，关键是设立这些目标的原则和出发点是什么，我们是否能觉察并了解自己生命的愿景和使命，对此，我们需要长时间的学习。

对于很多尚未明确自己使命的大学生，特别是学生干部而言，在大学生活中有一点是值得强调的，那就是我们的责任心，对默默支持自己的亲人负责，对自己十几年的寒窗苦读负责，对自己四年的青春负责，对自己一生的生存状态负责。对自己、对家庭和对社会负责的心态，是良好规划的前提和基础。

（二）合理规划的基本步骤

1. 通过观察和省思，不断地认知自我的心灵动机、素质倾向、习性习气等无形的成分。认识自我是一切行动的起点，也是归宿。每个人都有自己的天赋，也都是自己的心声。我们所有的努力、奋斗归根结底是为了成为我们自己，成为我们应该成为的自己，成为我们注定成为的自己。在个人成长的路上，我们要学会去倾听、追随自己的心声，因为那是最真实的指引。

2. 深入认识内在自我，在日益明确个人存在价值、意义的同时，结合现实环境的要求，转化为外在目标。对个人存在价值及意义的确定是明确目标的根本。如果缺少了这层认识，不论目标看起来多么合理也是经不起考验的。当然，目标的确定也不能一厢情愿，必须要考虑自身所处的环境（既包括个人及家庭的小环境，也要考虑到时代的大背景），即要做到感时应势。只有将自我与现实环境的要求结合起来，目标的确立才是稳固的、长远的和有发展意义的。

3. 树立个人的生涯目标、职业目标、学业目标、学期目标，并掌握树立目标的方法，在必要的时候修正目标。目标是分层次的，将目标的结构梳理清晰会让自己的行动更加从容。制定目标的基本要求：具体、明确、可量化、可测量、可实现。同时，要结合自我的成长和外在环境的变化，在动态发展中修正目标、实现目标。

4. 构想实现目标的策略、路线、方法，并根据各项影响因素的变化，随时调整。对于大学生来说，其所处的正是一个多变的、由不确定性渐渐走向确定的人生阶段，在此阶段尝试与变动都是很正常的。但需要格外注意的是，目标刻在石头上，行动写在沙滩上。

5. 通过自我每天的行动，外现那些内在的因素，形成自身行为的初始化。

总之，要做好规划最根本的问题是，要逐步地看清我是谁，我要什么。知道自己在做什么就能把握自己。读大学并非终极目标，它也只是我们人生路上的一段行程而已。只是这段行程走得如何会对接下来的路产生重要的影响。所以，务必谨慎对待。成功的秘密在于，真心、专心、用心、恒心，终将心想事成。

三、职位胜任及能力要求

作为学生管理者，一定要对自己的角色有很清楚的认知，要明确自己究竟应该如何去面对同学、面对自己、面对管理过程中发生的种种情境。这些都是对自己作为管理者的心态、理念等的考验，也是一个优秀管理者必须在内在完成的。因为我们很难想象，一个内在存在严重缺陷的人能处理好管理中复杂的人际关系。当然，要提高这方面的品质是需要长期修炼的。高效、优质完成工作任务就要求提升素质能力。

（一）管理能力

目标管理理论认为，参与实践能够促使成员认同目标，激发工作动机，提高管理效能。学生干部是学校管理和学生自主管理的骨干力量，承担着组织、管理广大同学的任务。管理，就是宏观上把握人力、物力、财力等多种资源的分配，以达到组合的最优效果。对学生干部而言，管理的实践不能脱离为同学服务。

（二）组织能力

学生干部要把性格各异、兴趣不同的同学组织起来，合理安排，充分调动每个人的积极性，把他们的活动协调起来，团结互助，拧成一股绳，为共同目标的实现而努力，这就需要有较强的组织能力。学生干部的组织能力主要是指制订计划、开展活动、统筹安排的能力。组织能力是保证学生活动顺利开展、学生组织持续发展的基本能力之一。

（三）沟通协调能力

工作的过程就是人与人有效交往的过程，是心与心的碰撞和交流的过程。良好的沟通协调能力，如同润滑剂一样可使学生干部和同学以及其他组织和群体建立密切的关系，为开展各项工作创造一个宽松的外部环境。学生干部的沟通协调对象包括同学、老师、其他学生干部、兄弟院校及其学生干部以及社会组织等。

（四）语言表达能力

表达能力是学生干部赢得支持、顺利开展工作的必备能力，包括口头表达能力和书面表达能力。学生干部要经常发表讲话、传达文件、主持会议，要经常对同学们进行思想教育。此外，还要经常制订计划、写总结及各种材料，没有较好的表达能力是很难胜任的。良好的表达能力一部分来自天赋，而大部分来自后天的培养。学生干部应重视对自身表达能力进行有针对性的训练。

（五）创新能力

创新是保证一个组织机体生命力的重要条件。学生干部能不能干出色，能不能超越自我、超越别人，根本的区别就是有无创新能力，在工作中能不能提出新见解、新方案，能不能打开新局面。如果学生干部因循守旧，一切按老规矩办事，那么一切都可能是老样子，使组织失去生机和活力。一个"胜任"的管理者最起码应该做到的是对自我的管理，然后才能由内而外、推己及人去协调众人，完成大家共同的目标。而在对自我的管理中最重要的是树立自己的目标，管理好自己的时间，这是做好管理工作的基础。

四、学会管理时间

传统的时间管理观念是：通过提高办事效率，最终可以掌控自己的生活，通过对生活控制程度的提高，会带来自己所追求的平静和满足。为了让自己更加有效，我们不断地学习管理和控制时间的方法、技巧、工具和信息，我们真的是很努力，可结果呢？

不少大学生特别是一些学生干部整天忙忙碌碌，在别人看来似乎很充实，可是进一步了解时，他们坦言有时表面看起来确实很忙，因为手头一直有事要做，但静下来想想又不清楚自己在忙些什么，或者一直沉溺在杂事篓子当中。面对这种情况，我们不妨想一想：我们是把时间真正用在自己想干的事情或是对自己真正重要的事情上了吗？我们做过这些事情后，究竟哪方面的能力得到了提高？如果你发现自己没能把时间用来实现你认为最重要的目标的话，就要进行调整。

时间和事件有非常密切的联系。时间本身并没有任何学习的意义。要使时间具有意义，一定要把时间和事件的选择以及事件的控制联系起来。

五、有效决策与沟通

（一）学会有效决策

决策是指组织或个人为了实现某一特定目标，借助于一定的科学手段和方法，对未来一定时期内的有关活动的方向、内容及方式，从两个或两个以上的可行方案中选择一个最优方案，并组织实施的全部过程。决策是管理的核心内容，关系到管理的绩效，是管理者的主要职责。

决策是一种判断，是若干方案中的选择。所谓选择，通常不是"是"与"非"之间的选择，最多只是"大概是对的"与"也许是错的"之间的选择。而绝大多数的选择，都是任何一项方案均不一定优于其他方案的选择。

好的决策应该具备以下五点特征：

1. 要确实了解问题的性质；

2. 要确实找出解决问题时必须满足的界限；

3. 仔细思考解决问题的正确方案是什么，以及这些方案必须满足哪些条件，然后再思考必要的妥协、适应、让步事项，以期该决策能被接受；

4. 决策方案要同时兼顾执行措施，让决策变成可以被贯彻的行动；

5. 在执行的过程中重视反馈，以印证决策的正确性及有效性。

（二）掌握有效沟通

沟通主要指在社会生活中的人际沟通，是信息的发送者与信息的接收者之间信息相互作用的过程。所谓有效沟通，就是可靠性和准确性高的信息或思想的传递或交换的过程。管理与沟通密不可分，有效的沟通意味着良好的管理。成功的领导则要通过有效的沟通来实现，领导者与被领导者之间的有效沟通是领导艺术的精髓。沟通的双方无法理解或者因为种种原因不肯接受，这种沟通就是无效的，也可以说是沟而不通。

1. 沟通的重要性

人类社会的存在离不开沟通，管理的核心问题是解决沟通障碍，沟通的质量影响工作的质量。

2. 达成有效沟通需要具备的两个必要条件

信息的透明程度与信息的反馈程度。

3. 有效的沟通障碍

所谓沟通障碍，是指信息在传递和交换过程中，由于信息意图受到干扰或误解，而导致沟通失真的现象。这在沟通中是常见现象。沟通障碍的来源：发送者的障碍、接受者的障碍、沟通通道障碍；沟通障碍的形式：组织的沟通障碍、个人的沟通障碍。

4. 有效沟通的技巧

必须知道说什么，即要明确沟通的目的；必须知道什么时候该说，即要掌握好沟通的时间；必须知道对谁说，即要明确沟通的对象；必须知道怎么说，即要掌握沟通的方法。

第三节　学生干部选拔与培养实施成效

按照层级管理的体系，学生干部可分为党务工作干部、校级团学工作干部、社团工作干部、班干部。在大学一年级阶段，经过选拔和培养，学生干部的责任意识、大局意识有很大增强；学生干部自身理论水平、学生干部的组织协调能力有很大提高；学生干部队伍的凝聚力、战斗力有所加强；学生干部的管理能力和工作技巧有所提升；学生干部视野开阔，干部之间相互增进了了解。选拔和培训干部，使之初步掌握学生干部的基本技能和工作规范，热情鼓励学术科技型社团；积极倡导志愿服务型社团；正确引导兴趣爱好型社团；通过团队建设模块，为学生干部做指导，使学生干部全面发展，为其健康成长提供沃土和环境。在全过程中完成能力提升的培养目标，应用能力素质模型，推进学生干部培养工作的科学化和规范化，采取多样化的激励方式，满足学生干部个性心理需求，丰富第二课堂校园文化活动，在实践中锤炼学生干部的综合能力，运用现代化的网络技术手段，使学生干部成为适应网络时代的学生管理者和服务者，注重团队建设，激发团队领导者的主动性，提升团队的战斗力。依据以上模块设计思路，可以制订层级学生干部选拔和聘用实施方案、组织"青马工程"学生干部培训班、开展党支部活动、组织学生干部公文写作课堂，以及指导学生干部策划、组织大型学生活动等。

一、抓好团队建设

团队是一个由一群有共同的目标和梦想、愿意集合力量创造未来的人组成的一个共同体。俗话说："千里之行始于足下"，团队的创立，是团队建设宏伟蓝图中的第一步。我们将重点关注在团队创立的过程中怎样做到合理化、系统化及应该注意的方方面面。

（一）抓好团队角色定位

团队的创立通常是由一个人或者几个人所发起的，而这个人在团队的创立和发展中所扮演的角色，就是团队发展的灵魂，他将为组织的发展指明方向并提供原动力，他应是充满梦想的"领头羊"，统揽全局的"观察者"，心思细腻的"设计师"和激情四射的"啦啦队"。

（二）构建团队的文化传统

团队的发展计划，必须做到"突出重点，量力而行"。总之，团队之间要实现能量互补和相互促进。学生干部尤其要"低调做人，高调做事"。团队文化是指团队成员在相互合作的过程中，为实现各自的人生价值顺势而为，完成团队共同目标而形成的一种潜意识文化。团队文化是社会文化与团队长期形成的传统文化观念的产物，包含价值观、最高目标、行为准则、管理制度和道德风尚等内容。它以全体队员为工作对象，通过宣传、教育、培训和文化娱乐等方式，以最大限度地统一团队成员意志，规范成员行为，凝聚成员力量，为团队总目标服务。团队文化的建立包括以下 5 个要素。

1. 人：人是构成团队最核心的力量；
2. 共同目标：共同目标为团队成员导航，让团队成员知道要向何处去；
3. 团队的定位：团队的定位是要明确团队由谁选择和决定团队的成员，团队最终应对谁负责，团队采取什么方式激励下属等问题；
4. 权限：明确团队在组织中内部人员的权限；
5. 计划：明确实现目标的计划和步骤。

二、实现团队快速磨合

实现团队快速磨合需要做到以下几点，包括团队文化建设、选择适合参与团队的成员和团队合理定位等。确定团队的发展目标，以目标为导向，重塑队员性格，保留各自长处，磨合不同的观点。在很多大型企业中，都奉行着这样一个原则："对于领导或是下属，可以反对，但必须支持。"有效地包容对方的观点，是快速磨合的第一步，尤其是对于个人能力十分突出的队员，要对其个性给予充分的尊重，在不影响原则、不影响团队发展、不破坏纪律的前提下，给予每个人自由发展的空间。同时，团队磨合的过程中还要注意的是，要给予每个队员足够的重视和平等的对待，这可以使得队员在发展的过程中，避免互相猜忌现象的出现。

三、把着力点放在团队整体效益上

鲁迅先生的《炬火》中有这么一句话：聚则一团火，散则满天星。一个人只有把他自己投身到团队工作中，才能散发出更多的光和热。$1+1>2$ 而不仅仅是 $1+1=2$，这就是团队的效果。团队是由更具有自主性、思考性和合作性的个体组成的群体。"工作团队"是指通过成员的共同努力能够产生积极的协同作用，团队成员努力的结果导致团队绩效远远大于个体绩效之和。但好的团队并不是天生的，它是可以建设的。团队建设是指打造团队的一个动态过程，也就是指为了实现某一目标，而有意识地按照计划组织有效的团队，制定规范，明确责任，并对其团队成员进行培训与开发，帮助其更好地完成组织目标的过程。

四、不断促进团队成长进步

（一）以终为始，做好团队目标管理

团队目标能否有效达成还有赖于是否进行了科学的目标管理。目标管理四阶段：目标制订阶段、目标分解阶段、目标实施阶段、目标的评估与调整阶段。

（二）了解团队角色，合理分工

在一个完美的团队中一般存在以下 8 种角色：实干者、协调者、推进者、创新者、信息者、监督者、凝聚者和完善者。团队中的每一种角色都是重要的，角色之间是平等的，无论何种类型的人才，都要给予正确的角色分配，使人尽其才。团队正是通过相互间的优缺点互补来实现角色之间的密切协作，从而达到高效运行的目的。

（三）保持良好的团队沟通

良好的沟通是一个团队得以顺利组织并产生高绩效的基本保障。好的沟通可以保证团队成员明确组织目标及自身责任，也有利于及时发现问题、增进成员彼此的信任、营造良好的团队氛围，并提高团队成员的执行力。

（四）创建学习型团队

当今时代不是大鱼吃小鱼，而是快的吃慢的，要想在以变制胜的竞赛中脱颖而出，速度是关键。现代的组织中，是团队而不是个人成为基本的学习单位，因此团队学习成为不可缺少的一部分。即如果团队不学习，组织就不能进步。

团队建设绝不是一劳永逸的工作，它需要团队中所有成员的持续付出。大家也会在这个过程中共同感受成长。

第六章　文体活动，素质提升

高校的基本任务是人才培养，校园文体活动是校园文化的载体之一，而校园文化建设研究对提升学生素质具有推动意义。高等学校的校园文化，是直接影响大学生成长环境氛围的重要因素，是适应性教育中一个十分重要的内容。

第一节　校园文体活动概述

校园文体活动是校园精神文明建设的主要体现，是一种具有校园特色和健康生活氛围的大众文化活动。文体活动是校园文化建设的重要组成部分，是广大青年大学生参与最广、热情最高涨、受益最直接的活动。

做好大一学生校园文体活动的研究，首先要明确校园文化的含义。因此，对文化概念进行梳理和分析是研究高校校园文体活动的重要前提。

一、文化的概念

文化是人类所创造的财富的总和，有狭义与广义之分。狭义的文化是指观念形态的文化，广义的文化主要分为物质文化、精神文化、行为文化和制度文化四个层面。

二、认识校园文化

1. 校园文化的含义

校园文化这一概念最早由美国学者 Waller 提出，他将其定义为：学校中形成的特别的文化。在我国，校园文化概念最早在 1986 年 4 月上海交通大学第十二届学代会上被提出并得到公认。之后，吴林根、陈钢心、高占祥、杨怀中、龚贻洲等学者从不同视角、不同侧面和不同层次对校园文化的含义作了种种界定。研究中还出现了"亚文化说""文化说""综合文化说""文化氛围说""启蒙教育说"等很多观点。

2. 校园文化是学校教育的有机组成部分

要加强校园文化建设，通过开展丰富多彩、积极向上的校园文化活动，营造集体主义及和谐的校园氛围。同时，辅导员和班主任要了解新生的爱好和特长，指导他们合理地安排课余时间，并创造有利条件，鼓励他们积极参与，勇于施展自己的才华。通过这些活动的锻炼，培养和提高他们自学、动手、语言文字表达、组织管理等各方面的能力，增强他们战胜困难的勇气和信心，使他们的综合素质不断得到提高，创造潜力得以充分发挥，并在相互合作中增强集体主义观念和团结协作精神。高校在长期办学实践中所创造的和逐步形成的集教育思想、管理制度、教学科研、课外活动和环境建设等多种因素于一体的群体文化，是物质财富和精神财富的总和。校园文化是校园的"环境"，是校园的"氛围""生态"，是校园中弥漫着的文化精神，甚至可以说是学校的灵魂。

广义的校园文化包括校园物质文化、校园制度文化、校园行为文化和校园精神文化等。这四个方面是有机统一的整体，互为渗透，相互影响，密不可分。物质文化是基础，是推进校园文化建设的必要保证；制度文化是规范和准则，是推进校园文化建设的内在要求；行为文化是校园文化的外在表现，是推进校园文化建设、展示校园文化建设最直接、最活跃的感知；精神文化是核心，是校园文化内涵的升华。

3. 校园文化建设的内涵

高等学校校园文化作为一种综合现象或精神风貌，是在长期的办学过程中逐步积淀和凝练而成的，包括办学理念、精神风貌、学术氛围、教学风气、建筑风格、校园环境等精神文化和物质文化的总和。校园文化建设是教育发展的需要，也是和谐社会的需要，是提升教育内涵、促进教育可持续发展的重要途径。因此，校园文化建设必须紧紧围绕人才培养目标，既要高扬社会主义主旋律，又要营造丰富多彩、健康向上的育人环境。在校园文化内涵的基础上，基于分校区管理体制下校园文化建设的原则，着重指出分校区管理体制下校园文化建设的基本内容，从物质文化建设、精神文化建设、行为文化建设和制度文化建设四方面，分析分校区校园文化的特点和重点，增强工作的针对性和实效性。

校园文化是一个不断建设、反思、提高的整体工程，是学校可持续发展的动力，是学校综合办学水平的重要体现，也是学校个性魅力与办学特色的体现，更是学校培养适应时代要求的高素质人才的内在需要。

三、校园文体活动的目标

当代大学生是个性鲜明的一代，张扬个性与以自我为中心、敢于追求与害怕受挫、思想独立与生活依赖性强，这些矛盾对立面交织在他们的身上，为成长带来了阳光与阴影。面对一届届学生的特点和需求，我们也不断更新着育人理念和目标追求，在回顾与展望之间，我们针对校园文体活动开始了又一场革命性的探索实践。

（一）通过开展校园文体活动提高学生的文艺素养

以实施素质教育为指导，紧紧把握以提高学生体能、增强体质、促进健康成长、提高学生的文艺素养为核心，充分发挥文体相结合的理念，促进学生全面和谐发展的活动。校园文体活动是校园精神文化建设的核心内容，是一所学校本质、个性、精神风貌的集中反映。

（二）通过开展校园文体活动培育学校良好的学风

各大高校通过开展文体活动，让刚刚从高中步入大学生活的大一学生可以学以致用，施展才华，张扬个性，放飞青春。在促进自身的思想品格、文明涵养、文化素质和身心健康等方面不断提升的同时，也能促进学校良好的学风和校风的形成，特别有助于引导和鼓励大一学生自主开展学生创新活动，对一年级新生尽快适应大学校园生活、了解校园文化有极其重要的作用。

（三）通过开展校园文体活动营造学校良好的校风

一个校园，有了文艺气息，就有了深厚的文化底蕴；一个校园，有了体育运动，就有了朝气灵动的精神；一个校园，有了文体活动，就有了生命的活力。

四、校园文体活动的作用

校园文体活动的开展对于高校建立和谐校园、调动各方面积极因素、协调内部关系、促进个体的身心健康、正确处理各种矛盾、实现学校与个人的共同发展、减少校园生活中的各种内耗和摩擦有很大的帮助，是反映高校校园文明建设的窗口，成为构建和谐校园的最佳媒介和途径，是校园活动中一项重要的内容。中华女子学院北校区设计的校园文体活动，注重在实践中形成和完善理论，通过积极引导开展各种文体活动，在活动中全面提升和拓展青年学生的综合素质，达到文体育人和集体成长的效果，实现育人本质内容与育人载体形式的有机结合，充分展现了集体的团体形象、整体素质、文化魅力和综合实力，让更多优秀的人成长起来，活跃起来。这些校园文体活动有益于大一学生人际交往能力的培养；有益于大一学生时间管理、安排任务和解决问题能力的培养；有益于大一学生与他人合作共处和团队精神能力的培养；有益于大一学生自我管理和自我发展能力的培养；有益于大一学生应变能力的培养；有益于大一学生心理承受能力的培养；有益于大一学生设计和创新能力的培养。

（一）导向作用

校园文体活动蕴含着较深层的价值体系，这一体系是在长期的教学、科研与管理实践中凝结而成的。它为学生提供了行为的参照系，潜移默化地指导其正确认识和处理个人与集体的关系，把个人行为引导到集体目标上来，因而深刻地影响着学生的思想品德、行为规范和生活方式，具有水滴石穿的力量。导向的成功与否，是校园文体活动发挥了积极的正面效应还是产生了消极的负面效应的重要标志。可以说，校园文体活动在一定程度上为学生规定了一种目标模式。

（二）规范作用

在校园文体活动建设中，建立与健全各种规章制度，并通过抓制度落实为青年学生创造一个有章可循、有法可依、公平竞争、自我成才的良好环境。可以促使他们养成文明举止和良好行为习惯，自觉地将他律行为转为自律行为，不断提高学校学风建设的整体水平。

（三）激励作用

校园中凸显出来的榜样是这个特定的文化区间内涌现出来的正面典型。他们集中反映出学生的精神风貌、价值观念、思想道德素质和生活行为方式。校园榜样真实贴近他们的生活，其激励的力量是无穷的，它既是校园精神的生动体现，又是校园文化的形象教材。它所产生的"共生效应"和"魅力效应"是推动校园文化全面发展的动力和能源。充分发挥榜样的激励作用，对于弘扬正气、优化校风、培养校园精神、建设校园文化具有现实而深远的意义。

（四）凝聚作用

这是指学校的文化氛围特别是良好的校风能激发学生对学校目标、准则的认同感和作为学校一员的使命感、自豪感、归属感，形成强大的向心力。所谓校风，即学校富有鲜明个性特点的教学意识、育人意识、道德意识、文明意识以及为全校师生认同的集体荣誉感与责任感。它对于学生来说，具有很大的同化力、促进力和约束力，能使每个学生都在和谐、融洽的人际关系中，最大限度地挖掘内在潜力。这种高凝聚力主要表现为：集体与个人的关系休戚与共；集体对个人有很强的吸引力；个人对集体有很强的认同感。

（五）调节作用

大学生紧张的学习生活需要缓解与调适。"一张一弛方为文武之道"，校园文体活动展现的这一片天地可以让他们心理得到放松、心态得到调整，从而保持良好的心境。

第二节　校园文体活动设计思路和方法

党的十八大报告明确指出，社会主义核心价值观是全体人民团结进步的重要精神支撑。高度重视校园文体活动开展的质量，坚持文体活动是校园文化重要的组成部分，要秉承其及时性、大众性、多层次、多角度的特点，认真学习、深刻领会和深入贯彻团中央关于"开展课外文体活动工程"的精神，坚持以文体活动为关键点，不断贯彻以人为本的思想，创新活动形式、丰富活动内容、挖掘活动内涵，充分发挥文体活动的教育引导功能和媒介传播作用，在实践中探索和积累新时期文体活动育人的有益经验。

一、校园文体活动的设计思路

适时开展形式多样的文体活动，有益于在校园内构建和谐融洽的人际关系，让所有参与人员在欢畅、快乐的心境中工作和生活，体现了学校以人为本、关爱大一新生、为教职工与学生们提供展示交流的机会，让老师和学生们在学校发展中得到实践和提升，同时可以在学生对学校的情感、学生改善人际关系、增强学校凝聚力等方面起到积极的作用。

（一）搭建节日文艺舞台

众所周知，中国的传统节日不外乎春节、元宵节、清明节、端午节、中秋节、重阳节等，这几个大节日纵贯全年，时间明确，段落清晰。以中华女子学院北校区为例，积极利用和开发丰富的民族传统节日资源，广泛开展校园文体活动，不断创新，丰富传统节日活动的内容和形式，突出地方性，保持民族性，体现时代性，使之与当代社会相适应、与现代文明相协调，通过举办"春晚"、迎年汇报演出及"放飞青春"告别北校区汇报演出提升学生的爱党、爱国热情，培养学生家国情怀，通过汇报演出锻炼学生干部的组织能力，高中拔高，优中选优，筛选出最出色、最精彩、最具观赏性的节目。

（二）做好各类文体比赛

竞赛是生活中必不可少的一部分，是促进文艺活动、体育运动发展的一种有效手段，因为它能给参与者一个展示的舞台，给予竞争者自信和勇气，促进人们相互交流、提高技术水平、增进友谊。竞赛可以发掘出人类最原始的一种本能，那就是自强不息，顽强拼搏，这也正是校园文体精神的一种体现。这些活动充分调动学生展示自我、积极参加校体育文化节的各类比赛，办好本科新生运动会，组织首都女大学生主持人大赛、卡拉OK大赛、舞蹈大赛、中华女子学院好声音歌曲大赛、曲艺大赛、书画大赛、辩论赛、广播体操比赛、板报大赛等各类比赛，积极开辟第二课堂，不断丰富校园文化生活，陶冶学生道德情操。

（三）做好大众化普及活动

习近平指出，实现中国梦必须凝聚中国力量。生活在我们伟大祖国和伟大时代的中国人民，共同享有人生出彩的机会，共同享有梦想成真的机会，共同享有同祖国和时代一起成长与进步的机会。

以中华女子学院北校区为例，北校区因地制宜，以早操为载体和基础，以广播体操展示为竞赛项目，打造"人人参与，人人出彩，人人圆梦"的大众化文体活动，组织全体大一学生开展早操体育运动、"五四"广播体操展示和啦啦操比赛。

（四）形成教师指导学生主体的校园文体活动的模式

学生是主体，坚持教育引导性与学生主体性相结合，达到以文体活动育人的目的。教师对于大学新生的引导指导作用推动了学校系列文艺、体育活动的开展，不仅为大一新生提供了施展才华的空间，同时为学生们搭建了实现梦想的舞台。对于有特长有才艺的学生来说，积极参加校园文体活动是表现自我的良好方法。在活动中培养健康的情趣和高尚的情操，努力提升政治觉悟和政治素养，自觉把个人的成长与集体的成长、社会的需要和人民的期待结合起来。

二、校园文体活动设计原则

校园文体活动的开展要遵循一定的原则，才能起到事半功倍的作用，也才能通过活动提高学生的文艺修养、艺术才能技艺并促进师生之间的交流，有利于形成良性竞争和互相学习的和谐氛围。一路走来，回首过去，我们按照"大学生适应性教育"的思路在文体活动管理上总结出一些应该注意的原则。

（一）思想性、艺术性有机统一的原则

艺术只有贯注了思想、蕴含了精神，才具有真正的价值和意义。真、善、美是艺术永恒的主题，是校园文体活动展现社会主义核心价值体系的基本着力点。校园文体活动的开展必须把提高质量水平摆在突出位置，下更大的功夫、花更大的气力，以"十年磨一剑"的精神，辛勤耕耘、用心创造，打造出更多无愧于时代、无愧于学生，经得起时代检验的文体活动精品。

（二）实践性与教育性相结合的原则

文体活动重在培养学生的综合能力，要让学生在活动中动脑筋，多思考，多想象，多动口，勤动手，注重教师对学生的引导，鼓励学生勇于实践，大胆创新，独立思考，培养观察、思考和解决问题的能力。

（三）导向性和独立性相结合的原则

学生参加自己擅长的文体活动项目，带领教师要认真安排活动方案和活动内容，有目的、有计划地指导学生，让学生学有所得、学有所获，并为他们逐渐独立开展活动创造条件。

（四）趣味性与实效性相结合的原则

文体活动就是要让学生感兴趣，重视开发学生的智力，提高学生的能力和素质，培养学生热爱学、自觉学、乐于学的良好习惯，增强教师自身素质并与教学实践能力相结合。注重实效。

（五）因地制宜（时间地点）和与时俱进（内容）相结合的原则

在开展各项文体活动时，力求学生有积极参与的意识和竞争意识，这就要求带领教师把文体活动内容安排得合理化、新颖化、创新化，让学生参与其中感到善思、有趣、乐学、有益。

三、大学生适应性教育文体活动设计方法

适应性教育中的文体活动是一项系统、复杂的工程，不可能用一种固定的模式、手段来完成，要使大一学生适应性教育教学工作行之有效，除正面教育、积极引导外，还必须充分挖掘和利用校园文化潜移默化的作用，高度重视校园文化建设，因地制宜，采取有效措施。将大一学生成长分为蜕变期、成长期、成熟期三个不同阶段，设计校园文体活动形式，充分发挥落实立德育人的重要作用。

（一）蜕变期——以竞赛类活动彰显"昨日风采"

蜕变，是引用道家哲学的思想，指人、物或者事情发生质的改变，比喻事物由一种状态转变成另一种状态，并且两者之间具有明显的对比关系，是浴火重生，经过锻造打磨历练、走向成功的过程。一般是指由平凡变得华丽辉煌，比如破茧成蝶便可称为蜕变。

大一新生从高中阶段进入大学生活，即是一种质的转变；从高中走向大学宛如凤凰涅槃，焕然新生。通过竞赛类比赛活动，发掘大一新生的特长特征，激发大一新生的潜能特质，张扬大一新生的鲜明个性。

第一类是文学艺术类比赛活动，包括播音、舞蹈、歌曲、曲艺、戏曲、乐器等艺术门类的文艺赛事。通过"主持人大赛"遴选参加首都女大学生播音与主持人大赛的人选和校内各类比赛活动的主持人；"舞动女院"北校区舞蹈大赛，发现和培养有舞蹈特长的学生进入学校舞蹈团，用肢体语言诠释大学梦想；"好声音大赛"用青春讴歌大学美好生活，这是校园文化活动的主体，参与面较广；"曲韵沁芳"曲艺大赛，涵盖戏曲、相声、小品、乐器、双簧等艺术门类，作品和展演尽显大一学生原有的特长。

第二类是体育类竞赛活动。从初出茅庐的新生秋季运动会，到十项全能的体育文化节，再到春季趣味运动会、田径运动会，只要有梦想你就可以来。

附1：

"语境之美　润物有声"：2014级学生播音与主持人大赛

播音与主持人比赛作为中华女子学院校园文化建设的一个特色品牌活动，迄今为止已成功举办了8届，成为校园文体活动中竞赛类的一项重要活动，北校区领导深入践行社会主义核心价值观，秉承着让参赛的大一新生真正学好标准普通话及朗诵艺术的目的，行为举止更像播音主持人一样，具备不怯场，不慌张，沉稳淡定，谈笑风生的特质，积极开展主持人大赛，旨在提高教学实践能力，增强个人的自信心，而且使学生自身的头脑变灵活，知识面得到更大更广的扩展。

北校区通过开展播音与主持人大赛，使学生活动与专业教学实验相结合，深入践行了社会主义核心价值观，提高了教学实践能力，充分展现了学生的青春风采，培养了学生的语言表达能力和应变能力，为大学生们搭建一个展现自我的舞台，同时也为中华女子学院各大活动遴选出更多优秀的主持人。

附2：

"舞动女院"北校区2014级舞蹈大赛

北校区开展舞蹈大赛是为了丰富大一学生的校园生活学习环境，让课余时间充沛的大一新生更加活力四射。为喜欢舞蹈的同学提供一个相互学习、相互交流、相互切磋的舞台，展现中华女子学院新女性的风采。参赛的舞者们尽显其能带给观众们以美的享受，舞蹈引导青年学生走进想象的天堂。以中华女子学院为例，每一届"舞动女院"舞蹈大赛都汇集了各种类型的舞蹈，有婀娜多姿的民族舞、劲爆热辣的爵士舞、宛转悠扬的古典舞、乐感强烈的Hip－hop，还有选手女扮男装，上演男女国标舞。通过才艺展示，选手们充分展现了中华女子学院学子的风采，给现场的每位观众都带了极大的视觉冲击。精彩的表演同样也带动了现场观众高昂的情绪，令大家掌声不断，欢呼不停。

创造和创新是舞蹈艺术的终极目标。卓越的创造和创新能力，则来源于丰富的实践。为了给学生提供更好的实践机会和创新空间，北校区老师们在工作以外的时间对每一个参赛作品仔细琢磨并提出改进意见，在表现形式、舞蹈编排、演员排练、服装造型上反复进行修改，力求达到较完美效果。每位学生结合自身特点和自身创意，通过专业的表演和比赛提高了个人创造水平，更通过与其他同学的共同协作，提高了学生组织方面的综合素养，为中华女子学院带来不同寻常的魅力，增添耀眼的光芒。

舞蹈大赛的成功举办，是北校区大一全体师生的共同努力、相互配合、老师们的悉心指导和同学们踊跃参与的成果。重点是每位同学的热心，对工作的热情，以及他们的默契程度。通过比赛，不仅仅展示了同学们的个人才艺，丰富了同学们的课余生活，而且使同学们之间加深了了解，也加强了同学老师之间的交流，使同学们更加了解和适应大学一年级生活。同时，组织比赛对学生干部们也是一次不可或缺的锻炼与考验。

附3：

"女院好声音"卡拉 OK 大赛

校园音乐文化是校园文体活动的重要组成部分。为丰富校园文化生活，展示当代大学生积极、阳光、奋发、向上的精神面貌，传达当代大学生对美好生活的向往和赞美之情，北校区举办了9届"中华女子学院好声音"歌唱大赛，给热爱音乐的同学们提供一个超越自我、实现梦想的歌唱舞台。弘扬中华女子学院文化，活跃校园文化气氛，丰富校园文化生活，把大一学生培养成为乐于助人、奋发向上、勇于进取、乐观豁达的新生力量，提高学生的人文思想和审美意识。

附4：

2014 级本科新生秋季田径运动会

北校区新生秋季运动会以"我运动，我成长"为主题，通过田赛、径赛、趣味项目的比拼，展示北校区大一新生的精神面貌和综合素质，使同学们展现个性特长及运动风采，增进友谊，加强团结，强化素质教育，促进和谐发展。让同学们在比赛之余有进一步的交流，在比赛中超越自身的极限，在比赛中凝练团队协作精神，使运动会有规模、有档次、有品位，达到一种"运动、阳光、快乐、成长"的健身目的。主要项目有径赛100米、400米、1500米跑、团队8人×50米迎面接力跑；田赛有：跳高、跳远、铅球、毛毛虫赛跑、6人旋风赛跑，男子参加单项，不参加接力。

大学新生秋季运动会是大学生入学后第一次充满竞技比赛氛围的集体活动，目的是要调动广大大一学生对体育运动的参与积极性，以体现大学生刻苦拼搏、锐意进取、不怕苦不怕累的精神面貌。发扬了学校"团结、勤奋、求实、创新"

的精神，为实现学校培养人才目标、促进德智体美全面发展奠定了基础。

（二）成长期——大众参与类活动

成长指长大、儿童长成成人，泛指事物走向成熟、摆脱稚嫩的过程。简而言之，就是自身不断变得更好、更强、更成熟的一个过程。

大学生成长期适合组织大众参与类活动。比如：早操和啦啦操、合唱比赛、人文知识竞赛等，这些活动有利于调动全体学生的参与积极性，培养集体主义情感。

附5：

中华女子学院学生出操管理办法（试行）

为培养学生良好的生活习惯，养成良好的体育生活方式，培育学生优良学风、校风，提高学生身体素质，特制订本办法。

一、从开学第一周开始出操，一般教学十六周内均要出操，复习考试周至考试结束期间可不出操。出操时间由各院系自行安排，但必须保证一周至少三次出操，建议在早上7：00—7：40，或下午17：00—18：00，晚上20：30—21：30，地点由各校区自行安排。

二、出操由辅导员或值班老师负责指导和督促，推动学生自我管理。学生会干部负责日常考勤的组织、督查和汇总工作。各班体育委员负责在规定时间组织本班学生集合，点名记录，并保证出操秩序和质量。

三、辅导员或值班老师负有监督和检查学生出操状况的义务。辅导员要定期开展学生出操考核和奖惩，及时发现问题并解决，确保学生出操锻炼质量。

四、学生因病、因事不能参加出操的，需提前一天向辅导员请假备案。凡因伤、病（住院）或其他等原因长期不能参加出操者，必须由本人提供学校指定医院或相应单位提供的证明材料，经辅导员核实并报党总支书记批准后，方可不出操。未办任何手续者以旷操处理。

五、学生出操状况作为学生综合测评、评奖评优的重要依据。各班体育委员和学生会体育部成员组织管理状况作为学生干部考核评奖评优的重要依据。

（一）学生出操一周迟到或早退（掉队、逆行或抄近路者按早退记）一次，综合测评扣0.5分，院内点名批评一次。

（二）旷操一次，综合测评扣1分，院内点名批评一次。

（三）学生每个学期出勤次数达到 45 次为合格（不含特殊天气、节假日等），考勤情况每学期汇总后报体育部，由体育部按照考勤记录加分：出操 45 次者体育总成绩加 1 分，出操次数达到 48 次以上者，体育总成绩加 2 分，60 次以上者加 3 分。

（四）对于瞒报、虚报班级考勤的体育委员或者体育部成员，以及组织出操不力者，经辅导员建议，总支书记批准可取消学生干部综合测评加分，取消本年度评优资格（讨论）。

六、各校区根据本校区实际情况，组织全体学生以班级为单位整队出操，出操形式可以选择按照规定路线跑步（应跑 2 公里以上）。校本部安装了学生刷卡考勤机，本部学生要求持一卡通按照规定的路线进行跑步，即按照安装的考勤机进行 A 点—B 点—A 点为一次出操进行考勤。其他校区由于没有安装设备，可自行设计路线。

（三）成熟期——展示类活动

成熟是指人的思想观念之转变，从幼稚向更高一级的转变，对事对物的看法更加理智，并且这一过程中往往伴随着周围环境的改变而发生，也包括其他人的影响。从哲学角度解析，是人类自身矛盾运动的结果。

在适应性教育中，针对大一学生成熟期所萌生的自信、勇敢、追求成功的心理状态，更多设计一些展示类的文体活动，为他们升入大学二年级做好铺垫和准备。活动包括新年文艺汇演、风采大赛、社团文化节、女生节、辩论赛、"放飞青春文艺汇演"、学校春季运动会等文体活动。

校园文体活动以大学生的发展成才为中心，以中华女子学院北校区为例，组织开展"践行社会主义核心价值观 展风采 过新年"系列校园文体活动，意在把德育、智育、美育与体育有机融合起来，寓教育于文化娱乐活动之中，歌颂大一，放飞梦想。

附6：

北校区新年文艺汇演

新年文艺汇演在北校区已经有 9 年的历史，是北校区最具特色的校园文化活动。新年文艺汇演的成功举办为北校区的大一学生营造了文明健康、积极向上的校园文化氛围，促进了校园文化建设的蓬勃发展。不仅增强了学校师生的凝聚力，同时，岁末年初，一台精彩的演出也是汇报大一新生一年的硕果，培养同学们的家国情怀和展现师生们喜迎新年的豪迈激情，为北校区新一年的工作学习生活奠定了坚实的基础，为深度展开的创新实践基地建设项目储备了力量。

每年元旦前夕，北校区全体师生为筹办这场盛大的演出，都要进行层层选拔，逐个筛选，力求精益求精，为广大师生们献上一场新年饕餮盛宴。

在节目形式上，这台演出汇集了独唱、合唱、相声、小品、独舞、群舞、创意节目等。

在演员选拔上，所有演职人员均为各大比赛中获奖的佼佼者。

在导演编排上，每年的演出，北校区都会对候选节目进行最少三次审查，并且每次都会聘请校外的名师作指导。

以中华女子学院北校区新年文艺汇演主持词为例，每一词每一句都倾注了教师们的心血，同时表达了他们对大一学生成长的期盼。

附7：

"放飞青春，告别大一"汇报演出

大一上学期刚迈进北校区，懵懵懂懂，青春稚嫩。转瞬即逝的大一生涯匆匆结束，北校区的学子们转身踏上了通往大二的旅程。经过了大一生活的风雨洗礼，在北校区日复一日的锻炼拼搏，渐渐地从高中生过渡到了真正的大学生，渐渐地适应了这个竞争激烈的社会。"放飞青春，圆梦大一"这项文体活动，为即将离开北校区的大一学生们提供了展现成果的平台和对母校的感情慰藉。

同学们以班级为单位，在班歌的基础上加以实践创新，形成具有自己班级独特风采的合唱曲目。同学们身着班服，在神圣庄严肃穆的礼堂畅想大一，歌颂过去美好的一年，洪亮高昂的歌声寄托着莘莘学子对北校区的留念与不舍，对往昔生活的告别与重现，对北校区老师的感激与感谢。过往的一年皆历历在目，相信对大一学生来说，这是生命中不可剥夺的宝贵意义，将带给人生不一样的启迪。

第三节 搭建文体活动平台的成效

校园文体活动的开展应适应大一学生全面发展的需要，因此我们要充分重视校园文体活动的建设。从根本上来说，中华女子学院校园文体活动建设的目标和任务，为大一学生的健康成长创造一个积极向上、健康有益、生动活泼的校园文化环境，塑造和培养社会主义事业的建设者和接班人。换言之，就是为了弘扬大学精神，形成健康、向上、积极的校园精神而努力。

一、丰富了学生的第二课堂

新入校大学生教育管理的途径和方法是指教育管理者对新入校大学生进行思想教育、能力培养和价值引导的手段和技术，文体活动丰富了学生们的第二课堂，在文体素质方面达到外在表现与内在追求的协调统一。第二课堂在学生成长的过程中，始终发挥着独特的作用，对大学生的思想品德、思维能力等方面素质的养成，都起到一定的促进作用。文体活动作为校园文化活动涉及范围最广、形式多样、最易普及和接受的大学生适应性教育形式，在学校已开始发挥作用。通过对文体赛事的参与，加强对大学生思想道德、身心健康等素质的培养，借助艺术教育方式，组织学生参加各种艺术活动，在排练、表演、比赛中培养学生的团队合作能力和人际交往能力。

二、对培训大一学生文体素质具有积极作用

为了让学生的艺术和体育素养得以全面提高，学校应合理有效地制订学生大学四年的文体艺术学习课程，规定相应的比例。如美国哈佛大学规定：把"发展学生的兴趣、爱好和特长，培养学生健康的审美情趣"，"理解和欣赏艺术作品"以及"要求学生理解艺术作品在特定社会中的作用"的能力作为其课程培养目标，学生在低年级必须选修7—8种包括音乐在内的文史艺术"公共基础课"；麻省理工学院特别要求学生具有与人类精华有关的品质，其中包括很强的判断力和美感，在获得学士学位必须修满的360分中包括72分的音乐"普通必修课"；普林斯顿大学和康奈尔大学则在艺术公共课程中十分强调培养学生的"批判能力和艺术实践能力"。目前，我们所组织的文体竞赛活动，对于深化大学新生的爱国主义情怀、深化健康个性的养成等方面都有积极作用，如以班级为单位对某部文学作品的表演、大合唱的排练等。引导学生端正艺术观、体育观与价值观；同时也培养学生因地制宜、开发与促进学生的专业知识学习，实现文化学习与素质提升的互补。

三、为学生提供良好的文化熏陶环境

大学校园的文化氛围与品位，不只来源于某座标志性的实验楼与教学楼，也

不仅仅来源于几个教授或博士，更多的是来源于这座校园所蕴含的文化艺术底蕴。学生对学校的仰慕与热爱、对师长的尊重、对专业学习的钻研与发展动态的关注、对校园文化活动的积极组织和参与等，无一不体现出校园文化的熏陶。随着 90 后大学生精神文化需求的不断增长，学校要经常开展生动活泼、丰富多彩的校园文化活动，如知识竞赛、演讲比赛、音乐欣赏、文学赏析、体育活动和科技文化艺术节等，不断提高校园文化的品位。通过开展各种各样的校园文化活动，并让学生参与和组织，使大学生逐步学会认识与欣赏，能极大地陶冶大学生高尚的情操，促进其思想道德意识的提高。北校区在大一新生培养阶段开展丰富多彩的校园文化活动，包括新生运动会、主持人大赛、舞蹈大赛、趣味运动会等，主要目的是锻炼学生的组织能力、团队合作能力以及艺术素质的培养，树立道德教育无处不在的思想，在校园营造浓郁的艺术氛围，培养学生的审美能力。著名教育家苏霍姆林曾说："艺术教育并不是艺术家的教育，而首先是人的教育。"高校应根据学校自身所具备的设施条件，给广大学生提供深入了解和学习艺术的机会，并从实践中受到教育，提高审美能力和创造能力，启迪思维、提高修养、增长知识。

普通高校开展艺术素质教育是国家长期战略发展的大问题，是能否培养出高水平人才的重要问题。我们应该把有限的教育资金更多地投向最需要的课程建设方面，使全体学生享受到良好的艺术素质教育。课程建设是基础、核心内容，课外活动应该在课程建设基础上展开，在课程建设基础上进一步提升或升华学生的艺术素质，通过艺术课程和丰富多彩的课外文化艺术活动，培养和提高学生的审美能力和文化素养。加强艺术教育课程建设是提高高校艺术教育水平、推动艺术教育持续发展的核心。

四、为学生搭建成长成才的舞台，促使大学生健康发展

校园文体活动激发了青年学生的激情，引导需求，实现全员覆盖。避免校园文体活动成为精英舞台，通过班级文体学生干部和文体骨干服务，带动和影响广大一年级新生互助互利，相互交流和切磋技艺，共同进步，共同提升。

这就是中华女子学院北校区思想政治工作者的最大心愿。不仅使大一学生实践能力、创造能力得到发展，而且可以帮助大一学生提高道德水平，强化服务意识、公德意识，养成适应时代要求的价值观，及科学思维方式和文明的行为方式等现代文化素质和文明素养，以全面适应社会主义现代化建设的需要。

五、实现了活动育人的目标

校园文体活动为学生构建了一个平等愉快、自主选择、资源共享的活动空间。学生在积极向上的人文环境中被熏染成为具有"四自"精神和公益意识、知性高雅的应用型人才。通过对体育联盟和艺术团这两个文体学生干部组织科学有序的管理和效果监控，积极发挥学生干部群体的主观能动性，既锻炼了学生干部队伍，又提高了工作效率，增强了学生干部组织在学生中间的号召力。这些不仅可以促进校园文体活动密切结合文体的公益性和政治性，密切结合文体活动与爱国主义教育，引导积极文化，塑造积极进取、和谐向上的校园文化，又能加强校园文化生命力、学生集体凝聚力、青年组织影响力，使骨干分子与普通同学相互促进，共同成才，实现文体育人各环节的无缝衔接。

随着青年学生生理和心理的发展成熟，他们的主体意识也日趋觉醒。所以，生动活泼、健康有益的校园文体活动必然成为教育、引导、塑造青年大学生的有效方式。校园文体活动成为这样一个载体，为青年学生个性、品质、能力的展示提供了一个广阔的舞台，使其创造力由此而获得鼓励与肯定，在更广泛的竞争与撞击中得以更好地提高。

总之，学校要充分认识到校园文体活动的重要性，遵循校园文体活动建设的原则，注重校园文体活动的超前性、多样性，形成校园文体活动建设的合力，最大限度发挥校园文体活动育人的功能。对于帮助大一学生开阔视野、提高综合素质、培养创造能力，帮助大一学生陶冶情操、完善个性、优化校园环境具有极为重要的作用。

第七章　模拟运营，创新创业

《中共中央国务院关于进一步加强和改进大学生思想政治教育的意见》把实践育人作为开展新形势下大学生思想政治教育的有效途径，在大学生适应性教育工作中，我们始终秉持"实践育人"的理念，坚持以学生在课堂上获得的理论知识和间接经验为基础，开展与学生的健康成长和成才密切相关的各种应用性、综合性、导向性的实践活动，激发学生课外自我教育和相互教育的热情和兴趣，不断提升他们的综合素质、公益意识、创新精神与创业能力。经过多年的探索、实践与总结，我们逐步形成了以服务型、专业型、文化型为主导的实践育人工程。其中，模拟运营实践活动，既是为广大学生提供更多"出彩"的舞台，进一步丰富大一学生校园文化生活，加强学生对企业经营管理的认识，又是在创新创业教育中为学生们未来走向社会奠定一个模拟社会实际的体验。

第一节　创新创业教育概述

一、创新创业教育的内涵

在学校教育中，创新创业教育是通过课堂教学和实践活动以培养学生的创业素质为基本价值取向的教育。对创新创业教育，国内外学者分别提出了自己的定义。

（一）从教育目的出发的观点

创新教育以培养创新思维、创新精神、创新意识、创新能力和创新人才等为目的。

（二）从比较方法出发的观点

创新教育相对于传统教育而言是一种新的教育思想和教育理念，是与时俱进的教育。从比较方法出发的观点认为创业教育有以下两种界定。

1. 狭义创业教育

狭义创业教育是一种培养学生创造性地开展工商业活动的教育，使学生从就业者变成就业岗位创造者。高校开展的创业教育是以开发和提高大学生的创业基本素质，培养具有开创个性的社会主义建设者和接班人的一种教育形式，其核心就是要培养大学生的创业素质。而大学生创业素质的培养与高校开展的创业教育之间有着密切的联系：大学生创业素质的培养是高校开展创业教育的出发点和归宿，而科学合理的创业教育是培养大学生创业素质的重要途径和手段。大学应该做出正确的选择，积极开展大学生创业教育，努力培养大学生创业素质，使其具备创业所需的知识和能力结构，使大学生在创业的道路上走得更好和更远。

2. 广义创业教育

广义创业教育是培养具有创新精神的人，其本质是一种培养学生创业素质的素质教育，这些素质包括创业精神、创业能力、创业品质等，最终的目标还是要能服务于创业实践。从广义视角看，创业教育本质是创新教育，创新性是其根本，它不是单方向知识的传递，而是更加注重学生创新意识与精神的训练、创业能力与素质的生成。创新创业教育本质上是创业教育的另一种广义的提法，更加强调了创新在创业教育中的本质性地位。创新创业教育实现路径就是如何在整个教育体系中融入创新创业教育，为创新创业教育构建科学的内容、模式、机制等。

3. 现状

目前，高校开展的创业教育或以培养大学生创业意识和构建知识结构为主，或以提高创业知识和创业技能为主，都没有全面系统地培养大学生的创业素质，导致大学生创业的高失败率或者根本连创业的意识和勇气都不具备。可见，大学生创业素质的培养是我国高校创业教育的一个薄弱环节。所以，创业精神、创业能力、创业知识结构、创业个性心理品质是我们在培养大学生创业素质时要极其关注的 4 个要素。

二、创新创业教育的目标

创新创业教育的总体目标是着重于意识的培养和实践的体验，重视和加强实现创新创业教育的过程和实施质量，通过鼓励学生完成各级各类项目和参加竞赛，督促和保障创新创业教育的效果，提高学生适应社会的品质和创业的基本能力。创业教育的本质在于培养学生创业素质，具体包括以下几个方面。

（一）提高思想政治素质

思想政治教育在大学生创业素质培养中发挥着极其重要的作用，有利于引导提升大学生创业意识、创业品德、创业能力，帮助大学生树立科学正确的创业观念，引导大学生将个人的兴趣、爱好、特长等主观愿望和条件同国家、社会需要有机结合起来，形成适应现代社会的优良综合素质。

（二）培养创业心理素质

与创业活动有关的创业心理素质包括有自信、有责任感、能吃苦以及面对挫折时的稳定、积极的情绪等，需要培养高雅广泛的兴趣爱好，加强人文素质的修养，陶冶学生高尚的情操，学会挖掘和开发自己的心理潜能，形成独立理性的思考判断，敢于担责，具备合作精神和团队意识，提高研究创新能力和综合实践能力。

（三）提升专业能力素质

专业知识对于创业者确定创业目标有直接作用，主要体现在创业知识和能力素质，是创业人才应具备的基本素质。它要求创业大学生除掌握现代科学、经济学、法学和管理科学等方面的知识外，还需具备决策、经营管理、专业技术与交往协调等素质，这就要求综合运用专业知识、经验、技能，将创业知识应用到创业过程中去。专业能力的强弱，决定了创业实践活动效率的高低，与此同时，创业实践活动又可以促成创业能力的提升。

三、创新创业教育的主要内容

教育部党组书记、部长袁贵仁指出，党中央、国务院高度重视创新创业人才培养。深化高校创新创业教育改革，是加快实施创新驱动发展战略的迫切需要，是推进高等教育综合改革的突破口，是推动高校毕业生更高质量创业就业的重要举措，意义十分重大。要牢固树立先进的创新创业教育理念，努力实现创新创业教育与专业教育由"两张皮"向有机融合的转变，由注重知识传授向注重创新精神、创业意识和创新创业能力培养的转变，由单纯面向有创新创业意愿的学生向全体学生的转变，切实增强学生的创新精神、创业意识和创新创业能力，努力造就大众创业、万众创新的生力军，不断提高高等教育对稳增长、促改革、调结构、惠民生的贡献度。大学生创新创业教育是以培养创新、创业意识和精神，提高创新、创业知识和能力以及加强对创新、创业实践活动指导等为主要内容系统的、全面的教育。主要内容包括以下几个方面。

（一）创业意识教育

创业意识教育以面向全体学生的通识教育形式为主，激发学生创新、创业意识和精神，创新、创业思维和品质，团队合作意识的养成，创造性开发，信息搜集等。大学生创新创业教育首先是一种理念、一种精神教育。目前，社会及学生本人对创新、创业认识仍然较为肤浅，意识仍然较为淡薄，创新、创业激情仍有待进一步提高。大学生创新创业教育是要对学生的创新、创业人格品质和精神、心理素质、团队管理、基本能力等系统的、全面的教育，要把目标定位于培养有创新、创业精神的大学生。可见创新、创业意识教育不是一蹴而就的短期教育行为，而是一个长期的教育过程，贯穿于整个大学教育全过程，甚至终身教育。只有将创新、创业意识贯彻到学生内心深处，我们的创新、创业活动才有活水源头。

（二）创新创业知识和能力教育

主要从创新、创业技术和方法，市场营销，法律、法规及政策制度，信息处理和利用，沟通管理和协调能力，应变能力等方面，培养学生具备广博的现代科学知识和深厚的人文知识底蕴；具有社会责任感、诚实守信等优秀人格品质；具有不畏困难、不怕挫折、能够与他人及社会和睦相处等良好心理素质；具有学习能力、创新思维能力、组织能力、决策能力、协作能力等优良素质，具备很强的创新、创业技能、技巧和管理、沟通能力，市场应变能力，团队沟通、协调和管理能力。创新、创业是一项具有较大难度和挑战性的系统性工程，如何有效地组成一个既分工又合作、协调一致的团队，是取得创新创业成功的关键。

（三）创新创业实践教育

大学生创新创业教育是一项实践性很强的教育活动，创新、创业的理论和能力的教育应与社会实践活动结合起来，开展实践类课程指导，如创新、创业团队组建与管理，融资理论与方法，商机获取与筛选，商业模式创新，创新、创业实训指导，风险管理等，培养学生了解商机选择，掌握组织团队，资本筹集，融资和资本运作，商业计划书的制订，企业的建立，危机管理等专业知识结构，扩大学生实践机会，配备具有一定经验的指导老师加强指导，培养大学生的实际动手和应用能力，应急处理各种问题的能力，在实践中逐步积累创新、创业经验和社会经验，切实提高他们的实践能力和水平。

第二节　创新创业教育实践活动设计思路

一、设计思路

《国务院办公厅关于深化高等学校创新创业教育改革的实施意见》指出，深化高等学校创新创业教育改革，是国家实施创新驱动发展战略、促进经济提质增效升级的迫切需要，是推进高等教育综合改革、促进高校毕业生更高质量创业就业的重要举措。高校应落实立德树人的根本任务，主动适应经济发展新常态，以推进素质教育为主题，以提高人才培养质量为核心，以完善条件和政策保障为支撑，促进高等教育与科技、经济、社会紧密结合，加快培养规模宏大、富有创新精神、勇于投身实践的创新创业人才队伍。

大学生创新创业教育涉及面广，需要政府、社会、高校以及学生形成合力推进，要注重培养学生的创新精神、创业意识和创新创业能力、建立创业实践基地、构建大学生创业教育的培养体系、拓宽大学生创业教育的途径等，应该着重从以下几个方面着手。

（一）修订高校人才培养方案

要坚持立德树人基本导向，开展人才培养观念主题大讨论，明确创新创业教育目标要求，完善创新创业教育课程体系，设置合理的创新创业学分，为有意愿有潜质的学生制订创新创业能力培养计划。提高大学生创新创业综合素质和能力，大学生要掌握基本的创业知识和创业环境，还需要提高开拓创新能力，掌握一定的企业管理、财务运营、行业选择等方面的知识，不断完善自己的知识结构，要提高组织管理能力和人际协调能力，以及培养学生与他人的团队协作能力。

（二）推进协同育人

建立需求导向的学科专业结构和创业就业导向的人才培养类型结构调整新机制，推进人才培养与社会需求间的协同，推进高校与高校，高校与政府、社会间的协同，推进学科专业间的协同，建立结构调整、多样合作、交叉培养创新创业人才的新机制。

（三）强化创新创业实践

要加强实验教学资源建设和共享，促进实验教学平台共享，搭建实习实训平台，利用各种资源建设大学科技园、大学生创业园、创业孵化基地和小微企业创业基地。建好一批大学生校外创新创业实践基地，办好各级各类创新创业竞赛。

（四）改革教学管理制度

高校要健全创新创业教育课程体系，根据创新创业教育目标要求调整专业课程设置，从教学理念、培养目标、管理方法、教学方式和教学教材等方面多角度精心设计创业课程体系，开发开设创新创业教育必修课选修课，改革教学方法和考核方式，开展启发式、讨论式、参与式教学，扩大小班化教学覆盖面，改革考试考核内容和方式，注重考查学生分析、解决问题的能力。结合人才需求培养具有创新创业精神和优秀实践能力的应用型、复合型创业类人才。

（五）提升教师创新创业教育教学能力

要建立稳定的师资队伍，加大创业教育学术带头人和教学骨干的引进力度，通过有计划分批次安排教师到对口企业实践，参加各种进修班、学术会议，到相关院校学习和内部培养等多种方式加强创业教育教师的培养，鼓励推行外引内置的"双班导师制"，在社会上聘请成功的企业家并在校内选拔具有丰富理论知识教师担任指导教师。制订完善的师资培养计划，鼓励教师在职攻读更高的学位，参加各种创业教学技能竞赛，对外培训服务，举办科研成果、教学改革创新交流会，丰富教师的社会实践经验。

（六）建设校园创新创业文化

要把创新创业文化作为大学文化建设的重要内容，有重点、分层次举办讲座论坛，全方位、多方面开展主题活动。要加大创新创业价值宣传，发掘树立创新创业先进典型。完善校园创业文化环境建设，可创设大学生创业中心，鼓励学生带着创业项目入驻，按照公司的运行方式组织、管理其团队的运营，为学生创业搭建平台。通过开展 SRP 大学生实践研究、创业计划大赛、SYB 创业培训等课外活动，营造校园创业氛围。加强高校与企业"联姻"，建立创业教育实践基地，为学生提供实战场所，完善学生的创业知识结构，提高适应社会的能力。加强创业宣传，积极宣传政府颁布的各项创业优惠政策，形成鼓励创新、宽容失败的创业环境。

二、活动方案设计

（一）大学生创新创业训练计划

教育部在《关于大力推进高等学校创新创业教育和大学生自主创业工作的意见》中指出："在高等学校开展创新创业教育，积极鼓励高校学生自主创业，是教育系统深入学习实践科学发展观，服务于创新型国家建设的重大战略举措；是深化高等教育教学改革，培养学生创新精神和实践能力的重要途径；是落实以创业带动就业，促进高校毕业生充分就业的重要措施。"近年来，大学毕业生工作就业面临的压力非常严峻，有效引导大学生自主创业，培养大学生的创业素质日渐成为社会关注热点，这也是落实党的十八大、十八届三中全会深化教育改革与发展的需要，是高等素质教育新的内涵，也是新形势下以创业促就业的关键。

在 2014 年 9 月召开的夏季达沃斯论坛上，李克强总理提出了"掀起大众创业、草根创业新浪潮"，鼓励全民创业。他强调，大学生的创新思维向来活跃，可以不断学习与研究更新的行业知识，大学生创业也能解决更多大学生的就业问题。李克强总理在 2015 年两会政府工作报告中指出，要着力促进创业就业，坚持就业优先，以创业带动就业。要加强就业指导和创业教育，落实高校毕业生就业促进计划，鼓励到基层就业，实施好大学生创业引领计划，支持到新兴产业创业，促进形成"大众创业、万众创新"的局面，其中，大学生是重要力量，要为他们实现梦想和自身价值"铺路搭桥"。

大学生创新创业训练计划是要求本科生组建创业团队，在导师指导下，团队中每个学生在项目实施过程中扮演一个或多个具体的角色，通过编制商业计划书、开展可行性研究、模拟企业运行、参加企业实践、撰写创业报告等工作。在创业实践活动中要着重培养学生的创业素质，培养大学生的创业素质是高等素质教育新的内涵，也是高等教育改革与发展的需要，创业素质的高低决定着大学生创业成功与否的关键，创新创业教育实质是企业家能力的教育，其基本内涵是事业心与开创能力的培养，其核心是提升学生的社会责任感、创新精神、创业意识和创业能力，将人才培养、科学研究、社会服务紧密结合，实现从注重知识传授向重视能力和素质培养的转变，提高人才培养质量。树立科学的创新创业教育理念营造良好的文化氛围，运用科学化的创新创业培养方式注重结合个性化指导，通过创业实践活动，提高大学生的创新能力，主要包括学习的能力、发现问题的能力、提出解决方案的能力以及实践的能力。

创新创业教育是一项系统工程，涉及学生学校学习生活的各个方面。创新创业教育旨在培养创新创业人才，这就需要一个系统的、合理的创新创业教育体系，创新创业教育是将创业教育按照意识—知识—能力—素质—实务操作这样一个循序渐进由理论到实践的过程进行的。创新创业课程，它的建立应该是使学生在具备专业知识和技能的基础上，进行全面的知识拓展，从类型上来看主要包括理论和实践两个方面的课程。理论方面的课程，应将创业宏观过程的内容具体化，从筹划创建组织管理到运行企业这样一个过程来安排学习的内容，使学生更容易理解、掌握创业过程细微的知识；实践方面的课程应以理论方面的课程为基础，让学生通过机会选择、创业计划书的撰写、组织创业团队和参与创业计划大赛，体验创业的整个过程，培养学生的创新能力、识别评估机会的能力和应对不确定性环境的实践能力。

（二）大学生创新创业训练计划实施路径

实施大学生创新创业训练计划，旨在推动全校学生创新创业活动的开展，产生一批学生创新及创业成果，促进项目成果的转化，培养学生的研究与实践能力。大学生创新创业训练计划包括创新训练项目、创业训练项目和创业实践项目三类。

1. 创新训练项目

该项目要求本科生个人或团队，在导师指导下，自主完成创新性研究项目设计、研究条件准备和项目实施、研究报告撰写、成果（学术）交流等工作。

2. 创业训练项目

该项目要求本科生团队，在导师指导下，团队中每个学生在项目实施过程中扮演一个或多个具体的角色，通过编制商业计划书、开展可行性研究、模拟企业运行、参加企业实践和撰写创业报告等工作。

3. 创业实践项目

该项目要求学生团队，在学校导师和企业导师共同指导下，采用前期创新训练项目（或创新性实验）的成果，提出一项具有市场前景的创新性产品或者服务，以此为基础开展创业实践活动。创业实践项目要面向市场开展，按企业实际运营模式进行管理和实践。

附1：

模拟经营大赛

1. 创业类比赛活动主题

序号	时间	活动主题
1	2012 年	经管人生，营在未来
2	2013 年	创业梦想　经管起航
3	2014 年	青春·梦想·行动力
4	2015 年	放飞梦想，创响校园

2. 活动方案

中华女子学院北校区 2015 年管理学院第六届模拟经营大赛

一、活动目的

为进一步丰富大一学生校园文化生活，培养学生的微创业意识，提升女大学生创业精神和就业信心，拟举办"中华女子学院管理学院第六届模拟经营大赛"，以此加强学生对企业经营管理的认识，提高学生的创新、创业实践能力，为学生打造一个展现自我才华、实现创业梦想的舞台。

二、活动主题

放飞梦想，创响校园

三、活动宗旨

以经营实践为目的，鼓励学生充分、灵活运用所学知识充分发挥个人自身才能，体验创业艰辛，激发学习动力。

四、组织单位

主办单位：中华女子学院

承办单位：中华女子学院管理学院 2014 级学生干部

五、活动时间及工作安排

活动时间	工作安排
3 月 22—27 日	宣传期、志愿者招募
3 月 29 日—4 月 1 日	志愿者培训
4 月 2 日	讲座
4 月 7—9 日	报名期
4 月 10 日	海选阶段情况公示
4 月 13—15 日	晋级阶段（16 日公示）
4 月 20—27 日	决赛阶段
4 月 28 日	评选大会及颁奖仪式

六、活动地点

中华女子学院北校区

七、活动准备

（一）宣传期

1. 通过社交软件（微博、微信、QQ 等）发布消息；

2. 在 C 座、D 座以及小白楼张贴大幅海报；

3. 利用校园媒体（宿舍广播）进行宣传；

4. 由创新创业教育专家老师进行培训讲座。

（二）志愿者招募期

1. 报名时间：3 月 22—27 日

2. 报名对象：无参赛意愿学生

（1）管理学院学生：专业性强的工作

（2）其他学院学生：摊位监督等其他日常工作

3. 报名内容：（此项目仅限管理学院学生）

①人力小组（报名信息整理、记录员分配）

②会计小组（记账、结算营业额）

③审计小组（核实收银、参赛者、记录员账簿）

④贷款小组（保存保证金、收放贷款）

⑤销售小组（计算成本、利润率）

（三）参赛者报名期

1. 报名时间：4 月 7—9 日

2. 报名对象：中华女子学院北校区在校生（志愿者除外）

3. 参赛要求：有参赛意愿的同学们自行组队（鼓励跨专业），以团体形式参与比赛，在规定时间内报名，需填写报名表，提交创业策划案并签署合同。

八、活动流程

本次比赛拟设置1个奖项：一等奖1名，二等奖2名，三等奖3名，此外还将评选出最佳团队奖、最佳销售奖和最佳服务奖。具体流程如下：

（一）专业培训

由行动学习专家王丽老师作为主讲人，进行模拟经营培训。王丽老师系人大金融专业硕士，有10年的企业培训与管理经验，曾任科宝博洛尼企业大学校长，亲手创建了企业大学，并在专业岗位人才培养与成长、企业内部讲师体系搭建与激励、企业文化建设与传播方面积累了丰富的经验。王老师致力于培训结果的显化研究，在企业培训与企业战略有机结合的途径和操作方法上摸索出了宝贵的案例和工具。为同学们开辟思路，转换思维模式。

（二）海选阶段

将参赛者在报名阶段提交的计划书总结整理，经过大赛组委会评选，以安全性、可行性、创意性为主要标准，最终选出参与展示的团队。

（三）晋级阶段

每组参赛选手进行10分钟以内的陈述，展示形式统一为PPT展示（有能力者可以用更加丰富的展示形式，例如视频等），展示主要内容为团队理念、经营计划、创意设计等，由导师及学生代表打分，打分标准为：十分制，导师打分占60%，组委会打分占40%，分别去掉一个最高分和一个最低分，按平均成绩筛选进入决赛者。

（四）决赛阶段

进入决赛的团队下限为12组（若晋级赛余留过多，即采用30%进决赛制），可以进行实体操作：各团队成本投入、财务状况、库存量等须向组委会完全公开；每队参赛者配两名记录员，记录库存、客流量、成本投入、盈利等；参赛现场由监督队不定时巡逻，记录员会依据参赛者身份避嫌并且每天轮值；三联发票由记录员持有，在开始经营时交给参赛者；最终大众评审团（各系别代表）根据记录情况进行匿名评选，并评出最佳团队奖、最佳销售奖和最佳服务奖。

九、比赛机制

（一）监督机制

1. 要求参赛者资金透明，并在规定时间内营业；

2. 比赛场地内使用三联发票统一收银，营业额日结；

3. 招募各院系志愿者成立监督小组，并进行不定时巡查。

（二）贷款机制

1. 进入实战经营阶段的参赛者需要缴纳 20 元保证金（保证遵守合同）；

2. 想要参与比赛但缺乏启动资金的同学可以向组委会提出贷款申请，经组委会批准后，签署贷款合同并在参赛过程中分期还款，延期还款者除还本金外需另缴纳 20% 滞纳金，如仍有拖欠则直接影响综合测评成绩；

3. 比赛结束后遵守合同者统一返还 20 元保证金。

（三）账务机制

1. 招募志愿者成立会计小组，负责记账、清算营业额等；

2. 招募志愿者成立小额贷款银行，专项负责贷款事宜；

3. 招募志愿者成立审计小组进行账务审核。

十、活动人员安排

志愿者调配：2 名学生

会计组：2 名学生

审计组：3 名学生

贷款组：5 名学生

销售组：5 名学生

后勤部（志愿巡逻队）：6 名学生

十一、注意事项

1. 遵守规则：严格按照合同条款进行经营；

2. 诚信经营：销售产品要确保使用和人身安全；

3. 和谐共处：处理好商铺与其他店家的关系，处理好经营场地问题，处理好环境问题（定期打扫场地）；

4. 成本控制：为避免意外亏损，参赛者须在既定范围内投入成本。

附2：

专业型实践计划概览

我们根据大学生适应性教育的任务和各专业特色，将专业教育与学生活动紧密结合，为学生搭建了专业型实践平台。在辅导员的指导下，该专业的学生既是参与者，又在活动中承担着一定的工作，积极性被充分调动起来，主人翁意识和责任感得到了空前的提升。他们将专业所学应用于实践，学习热情与专业技能都有所提升。详情见下表：

专业	实践活动	具体形式	活动目的
社会工作、社会学、女性学等专业	公益点亮人生（面向全校）	公益机构探访 公益讲座 公益捐助活动	增强学生公益意识与社会责任感，促进专业成长
市场营销、财务管理、人力资源管理、审计等专业	模拟经营大赛（面向全校）	评审创业策划书 开展模拟经营 创业团队成果PK 颁奖典礼及晚会	通过体验与竞争，加强学生对企业经营管理的认识，培养创新和实践能力
播音与主持等专业	主持人大赛	分为专业组与非专业组，通过新闻播报、即兴主持、搭档组合等方式进行比赛	挖掘学生艺术潜能，提升学生的语言表达能力、应变能力与综合素质，丰富校园文化生活
学前教育专业	才艺知识竞赛	以宿舍为单位，以竞赛的形式进行专业技能的比拼	激发专业学习热情，丰富宿舍文化生活
法学专业	辩论赛	以院系为单位，针对热门话题进行辩论	激发专业学习热情，提升专业相关技能
金融专业	点钞比赛		比拼专业技能，提升专业素养
计算机专业	打字比赛		提升相关专业技能

附3：

文化型创业实践活动方案

我们注重发挥校园文化建设在大一学生成长成才中的作用，开展了一系列特色活动，使学生们对文化活动的不同需要得到了充分满足，其中最有影响力的当属"树立榜样梦想启航——四星竞赛",详情如下。

1. 活动目标

以"崇德、至爱、博学、尚美"为主题,反映和见证2012级学生一年来的成长与收获,通过总结、展示、讲演、竞赛等多种活动形式在大一学生中选树典型,把北校区建成大一学生"实现人生梦想、养成良好习惯、奠定优良学风"的基地,营造健康向上的校园文化氛围。通过争创和评选活动为学生成长提供基本的是非标准和行为准则,推进"我的梦·女院梦·中国梦"系列活动的开展。通过评选活动引导学生、教育学生、激励学生,同时发挥北校区"牵手教育"的作用。

2. 组织机构

(1) 活动领导小组成员(略);

(2) 各"星"项目提名评审团由35个班集体班主任及班级代表组成;

(3) 大众评审团:全部由35个班集体560名学生代表组成(备注:每班16张选票,每"星"各4张);

(4) 专家评审团:由专业教师及全体辅导员、班主任共同组成;

(5) 各"星"项目评审组指导老师由宣传部、思政部和北校区老师组成,每组3-4名,具体名单详见比赛当日通知。

3. 活动时间

2012年4月22日—6月9日。

4. 参评学生基本条件

(1) 热爱祖国,热爱人民,拥护中国共产党的领导,热爱学校。

(2) 尊敬师长,团结同学,关心集体,诚实守信,品德优良。

(3) 遵纪守法,遵守学校各项规章制度,没有违纪、违规行为。

(4) 学习刻苦,成绩良好,考试无不及格科目。积极参加课外活动和社会实践。

(5) 心理健康,行为举止文明、端庄,积极参加各类有意义的校园文化活动。

(6) 参加百科知识讲座次数达到16次(含)以上。

5. 评选内容

在2012级全体大一学生广泛参与基础上,学生自下而上层层推荐的方式,根据学生自2012年9月入学以来在北校区的综合表现,评选出学生中的榜样,冠以"崇德之星、至爱之星、博学之星、尚美之星"荣誉称号。评选项目和基本条件如下：

（1）崇德之星：慎独自律，在日常生活中坚持用高标准要求自己，诚实守信，积极参加业余党校学习（无缺勤、成绩合格），自觉抵制违纪、违规现象，以身作则，言行具有表率和示范作用。能够长期坚持为同学服务，想同学所想、急同学所急，帮同学办实事、好事，带领所在集体的同学共同发展和进步，有广泛的群众基础，享有很高的威信。

（2）至爱之星：有强烈的社会责任感和服务意识、团队意识、大局意识，积极参与北校区教室、宿舍卫生清洁，尊重师长，关心、帮助同学，助人为乐，拾金不昧，面对家庭困难与挫折，自立自强，在逆境中有所成就。积极参与各种扶贫济困和社会志愿服务，成绩突出、事迹典型。

（3）博学之星：学习态度端正、刻苦认真，又有广博的知识面，勤奋好学、勤于思考，学习成绩在专业年级中名列前茅，各科成绩平均85分以上（含85分），事迹典型，能够在同学中起到模范带动作用。在校级以上各类竞赛中获奖，成果突出，赢得荣誉。

（4）尚美之星：内外兼修，品行端正，举止文明、有礼，外形气质健康、心态阳光，富有青春活力，自觉坚持早操，拥有健康的体魄，同时能把文体精神带到学习生活中，感染带动周围同学。有良好的文艺修养及特长，积极参加学校文体比赛，表现突出，在校内外各类文体活动中取得佳绩，为集体赢得荣誉。

6. 评选办法、程序及时间安排

（1）宣传启动阶段（4月22—28日）

通过张贴海报、悬挂横幅、举行启动仪式等形式，进行宣传发动，营造"比、学、赶、帮、超"的校园文化氛围。各班要充分调动学生积极性、主动性，明确标准，激励学生积极参与自荐，并积极推荐身边的榜样和感人事迹。

（2）报名推选阶段——初评（5月2—8日）

采取自荐和推荐相结合的方式，以班级为单位，由各班委会负责组织在本班内的推选活动，成立班级学生为主体的评审组，原则上推选出各"星"评选项目候选人1个（若无适合人选，奖项可以空缺），经辅导员审核后，上报北校区"四星评选活动"领导小组办公室。35个班级的"星"代表上报时需提交报名表，电子版横版生活照一张，电子版150字以内个人简介及参选宣言。

（3）大众评审阶段——复评（5月15—23日）

以初评结果为基础制作展板在北校区进行宣传，并通过个人宣讲拉票、宿舍广播等方式让同学们了解、熟知候选人。大众评审团成员全部由35个班级的学生代表组成，由领导小组下设的各"星"项目评审组监督。4月29日前，各大众评审团将各自评选出的15名候选人名单交至活动领导小组办公室。

（4）专家评审阶段——终评（5月27—31日）

专家评审阶段以各"星"不同共分为4个比赛地点。各"星"15名候选人须在规定时间内向评审团介绍本人基本情况、参选类别和主要事迹，再由评审团进行现场投票，活动领导小组进行监督、指导，最终评选出各"星"代表6名，共24名。

（5）审核阶段（6月4—6日）

领导小组对汇总材料进行审核，公示3天，确定北校区第二届"四星"获得者名单。

（6）总结表彰阶段（6月7—9日）

在百科知识讲座前举行颁奖仪式，并将获奖学生情况在2012级回迁的交接中转入学生所在院系，作为综合测评参考。通过宣传栏、报告会等形式对2013级新生进行入学教育，并在北校区继续完善每年的四星竞赛。

7. 活动要求

（1）加强组织纪律性。为了确保此项活动顺利开展，活动领导小组对评选过程进行全程指导。

（2）加强宣传发动。要通过宣传栏、展板、橱窗等多种渠道，加强对活动内容、意义的宣传，加强对参选学生的指导，扩大活动影响。充分发动班长支书联席会议、团学干部会议和学生公寓广播及讲座课的传播作用，做好报名和推荐工作。

（3）加强教育引导。辅导员、班主任要把此次活动作为贯彻落实党委一号文件，弘扬大学精神的重要载体，充分调动学生参与的积极性，引导学生在自荐、推荐过程营造"比、学、赶、帮、超"健康向上的氛围。

（4）加强统筹。"四星竞赛"活动是推进北校区校园文化建设的重要举措。要与大一"牵手教育"和日常教育教学管理工作有机结合，与年度各项常规工作有机结合，合理统筹、同步推进、相得益彰。

附4：

中华女子学院北校区"公益点亮人生"活动策划

一、活动名称：公益点亮人生

二、活动目的：在雷锋月里，积极推广公益事业，让公益走进每个人的心中，以增强女院学生的公益意识与社会责任感，传递爱与奉献的正能量。

三、活动主题：用公益点亮人生，让爱充满女院。

四、主办单位：中华女子学院 2012 级性别与社会发展学院

五、指导教师：1 人（由辅导员担任）

六、活动地点：礼堂、操场和教室等场所

七、活动时间：2013 年 3 月

八、活动安排

时间	活动	对象	目标	内容
3 月 11—15 日	公益初访问	女院全体学生	了解学生对公益的认识度	问卷、随机采访等
3 月 11—18 日	公益机构探访	性别与社会发展学院学生	推动学生深入实际感受公益的价值，增进对公益的理解与对社会的敏感度，促进专业成长	1. 以小组为单位，探访以青少年服务、环境保护等为主旨的相关公益机构 2. 做成 10 分钟左右的小片，在百科知识讲座前夕播放
3 月 21 日晚	百科知识讲座：公益点亮人生/从外企高管到公益达人	女院全体学生	1. 增进学生对公益意识的理解，引导学生关注社会； 2. 宣传"整体活动"，讲座结束时与主讲人共同启动捐赠活动	1. 主讲人：张彩兰（香港），曾任汇丰银行大中国区人力资源总监，现任香港青年发展基金会项目主管 2. 讲座内容：（1）选择公益：原因、变化及心态；（2）践行公益：对公益事业的理解，对志愿者的要求；（3）对于女院学生建议

续表

时间	活动	对象	目标	内容
3月22日	公益捐助	女院全体学生	在实际行动中进一步体会公益意识	为工友之家的同心互惠店捐衣捐物
3月26日	公益交流会	对于公益有兴趣的学生	在交流中促进学生对公益的关注与实践	邀请公益人/资深志愿者与学生进行交流

第三节 创新创业教育的实施成效

为做好大一学生适应性教育，我们实施了系列创新实践活动，实施了大学生创业引领计划，加强了创业教育，强化了学生对市场经济和企业经营管理的认识。在增强学生的创新意识、提高创业实践能力的同时，在女大学生提升就业信心等方面收到了成效，为今后4年的大学学习和生活奠定了基础。

一、以创新创业项目为载体，实现大学生创新创业专项能力训练

创业训练项目是要求本科生组建创业团队，在导师指导下，团队中每个学生在项目实施过程中扮演一个或多个具体的角色，通过编制商业计划书、开展可行性研究、模拟企业运行、参加企业实践、撰写创业报告等工作。模拟经营大赛作为北校区创新实践基地建设中的一部分，是以经营管理实践为目的，以模拟经营比赛为形式的创业教育，学生在比赛过程中体验团队的力量，认知自我、收获成长，树立创业就业理念，提高创新、创业实践能力，引燃创业火种。

二、以创新创业竞赛为平台，提升大学生的专业素质和实践能力

在模拟经营大赛中，邀请了校内外专家担任团队导师，如校外导师邀请了行动学习专家王丽老师。她给创业团队作了《大学生创业讲座之成功思维和素质》专题讲座，以多年的企业培训与管理经验为学生开辟了思路，从创业实践中的心态、创业素质的培养及创业计划书的撰写等几个方面对学生进行了专业化的指

导，为学生讲解了创业目标制订的思路和方法、目标管理、创业团队的建设和管理，讲座内容丰富、形式生动，强化了学生创业计划的理论基础，使学生受益匪浅。

校内邀请了管理学院副院长侯典牧博士担任团队导师，他为团队作了《创业计划书的写作及创业大赛作品展示》专题讲座，侯典牧老师结合大学生创业的成功典范，以我校学生创立的东方尚雅教育咨询中心和第二届北京市大学生创业大赛作品"8090帮"大学生团购网为例，针对如何撰写创业计划书做了详细介绍，从商业计划书的类型、作用、基本框架等方面进行了全面讲解，结合模拟经营大赛从项目展示、团队组建及营销策略等方面为同学们提供了宝贵建议。他鼓励同学们跨专业组队，在参赛过程中才能相互学习、优势互补，并提出参赛计划书一定要具备可行性，组织管理方案要体现社会责任感，参赛团队要重视团队精神等几点要求。侯老师向同学们介绍了国家扶持大学生创业的相关政策，并鼓励心怀创业梦想的同学要勇于付诸实践，在实践中实现自我成长。专题讲座给予参赛学生更加专业化的指导，为学生创业计划提供了一定的理论基础。

三、以专业改革试点为突破口，推进专业与创新创业教育深度融合

在学科教育中渗透创业教育，是培养学生的创业素质、提高学生创业能力的有效途径。在学科教育中渗透创业教育必须根据创业教育的目标和内容来确定课程内容，主要应侧重下列内容的渗透。

（一）创业社会知识

以传授和丰富创业所必须具备的知识为目的，主要有经营管理常识，人际交往与公共关系常识，政策与法律常识，税务、保险、金融常识等。

（二）专业技能知识

以传授某一专业的知识和技能为主要目的，使培养对象初步掌握一门自谋职业的实用技术。

（三）经营管理知识

以传授经营管理的一些知识和培养经营管理的能力为主要目的，内容涉及经营管理的各主要方面。

（四）创业学习知识

以指导学习方法、培养学习习惯和学习能力为主要目的，使学生懂得如何学习才有效率。

（五）生活知识

以指导生活方式、提高适应社会生活的能力为主要目的，涉及家庭生活知识、消费知识和闲暇时间的安排等内容。

（六）职业知识

以指导职业选择和培养职业角色感、责任感、道德感、事业心等为主要目的，涉及有关选择职业和从事某一职业的社会心理等方面的知识。

第八章　文化修养，体验传承

大学生不但要通过丰富多彩的校园文化活动增强知识能力，还要从中积淀文化底蕴以提升气质修养，因此大学生适应性教育要充分发挥传统文化在当代大学生思想政治教育中的积极作用。中国传统文化是取之不尽用之不竭的重要资源，从某种意义上来说，大学生思想政治教育能否真正发挥自己的优势，其关键环节在于能否从中国优秀传统文化中吸收营养，使其在自身内容的建构上具有丰富的文化内涵、文化品位和文化精神，以保持与整个社会文化发展的目标相一致。尤其对于过渡适应期的大一学生而言，突然丰富的视野会带来价值观的多元取向，因而更要加强正向的引导。作为引导者，与其用我们并不适应、学生也只是照搬的外来文化与之沟通，倒不如尝试引经据典、借古抒怀，因为其实千百年的文化传统已经形成一种集体无意识流淌在国人的血液当中，只等我们缓缓展开历史画卷，便会唤醒他们民族的基因，将习惯的思维观念正视为自己的生活准则和人生信仰。因而善于撷取传统文化中的有益养分，并用学生易于接受的方式去推介牵引，是适应性教育的一个重要方面。

第一节　提升文化修养概述

在应用型人才需求高涨的当今社会，各大高校普遍的培养目标偏重于学生实践能力的综合提升。然而，在学生能力不断外化的同时，我们也要注重那些看似无形却内化于心的精神层面的涵养。虽然提升文化修养是一个漫长的、形而上的过程，但我们可以通过一些具体可感、贴近学生接受心理的方式来为他们呈现传统文化的斑斓，真正让学生从乐于接受到形成习惯，最终渗透在自己的为人处世之道当中，成为一个具有基本文明素养和深厚文化修养的民族传承者。

一、提升文化修养的意义

（一）传统文化的当代价值

文化在今天应被视为一个社会和社会集团的精神和物质的、知识和情感的集合体，除了艺术和文学，它还包括生活方式、人权、价值体系、传统及信仰。传统文化是一个民族伴随历史而沉淀出的共同价值理念、心理特征、风俗习惯，甚至形成了一种集体无意识溶解于人们的思想与生活当中。中华民族传统文化的一个显著特点就是非常重视个人的人文精神和道德修养，例如"天下兴亡，匹夫有责"的爱国精神，"先天下之忧而忧，后天下之乐而乐"的奉献精神，"千淘万漉虽辛苦，吹尽狂沙始到金"的探索精神，等等，都是我国历代先贤所倡导的精神品格。这些美好情操经过改善和创新，都可以充分体现出时代精神，像是社会主义核心价值观的关键词正是凝结了中华民族的传统品格，成为社会主义道德体系建设的依据和个人人文修养的标尺，因而我们一定是在继承中发展，在守护中祈望。

（二）文化传承的重要意义

"90 后"学生对文化的吸收与体认主要集中在西方文化的范畴，消解了中国传统文化的传承力量。面对外来文化和文明进程，我们要有"拿来"的包容与锐气，但也要不忘自己已有的珍贵资源。当代大学生肩负着推进民族发展和时代进程的重要使命，提升文化修养对于他们的内在补给是非常必要的。优秀的传统文化有利于大学生爱国情操的培养，有利于大学生自强不息、勤奋进取精神的塑造，有利于大学生诚信友善道德意识的提升，有利于大学生气质内涵和博大胸襟的养成。

（三）提升文化修养的方法理念

在目前广泛的教学实践中，体验式教学法是指教师利用各种手段和方法，精心创设一种适宜的情境和情感氛围，通过置身于特定情境的实战演练，让学生亲自参加实践活动，在活动中以自主独特的方式感受、认知、思考、体验和感悟，从而获取新知识、新技能，同时激发学习者的生命活力和内在价值感的一种教学方式。区别于课堂教学式的对传统文化以系统知识梳理的形式给予学生间接性的认知，提升文化修养的实践是通过各种传统艺术形式的参观体验、实际操作将学生引入民族文化的瑰丽世界，以体验与动手操作为主要形式，培养学生的观察领悟能力、动手实践能力、美的鉴赏能力，增强他们的文化认同感，并予以继承与传播。

二、提升文化修养的目标

当今的市场经济，社会资源的稀缺性与人们追求利益的无限性之间的矛盾是一个普遍现象。这种利益追求引发出政治、文化、精神、道德等诸多问题，拜金主义成了一些人的行动指南，一些消极负面的东西，伴生了信任危机和信仰危机。面对这类复杂问题，身为高校的教育者，理性的做法是结合实际，重新诠释传统文化思想宝库中的经典理念，为新时代高校的思想政治工作找到一个参照点。

（一）认知层面：通过介绍传统文化的历史和理论拓展学生的学习场域

学生在中学时期通过人文学科的学习对我国的历史文化传统有了一些简单的了解，但往往都是浅表性的，影响也无非体现在试题答卷上，很少形成兴趣或习惯。高校也开设了诸如中国近现代史等课程以增强民族文化的教育，但无论是教的形式还是学的效果都不足以改变西方文明在青年学生中间的传播与推崇。关于历史知识和传统文化的教育在社会上有一定的认知度及影响力。数据显示，认为认知度"很高"的有14.1%；认为"一般"的有30%；而认为"很低"的只有6%。在对"传统文化和历史知识在社会上的影响力"进行评价时，选择"比较大"的比例（37%）最多。调查发现，大学生普遍认为有必要学习和了解中国传统文化和历史知识，其中，认为"十分必要"的占41%；认为"有必要"的占39%。当代思想家任继愈先生认为一个民族的历史和文化是"国家兴亡之学，民族盛衰之学"，必须重视传统文化和历史知识的普及和教育工作，发挥其在社会文明建设和时代历史进程中的积极作用。我们认为，加强传统文化和历史知识的大众化教育是提高当代大学生历史眼光、弘扬传统文化精髓的重要举措，也是推进现代化教育的宝贵经验。我们设置提升文化修养的实践模块，并不是在于教授一门系统的学科或精讲某一知识点，而是首先通过对传统文化叙说式的讲述或思潮流派的介绍，以贴近学生视野的角度为他们重绘历史的斑斓，从而让他们在古今对照、中西碰撞中形成对文化传统的概念和认识，为兴趣的引进打开一扇门。

（二）能力层面：通过动手实践和亲身体验让学生修习一门技能

技艺的学习能促进形象思维的锻炼，激发左右大脑均衡发展，有利于培养创新思维和实践能力。比较中外在才能技艺方面的教育，很多国家更加注重动手能力的培养，课程中开设了各类手工艺术的教学。如日本的中小学艺术教育，以手工制作艺术课程为主导，开设泥塑、折纸、绞染、型染、木工等课程，注重在具体的动手实践中培养学生的艺术审美能力和艺术创造能力。而我国 20 世纪 50 年代以来的美术教育受苏联教育思想的影响，更注重美术基础教育，课程设置侧重"纯美术"教育，如素描、水彩、中国画等，因而产生了不同的教育效果。西方学生思维开阔，善于动手；中国学生虽基础知识扎实，但思维不够活跃，动手能力差，创造力和表现欲不强。教育部门已经意识到这种现象的普遍性和严重性，开始积极倡导探索性学习，培养学生对艺术的兴趣，发展艺术鉴赏能力、表现能力和创造能力，提高艺术文化素养，塑造健全人格，陶冶高尚情操。提升文化修养的实践模块选择了编织、茶艺、插花等传统文化艺术形式，皆是以动手体验为主的实践性活动，符合高校培养知性高雅应用型人才的培养目标。在我国古代，无论是寻常女子对女红针线的娴熟，还是大家闺秀对琴棋书画的精通，都体现了女性才情于艺术形式上的呈现，它可能是一块栩栩如生的鸳鸯绣帕，抑或是一段婉转回肠的弹唱，都凝结着生活智慧和审美感受。当代大学生将现代科技已运用于生活中的点点滴滴，而远离了那些传统的技艺。通过编织、插花等实践体验让学生以自己的视角去发现传统艺术的魅力，用自己的双手去完成一件属于自己的手工艺品，掌握其中的技巧、感受其中的文化。

（三）态度层面：通过分享与交流令学生乐于接纳传统文化并予以传播

随着中国国家实力和国际地位的不断提高，中国的文化也开始走向世界，融入千家万户之中，孔子学堂不断兴起，儒学热风靡全球，受到大众的热捧，中国文化正在被世人所接受，这也提高了中国文化的软实力。作为炎黄子孙，我们有责任有义务保护好我们民族的遗产，只有所有的人都重视起来，我们的传统文化才会坚韧如铁，不会被外人所掠夺。当我们生活在一个充满文化气息的氛围里，我们的脑海也会被这种文化所渗透，中国的传统文化才能更好地被认知和传承。在体验式教学的基础上，我们注重以手工艺术品的制作为依托，让学生在有确定目标、有实际参照物的情况下对传统文化有一个直观的认识，真正从中感悟文化接纳的过程和成果，并通过技艺上的切磋和认知上的交流深化对传统文化的理解，形成一种追溯历史、重塑古典气质的风气，乐于将怀古情操、传统礼仪、民族艺术作为新的风尚纳入自己的日常生活当中，打破当代青年对现代科技和外来文化的依赖与片面理解，在广纳思潮中将传统文化摆在重要的位置，愿意继承文化传播与发展的历史责任。

（四）观念层面：通过文化濡染引导学生的价值观念和品行习性

传统文化所蕴含的代代相传的思维方式、价值观念、行为准则，一方面具有强烈的历史性、遗传性；另一方面又具有鲜活的现实性、变异性，它无时无刻不在影响、制约着今天的中国人，对我们当代大学生的价值观起着极其重要的作用。经过概念的认知和感性的体悟之后，文化中蕴含的历史规律、人生哲理、民族性格等会对学生潜移默化地濡染其所思所感。大学生实际仍旧处于性格与人格的塑造阶段，相对于高中单线条的学习生活，更开阔的视野和涉猎会给他们更多元化的价值体验，因而如何引导他们从中选择并坚持就显得非常重要。此时的青年普遍存在价值缺失的现象，感到迷茫或偏激，想要迈进成人的行列去享受自主人生，但又畏于在选择中承担后果，同时也难于逃避现实生活中的诸多纷杂扰乱。我们传播传统文化，就是希望其中历经沉淀的优秀养料能够启发学生用勤劳的双手去经营、用明亮的眼眸去发现、用踏实的足迹去经历，找到自己的价值取向，且在浮华的世事和紧张的节奏当中守护一份内心的宁静，为人处世都更加达观、从容。

第二节　提升文化修养实践教育活动设计思路

人的学习过程是一种复杂的心理过程，从低到高一般要经历知、情、意三个阶段。和传统的教学方式相比，体验式实践更加强调学生对直接经验获取的认"知"方式，通过直接体验获取的认知能够引发学习者更强烈的"情"感体验，从而激发学生有"意"识地进行行为改造。

一、提升文化修养设计思路

文化修养的提升是一个外化于行、内化于心的过程，我国大教育家、儒家文化精神的倡导者孔子曾提出人生的最高境界是"游于艺"（《论语·述而》），而

"成于乐"（《论语·泰伯》）。"游于艺"，不仅标志着对客观技艺事物规律的物质实践性的熟练掌握和运用自如，而且标志着由于掌握了规律而获得自由从而具有实践力量的人格的完成。

（一）理论依据

对于提升文化修养的实践，我们借鉴了 David A. Kolb 体验式学习法的相关理论，即一切以经验为起点，通过对于体验过程的反省与共享，处理并转化该学习经验，从而带着这种拥有个人意义的信息，在实践中验证其准确性，继而进入另一个经验学习的循环，如图。

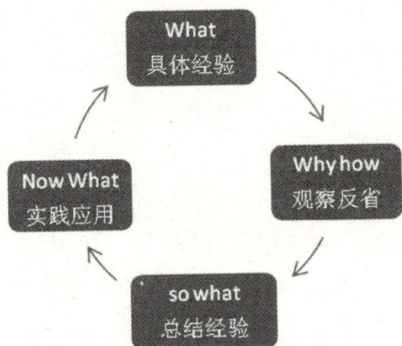

图　体验式学习法

1. 具体经验（Concrete experience）

传统的学习主要是听课，加上理性思考。但通过体验认知活动，学生可以把五官都用上，能够加深学习的印象。在体验的过程中，学生们会直观感受到实践对象所带来的冲击与震动，同时以团队的形式进行体验，其中的磨合、合作、探讨与分享也是学生们非常宝贵的经验。

2. 观察反省（Observation and reflection）

实际经验并不一定带来学习和反思，必须通过反思才能产生学习。通过阅读观察指引、撰写体验记录等方式，推动学生通过反思去观察与回顾自己的实际经验，综合和整理过程中引发的感官、思想、情绪、行为及意图方面所呈现的资料和信息。

3. 总结经验（Forming abstract concepts）

通过分享讨论与汇报推动反省该次经验对本身的启发与意义，达到认知或观念上的更新。

4. 实践应用（Testing in new situation）

从认知和观念上的更新，转化到行为或态度上的改变，希望通过实践推动参与学生的综合素质与文化底蕴。

（二）设计思路

1. 将传统文化的抽象概念转化为学生易感知的具体体验

面对瞬息万变的信息世界和市场经济，很多文化现象也在被生产和消遣，人们似乎已经习惯了通过新闻式的浏览去捕捉当下的意识形态。"90 后"的学生正是在这种背景中成长的一代，他们一味追求西方现代文明的快节奏和新鲜感，而将传统文化视为与现代生活格格不入的过时之物。中国的传统文化历史悠久、博大精深，它不像"快餐文化"一目了然、通俗易懂。我们说中国的传统文化以儒、释、道为核心，上至治国之道，下至民间习俗；大到宗教哲学，小到方言俚语；乃至一轮明月、一抔黄土皆象征着中华的文化符号，寄寓着中国人的民族性格。我们的学生在历史课本、诗词古文中找寻着传统的信息，他们也许记住了一场著名战役的时间地点，但头脑中呈现不出铁马兵戈的黄尘硝烟；他们也许记住了一首古诗的抒情手法，但内心里涌动不出临江望月的悲戚惆怅。因而我们意识到，传统文化的传承不能仅通过概念式地记忆，而应为学生创设相应的情境，重构历史画面，让学生通过具体的体验去触摸历史的温度，感知文化的气息。在创设情境的过程中，我们要整合利用资源，可以借助地缘优势带学生参观历史博物馆、主题展览，通过参观体验的形式获得最直接的感官印象；可以结合现代科技将平面静止的图文转化为立体生动的影像，通过多媒体的放映打破对传统的刻板印象；可以利用各种材料工具丰富知识获取的途径，通过手工制作亲身体验传统艺术的魅力。

2. 将传统文化的理论知识转化为学生可操作的技术才艺

德国现代教育家雅斯贝尔斯在《什么是教育》中说："教育是人的灵魂的教育，而非理性知识和认识的堆积。"理论的梳理和讲解固然有利于学生形成知识体系，从概貌上获得博学的目标，但人的头脑不是一个储藏记忆的仓库，而是一个需要不断加工创造的生产间。尤其是对于青年学子而言，重复性的记忆和照搬式的获取调动不起来他们的积极性和参与感，而创造性的尝试和成果化的展示会满足他们的涉奇心和成就感。将传统的理论教授转化为可操作的技术才艺，通过书法、插花、茶艺、编织这些古老而充满智慧的传统技艺的学习，将庞杂悠远的传统文明落实到具体可行的手工艺当中，对学生的考核从认知结果变为可展示的物质成果和操作（表演）过程考核，达到提高学生的实践技能与自信心的目的。同时，认知转变为技能操作过程中升华的情感与意志教育，例如对民族艺术的崇拜，对细致、耐心、心手配合的考验，对沉静、通达、尚美的性情沉淀，皆在一针一线、一笔一画中晕染蔓延。杨振宁说过，对于人的一生来说，不是学到这样或那样的技术，而是找到正确的方向，发现自我。我们通过技艺的培养也不单是让学生掌握一种艺术技巧，更多的是由外及内地燃起学生对民族文化的热爱和与灵魂深处的对话，引导他们的价值取向和处世心态。

3. 将传统文化的时代鸿沟转化为学生亲近可感的接受方式

在传统文化的体验式实践中，我们选取了具有代表性的名胜古迹、民间技艺，但怎样用古老的文化传统唤起当代大学生的民族情感，拉近传统与现代、历史与现实的距离，就需要选择学生感兴趣的接受方式。以学生的兴趣为出发点，即为首要的因素——学生的主体地位。无论是参观还是可操作性实践，活动的主体都是学生，从最初的项目设置就是多项选择性的，学生可根据自己的兴趣爱好和发展需求选择自己的某个或某些项目。在项目的进展过程中，也改变了以往以教师教授为主的学习方式，而更多地需要学生自己去发现和探索，他们可以运用自己的知识储备、审美视角和实践能力去打开同一事物的不同方面，因此实践的目标和结果也不尽相同和固定。在个体的参与感和个性不断突出的同时，我们通过自由结组的方式让他们形成团队，对每一次任务安排集体作业，引导他们在共同的目标、相互的协调甚至彼此的争执中学会交流互动，形成集体意识。而作为引导者的我们退去了主导的地位，更多的是在旁观中了解学生的实践进度、心理动态，适时把握项目的总体走向，协助学生进行阶段性的总结和反思，将感性的体验落实到理性的思考，指导更深入的实践以至形成一定的能力素养。

4. 将传统文化的历史成果转化为学生创造性的实际应用

作为女子高校，我们力求培养出知性高雅的应用型女性人才，从这里走向社会的不仅是继承优秀文化底蕴和气质修养的传统女性，她们也将适应时代的节奏，创造自己的社会价值。创新实践首先就是要打开学生的创造性思维，而这种思维的产生离不开宏阔的社会见识与深广的历史眼光。博大精深、异彩纷呈的中国传统文化是中华民族几千年波澜起伏的中国历史长河中所创造的集体智慧的结晶，体现着中华民族的价值理想、审美理念。我们将学生引入传统文化这片浩瀚的海域当中，使他们借助集体智慧和文化积淀的厚度去完善自己的内在世界，从而生成自己的思维理念和行为能力，创造性地应用在实际生活当中。随着参观历史足迹的多次体验，学生逐渐学会自己拓展涉猎知识的途径和资源，并打开学习的思路和方式，他们利用网络搜集资料、通过讨论阐释观点、经过反思总结经验，影响到生活中的行为方式和做事效果，启发他们在某一传统文化领域深入探索实践，将其加以继承和发扬。我们的创新实践基地为爱好文学的学生提供一个传统形式的平台，通过图文编辑将学生的文思汇集成册，用纸媒的传统魅力来较量网络媒体的"速食文化"，从原创性文稿到排版设计皆由学生完成，他们在零基础非专业的情况下基于兴趣和热情自我学习相关技巧，进行团队分工和协作，共同打造属于自己的青春记忆。

二、提升文化修养的方法途径

提升文化修养属于养成教育，它是一个循序渐进的发展过程。刚步入成年人队伍的大一学生，既有着十多年的既有行为习惯而难以改变，又在适应性环境中存在很强的可塑性，因而就要抓住他们的这一特点引导其重拾传统文化的价值，将历史与现实拉近，将理论贴近于实际，通过体验的方式让学生从感知层面、操作层面、应用层面通过自己的视角、足迹、才智将传统文化的精髓外化于形，内化于心，从而提升自身的文化修养。

（一）文化感知类——参观体验

人对某一事物的接受是从感官体验开始的，抽象或具象的事物会在对人体产生直接刺激后，"头脑"中进行情感格式化的处理，从而形成主观的认识和态度。对学生的文化养成教育也要由表及里，在体验式学习法的理念指导下，将参观体验纳入提升文化修养实践体系，为学生搭建性别意识、北京精神、艺术文化、公益实践、创业教育、体育竞技等基地，帮助学生形成对传统文化的具体体验，并加以导师制督导培训环节，推动学生进行反思与总结，从而提升学生的文化底蕴与综合素质。

1. 项目内容

（1）以班级团队为参观体验的主体，将参观体验纳入大一年级通识教育体系

参观体验能够对大一学生起到拓展学习场域、培养感知能力、提升素质修养与引导知行合一的作用，符合通识教育的主旨目标。学校应把大一学生的参观体验纳入学校通识教育体系中，将其列为大一学生的必修课程，要求大一学生以班

级为单位，在大一学年中对性别意识、北京精神、公益教育、科学艺术、创新教育、体育竞技等体验基地分别进行走访与参观，并完成相关报告与展示，才可以取得该课程的相应学分。同时，在学生参观体验的过程中，配备老师对其进行指导与监督，并适当安排培训与交流，搭建起展示、分享的舞台，推动学生学会反思，促使其能够将参观体验的实际经验转化为促进自身成长的正能量。

（2）以教育基地为参观体验的平台，将合作互助作为项目理念拓展教育资源

大一学生的参观体验学习是一个多环节的系统项目，要使参观体验达到预期目的和效果，必须强化社会、学校、学生三方有机结合和作用互动，构建互需、互惠、互联的多赢合作机制，使参观体验成为学校与社会之间的桥梁。学校应以合作互惠为理念，将参观体验与教育资源拓展相结合。学校着眼于长远，甄选不同类型的体验基地，以互助的原则与体验基地建立长期合作的伙伴关系。从学校方面来说，与基地伙伴关系的建立能够为学生参观走访提供便利，并为学生进一步的深入学习或实践创造可能；从体验基地方面来说，与高校伙伴的关系能够为其单位的公益价值以及为单位储备实习力量。

根据培养目标和实际情况分为以下几类参观体验基地：

①性别意识类

性别意识就是从社会性别的视角去观察社会政治、经济、文化和环境，对其进行性别分析和性别规划，以便防止和克服不利于两性发展的模式和举措。它注重消除两性成长中的文化障碍，促进两性协调发展。性别意识教育在树立"四自"精神、强化主体意识、提升认知与开发潜能和增强社会适应能力等方面对大学生的成长具有重要的意义，也一直是高校核心的人才培养目标之一。通过实地走访、亲身体验性别意识类基地，能够促进学生对社会性别意识的理解与运用。例如，参观妇女儿童博物馆，可以引导学生以女性的视角重温历史，了解妇女在历史长河中地位变化的轨迹，感受妇女的艺术天赋、创造才能和不同时代的精神风貌；与女性教育培训中心的工作人员交流互动，可以帮助学生从更多角度认识女性，更加了解自我，从而善于挖掘自己的潜能，发挥自己的优势。

②北京精神类

北京精神体现了社会主义核心价值体系的要求，体现了首都历史文化的特征，体现了首都群众的精神文化追求。北京作为一个具有3000余年建城史、800余年建都史的城市，作为新中国的政治、文化和国际交流中心，有关反映北京人爱国、创新、包容、厚德的典型案例和生动素材非常丰富，是大学生思想政治教育的宝贵财富，非常有必要去深入挖掘。在首都高校思想政治教育过程中融入

"北京精神"这一元素，不仅可以弘扬与传承"北京精神"，而且对促进首都大学生身心健康发展，都具有重要意义。北京精神具有地域性特征，其他地域的女子高校在借鉴时应将思想政治教育与地方优势、特色、资源相结合。

③公益精神类

公益精神是和谐社会的精神内涵，中共中央、国务院印发的《国家中长期教育改革和发展规划纲要（2010—2020年）》中"鼓励学生积极参与志愿服务和公益事业"。引导女大学生形成正确公益价值观，培养成为具有社会责任感、志愿参与公益活动的新时代公民，也是女子高校人才培养的题中应有之义。通过引导学生去参观公益机构，与公益人士进行互动与交流，让学生认识与感受到公益活动的价值与魅力。

④科学艺术类

自然科学知识的汲取和人文艺术的熏陶对于拓展学生的认知层面、提升内在气质修养有着重大的影响作用。科技发展是中华民族进步的第一动力，新时期大学生需以全面的科学知识武装头脑、指导实践、勇于创新。科技馆、新兴工业、先进生产线的参观学习有利于向学生们引入新知、开阔思维视野。而人文艺术类的电影博物馆、国家大剧院等地的参观则会丰富学生的感官，提升学生的鉴赏能力和审美水平。

⑤创新教育类

创新教育是培养人的创新意识、创新思维、创新技能等各种综合素质，并最终使被教育者具有一定的科创能力的教育。大学生在增强专业知识储备的同时也应学会将知识转化成能量，增强应用能力。对于大一学生而言，参观走访公司、企业，一方面可以近距离接触生产、工作环境，另一方面也让他们学到先进的工作理念、企业文化，启发学生们培养开拓精神、分析问题与解决问题的能力，反过来更好地指导专业课的学习，增强目的性、明确着力点。

⑥体育竞技类

竞技体育旨在增强人们身体素质的全面发展，最大限度地挖掘和发挥人的身体潜能和意志力，重在体验追逐目标的过程和相应的收获。作为社会主义的接班人，健康强壮的体魄和执着拼搏的精神是亟须增强聚集的能量。观看竞技类的体育赛事，不仅能够活跃学生的思维意识，更能激励他们为了自身体魄和奋斗目标去加强体育锻炼，不断挑战自己的身体极限，养成运动的良好习惯。

案例1：

中华女子学院"走近北京、寓学于行"体验基地列表

序号	类　别	体验基地
1	社会性别意识类	中国妇女儿童博物馆
		中国妇女活动中心
		宋庆龄故居
		中国电影博物馆
2	北京精神类	故宫博物院
		颐和园
		首都博物馆
		圆明园遗址公园
3	公益精神类	工友之家
		农家女服务机构
		北京市志愿者之家
		松堂关怀医院
		北京市禁毒教育基地
4	科学艺术类	中国国家博物馆
		中国科技馆
		国家大剧院
		电影博物馆
5	创新教育类	北京小汤山现代农业科技园
		北京雁栖湖 APEC 会议中心
		昌平草莓博览园
		清华创业孵化基地
6	体育竞技类	国家体育场（鸟巢）
		北京工人体育场
		奥林匹克森林公园
		水立方——国家游泳中心

（3）以师生牵手为参观体验的支撑，将督导培训贯穿活动全程提升教学质量

大一是大学的起点，也是大学生人生坐标中一次新的定位，学生们经历高考进入大学校门后，面对生活环境的改变，学习内容和学习方法的调整以及由人际关系的重新构建而带来的心理方面的适应往往会感到迷茫，不能尽快适应大学生活。大一学生的参观体验学习，以师生牵手为支撑，将参观体验与人才培养相结合。师生牵手对于项目的顺利运行、学生的学习效果转化以及人才培养至关重要。在项目前期对学生进行培训，清晰传递项目主旨与体验式学习，介绍整体流程与对学生的具体要求，协助学生明晰项目意义以及自己的行动方向，激发同学们参与项目的热情。辅导员或者班主任担任督导，在项目运行过程中负责审阅学生报告、监督项目进展；协助学生在服务中进行反思，推动团队间的分享交流，促进学生之间互相支持，同时将对学生的督导与班级建设、学生活动工作有效结合。另外，督导队伍也可以吸收已经参加过该项目、表现优秀的大二、大三学生，邀请担任督导助理。

2. 实施策略

（1）筹备阶段

①人员配备

参观体验作为一个新兴、面向全校大一学生的大型项目，完备的人员配置是其落实的关键，组建过程中要考虑项目管理、培训督导与研究评估三方面的需要。

A. 项目管理

管理及协调整个项目的运行开展，专门负责项目的统筹协调、人员的配备管理、体验基地的甄选合作、实施方案的制订调整，以及对外宣传推广工作、安全工作等。此项工作由校内创新实践基地牵头，能够总揽全局、便于协调。

B. 督导培训

督导建议由负责学生工作的辅导员或班主任担任，他们熟悉学生情况，同时可以将学生的督导与班级建设、学生活动工作有效结合。另外，督导队伍也可以吸收已经参加过该项目、表现优秀的大二、大三学生，邀请担任督导助理。

培训可以由督导负责，也可以请相关领域的教师或者实务工作者来主讲，关键是对项目有全面的把握，切合项目主题，满足学生的需要。

为了最大限度调动辅导员、班主任及专业教师参与的积极性，学校应将其项目参与记入实践育人的工作，将指导活动的困难程度、工作强度与实际效果等与

其个人利益、评优考核等挂钩。

C. 研究评估

评估项目成效，撰写相关报告，促进项目发展与推广，可由学生工作者与专业教师共同合作完成。

项目流程	人员配备
项目管理	校内创新实践基地
研究评估	专业教师、学生工作队伍
团体体验	大一学生
督导支持	辅导员、督导助理

②基地甄选

体验基地的甄选应考虑以下几点：

A. 基地主题应与项目培养目标相契合；

B. 基地特色能够激发学生兴趣，基地交通便于学生出行，基地花销不超出学生的经济承受能力；

C. 基地负责方具有与学校长期合作的意愿；

D. 基地能够体现传统文化特色和地域文化优势；

E. 学生人身和财产安全有切实保障。

③方案制订

确定体验基地后，项目管理组应制订详细的实施方案，包括：

A. 编订指导手册

整理信息编辑成册为学生的体验参观提供指引，信息包括：可供选择的各类基地介绍、所在地址、联系方式、收费与否、对于学生的体验走访的具体要求（人数、介绍信、时间等），并提醒学生在参观前的准备工作与参观过程中的注意事项。

B. 拟定日程安排

案例2：

中华女子学院"走近北京，寓学于行"参观体验日程表

时间进度		项目流程	活动主体
筹备阶段	7—9月	1. 甄选基地 2. 编订指导手册 3. 选聘督导师、招募督导助理	项目负责人、督导者
运行阶段	10月	1. 调查踩点 2. 组织前期培训	项目组长、学生
	11月—次年5月	1. 以班级为单位进行参观体验 2. 撰写参观记录、反思报告 3. 定期分享交流与主题培训	学生、督导者
总结阶段	次年6月	1. 个人撰写总结报告 2. 团队进行汇报展示 3. 调查基地反馈意见	学生、合作基地
	次年7—8月	1. 撰写项目总结报告 2. 成果展示及项目推广	项目负责人

（2）运行阶段

①前期培训

良好的开始就是成功的一半，前期培训与学生动员非常重要，指导教师应该清晰传递项目主旨与体验式学习，介绍整体流程与对学生的具体要求，特别关注与强调出行安全，协助学生明晰项目意义以及自己的行动方向，激发同学们参与项目的热情。

②参观体验

大一学生以班级为单位进行参观体验，在整个大一学年中完成对性别意识、北京精神、公益精神、科学艺术、创新教育、体育竞技等体验基地的走访，同学们根据指导手册上的指引与提示，每类体验基地至少参观体验一处。事先必须向督导老师提交计划，参观后撰写观察记录、反思报告。

③督导支持

督导与督导助理负责审阅学生报告、监督项目进展，偏重过程管理；在审阅

学生报告的基础上，组织团队交流分享会，推动学生间的交流与反思；组织主题培训，进一步推动学生反思，帮助学生将参观体验的具体经验上升为理性认知，并推动团队间的分享交流，促进学生之间互相支持。

（3）总结阶段

①学生个人总结

每名学生撰写个人总结报告，回顾一学年参观体验的感受、收获以及展望对未来学习生活的影响，并提供数张个人参与活动的典型照片。

②班级汇报展示

以班级为单位进行汇报展示，如进行图片展、拍摄微电影、主题交流等。学校将设立最佳展示奖等奖项，从制度层面激发学生的积极性与创造性。

③项目总结评估

督导个人撰写个人总结报告，研究团队对项目参与者（学生、督导、体验基地）进行调查，评估项目成效，项目组在此基础上撰写项目总结报告，并进行项目的改进与推广，以及与合作的体验基地分享项目成果，进一步加深伙伴关系。

（二）兴趣提升类——数独

人们基于对事物的需要会产生自主而强烈的接触与了解的欲望，从而积极从事这项活动，并注重加强思考与实践。兴趣又与认识和情感相联系，一旦对某事产生兴趣后会在情感上加以偏重，更好地支撑其进行深入而持久的探索。为使学生对传统文化产生兴趣，我们可以开展一些技巧类或培养性的活动来丰富学生的所得，在成就感中激发学习的热情。

1. 活动目标

（1）尊重学生的主体地位和主体人格，培养学生自主性、主动性，引导学生在掌握数学思维成果的过程中学会学习、学会创造。

（2）将数学知识寓于游戏之中，把单调的数学过程变为艺术性的游戏活动，让学生在游戏中学习、在玩中收获。

（3）活动上围绕"趣"字，把数学知识融于活动中，使学生在好奇中、在追求答案的过程中提高自己的观察能力、想象能力、分析能力和逻辑推理能力。

（4）让学生真正热爱数独艺术。

2. 活动内容

（1）介绍数独的起源及发展史；

（2）介绍相关术语（单元格和值、行和列、区块、单元）；

（3）讲解基本解法（唯一解法、唯一候选数法、隐性三链数删减法、隐性数对删减法、区块删减法等）。

3. 实践形式

（1）知识讲解：指导教师教授相关知识、辅助打开思路；

（2）小组探讨：分小组进行题目的练习和讨论，通过不同方法不同角度共同解决问题；

（3）自主研究：鼓励学生自己总结解题技巧和方法，增强自我解决问题的能力；

（4）巩固练习：针对每一种题型举一反三加强练习，让学生真正掌握方法和精髓；

（5）友谊比赛：以比赛的形式激发学生的思维能力、检验学习效果，并达到切磋互勉的作用。

4. 参与要求

（1）热爱数独，能够积极参加小组活动；

（2）遵守活动时间，遵守小组制度，有团结合作精神，鼓励互相帮助；

（3）有知识基础者优先。

（三）技艺修习类——传统手工艺术坊

传统手工艺术坊是提升文化修养实践中的一个重要环节。它集中国传统手工艺术中具有代表性的几个方面为学生打开民族艺术的斑斓世界，让学生通过动手操作来真切体验我国手工艺人的心灵手巧，以及制作过程中的娴静心态和智慧火花，通过双手创造出来的手工艺品更能带给学生成就感和创造欲。

学生为实践的主体，要充分尊重他们的选择权和兴趣点，因而此艺术坊分为手工编织基础和丝网花、茶艺、插花几大分支，通过不同手工技艺有针对性地指导学生完成创新实践。

1. 手工编织基础

手工编织基础注重培养大一学生的基本动手能力——手工编织实际动手能力以及花样设计能力。通过理论讲授、材料（毛线）及工具选择示范指导等方式，使学生通过系统学习手工编织的相关理论知识及实践训练，培训学生对手工编织技术的了解，以能够看懂手工编织图示和编制出自己设计的作品。

（1）实践目标

①知识目标

了解手工编织需要的工具、工具的选择和材料（毛线）的选择；

掌握棒针编织步骤和钩针编织的执针手势以及针法图示；

掌握棒针编织和钩针编织的变化针法；

掌握日常一件毛衣、裤成品的设计编制方法。

②能力目标

培养学生编织服装的设计驾驭能力；

培养学生收集资料、运用资料的能力；

培养学生的自我学习能力和实践动手能力；

培养学生能够用所学知识，编织物品装点周围生活，提升学生颜色搭配技能和审美品位。

③素质目标

培养学生对手工编织的兴趣；

培养学生对针织的设计和鉴赏能力；

培养学生的自我学习能力、创新能力，以及实践动手能力；

培养学生的耐力，抑制浮躁情绪。

（2）内容及要求

了解棒针和钩针编制的工具及材料；

了解棒针和钩针的编织作用及基础，以及编织艺术对个人兴趣和爱好的作用与影响；

掌握毛线编织的基本技能和延伸技巧；

掌握编织片、条、筒及成衣和装饰品的组合方式。

（3）组织设计

①理论教学注重与实物或图片结合，或利用多媒体教学方式提高实践效率；

②制订阶段性实践目标，结合实训以及考核项目，每次利用10—20分钟时间进行实训练习，使学生及时巩固学习效果；

③在理论讲授时，采用互动、参观等形式，及时示范讲解，提高学生学习兴趣，变被动学习为主动学习；

④要求学生在课余充分利用宿舍、自习时间练习，并通过网络、时尚期刊、市场进行信息收集，能将其在课堂实训作业中结合运用；

⑤为了提高实践效率，课前使学生了解实训的目标，制定由浅入深的实践项

目，并对创新实践内容进行检查，指导学生进行相应的实训练习；

⑥指导方式概述：理论讲授、观摩、操作演示；一对一、手把手辅导纠正讲解、成品分析。

（4）考核方式

灵活多样的考查方式可以全面考察学生的学习效果。考察方式可分为过程考察、综合考察和成品展示分析。

2. 丝网花、插花、茶艺

丝网花、插花、茶艺作为传统手工艺术的代表，不仅具有悠久的历史分量，而且正在以一种新的风尚被应用于现代社会当中，逐渐形成结合文化气息和艺术创造的审美体验。在女子高校中开展相关的实践体验，正是帮助女大学生修身养性、开拓思维，在传统文化的智慧宝库中撷取所长加以学习和发扬。

（1）实践目标

①传统手工艺术既培养学生的动手实践能力、美的鉴赏能力，也通过各种艺术形式融入传统文化的传播和推广；

②通过动手实践和亲身体验让学生学会丝网花、插花、茶艺的基本技能；

③完成手工艺术品的制作和展示报告。

（2）实践内容

①通过介绍传统手工艺术发展历史和种类将学生引进体验的情境。

②中国丝网花艺术家和手工制作艺人，不仅带动了中国丝网花材料与工具的产业化，而且推动了丝网花艺术在祖国大江南北的遍地生根和开花。通过对丝网花的了解和制作使高校女生提升了美的鉴赏力。

③茶艺在汉族优秀文化的基础上又广泛吸收和借鉴了其他艺术形式，并扩展到文学、艺术设计、工艺制作等领域，形成了具有浓厚民族特色的汉族茶文化。通过茶叶、茶具的品鉴和认识以及简单的操作让学生了解传统礼仪，初步做到识茶、泡茶、饮茶。

④在我国，插花的历史源远流长，发展至今已为人们日常生活所不可缺少，它综合了创意、构图、器具搭配等艺术能力，通过对花的种类、花语、插花基本技巧的教授以及亲自尝试让学生学会赏花、插花。

⑤综合以上三种手工艺术形式，启发学生的审美创作，展示汇报关于手工艺术的所学。

（3）实践方法

采用集中讲解传统手工艺术基本概论，参观体验感受传统文化氛围，动手操作掌握相关艺术技能。

（4）考核方式

注重过程考核，理论测试以随堂提问为主，实践项目测试以单项作业和成品展示为主。

（四）习惯养成类——曲艺文化展示

修养是通过日常行为习惯体现出来的，一个人的言行举止可以反映其内心世界的宽度和厚度。为积淀青年学生的文化涵养，可以通过撷取传统文化艺术中的精髓对其予以熏陶，让他们通过行为艺术上的练习从而揣摩理解文化的内涵，从行为到意识发生改变、得到提升。

1. 曲艺比赛

（1）比赛宗旨：为弘扬传统文化，积淀民族精神，激发学生参与热情，丰富校园文化生活，并为大一新生搭建展现自我、张扬青春的舞台，特选取曲艺比赛的形式鼓励学生对传统艺术的学习和坚持，同时起到文化宣传和濡染的作用。

（2）比赛主题：曲韵艺风，沁人心芳。

（3）参赛要求：

①参赛节目设为语言类、戏剧类、乐器类3类；

②主题须积极健康，传统性与时代感相结合；

③每个节目参赛人员不得超过5人；

④参赛人员不许无故中途退出，如有特殊原因，须提前说明情况。

（4）评分标准：通过剧目选取、基本功、表演技巧、舞台表现力、服装仪表等方面进行评审。

案例3：

中华女子学院北校区"曲韵沁芳"曲艺大赛评分表

语言组评分表

节目编号	舞台感染力（25分）	表演技巧/默契程度（20分）	语言表达（20分）	作品内容（20分）	创意（15分）	总分（100分）	备注

戏剧组评分表

节目编号	基本功 （50分）	舞台表现力 （30分）	造型仪表 （10分）	剧目 （10分）	总分 （100分）	备注

乐器组评分表

节目编号	基本功 （40分）	舞台表现力 （30分）	表演技巧 （20分）	创意 （10分）	总分 （100分）	备注

2. 基于戏曲方法的仪态训练——用于礼仪教学中的戏曲仪态训练

这是礼仪教研室在大学生适应性教育实践中开展的一个工作坊内容。传统中国人从小就在家中接受一套关于坐、站、行、走和应对、退让的礼仪规训，这使得中国人举止从容优雅，也使得中国被称为礼仪之邦。但是，在中国的传统礼仪文化进入现代后，却遭受了严重的破坏，这一破坏导致传统文化包括传统的生活方式都被渐渐地遗忘。100多年的"西化"结果是，我们扔掉了旧的生活方式，却没有建立起新的礼仪体系，丧失了文化的自信和从容的依据。且不说与生活方式密切相关的仪式礼节，仅从中国青少年的形体仪态上来讲，就可以形容为"可怕"。他们不再接受幼年时来自长辈的礼仪规训，他们太多时间坐在电脑电视机前，这些情况使得我们迫切认识到礼仪教育不能仅靠课堂中的讲解来解决问题。纵使我们不断地给学生描述得体的仪态，我们还是不能打败他们20年形成的身体习惯，而这一困境只能借助于表演中所讲的"通过长时间的训练来达成第二天性"的方法来解决。

自从2008年，教育部宣布重大举措，要求从小学开始就教孩子们唱京剧，到现在已经7年的时间。实践的结果让大家认识到戏曲进校园对于传承中华文化非常重要，但是仅仅唱几段曲子是很不够的，从唱入手也未必是最好的方法。戏曲演员身上继承的坐、站、行、走和一颦一笑等仪态非常得体，是中国人对身体形态审美的最好体现。一个学了两年京剧身段的孩子对来视察的领导说："爷爷，您看我的眼睛会说话，您会吗？"大家发现，戏曲进校园最有效的方法就是从形体入手。因此，将融汇中国人审美的戏曲身段和仪态用于礼仪教学中的仪态训练就成为我们教学科研的一个尝试，而在方法上则得益于广播体操这一形式。

中国戏曲学院的涂玲慧教授曾经将戏曲中的基本程式动作采用广播健身操的方法推广到各大社区和学校，这种方式不但推广了戏曲的普及，还使老年人通过每天做戏曲广播操健身强体，可以说这种形式使身体仪态的塑造成为一种可能。

基于这样的经验，我们探索了一套将戏曲中与仪态相关的姿态动作编排成一套由简入繁的审美性体操，直接应用于礼仪课程教学的仪态训练中。通过工作坊的形式，推广到每个班级，最好可以成为全校在固定时段操作的具有学院特色的广播体操，帮助学生从审美的身体体验中塑造得体优雅的身体仪态。

由于戏曲演员的坐相、站相、走路、应对、退让的仪态是从传统日常生活中凝练出来，带有民族的审美内涵，积淀在戏曲演员世代传承的身体上，最能体现中国文化的日常审美样态。戏曲演员在生活中的举止仪态也更显得落落大方，优雅娴静，非常得体。因此，针对学生在日常生活中最基本仪态动作编创了一套仪态训练操。这套训练操以多年的戏曲进校园和社会表演学的实践经验为理论和实践依据，能够通过有效、长期的训练方法来达成身体第二天性的形成。

（1）训练目标

通过戏曲演员对眼神、手势、坐姿、站姿、应对和退让等的得体仪态训练方式对青年学生20年形成的"可怕"的身体习惯进行重塑，使学生经过每天的训练形成落落大方、优雅娴静、得体的仪态特征。

（2）知识点

①指法、掌法、拳法的手势动作；

②眼神、手势、坐姿、站姿、走姿；

③运用学过的元素性动作展示连贯情境中的优雅姿态。

（3）基本内容

①导论：戏曲训练方法与仪态训练的结合意义、理论依据、实践经验与探索方向；

②欣赏与了解戏曲中的基本程式性动作；

③基本仪态程式性动作体验与训练：云手、山膀、站姿、指、拳、掌；

④基本仪态程式性动作体验与训练：台步、圆场、坐姿；

⑤基本仪态程式性动作体验与训练：笑的几种方式、闻花、照镜子、开门、关窗、倒茶、行礼等；

⑥人物角色感的塑造：观察与感受训练、角色定位的内在感受、行动的注意问题；

⑦仪态与人物角色塑造的结合；从肢体入手由内而外地体验角色与表现

角色；

⑧ 观摩：戏曲舞台人物的仪态欣赏；

⑨有情境与角色的仪态训练体验；

⑩基于戏曲方法的仪态训练操学习。

（五）能力应用类——校区刊物

印刷术作为中国古代四大发明之一，是劳动人民经过长期实践和研究发明的宝贵历史财富，为知识的广泛传播、交流创造了条件，推进了文明的进程。印刷也促进了教育的普及和知识的推广，使更多人从中获得知识，进而影响他们的人生观和世界观。然而，因为新媒体时代的到来，门户网站、网络视频、微博、微信的相继崛起，导致传统媒体如报纸、杂志的衰落。为保留这一传统文化形式的独特社会价值，我们创立了以学生为主体的团属传媒编辑部，通过他们的自我探索和实践打造自己的发声平台。

1. 区刊定位

作为校区的核心刊物，它记录着大一学子在成长过渡期的点滴历程。它以本校学生原创文学作品为主，契合时代背景，贴近同学心声，旨在创作出清新雅致、蓬勃向上的校园杂志刊物。为培养学生的创新意识和实操能力，从编辑部的组织管理到刊物的编辑排版，皆以学生的自主性参与创造为主，完成自我塑造和自主成长，共同将区刊打造成校园的综合服务站和公众宣传窗口。

2. 栏目内容

案例4：

中华女子学院北校区区刊《成长驿站》版块内容

栏目	页数	板块	内容	来源
卷首语	1		由师生撰写每一阶段的创新实践感悟	
目录	2			
视点聚焦	5	现场报道	对当季新闻事件进行现场报道	整理采编
		人物专访	对具有影响力的人物进行访谈	
		直击热点	反映社会热点及相应评论	

续表

栏目	页数	板块	内容	来源
青春物语	14	风华正茂	以散文为主的生活感怀	征稿
		经年留影	学生在创新实践活动中的体验感受	
		自由高歌	对将来的规划和理想	
漫步文苑	10	诗意年华	作文比赛优秀文章	作文大赛
		尺素寸心	治愈系小故事、信、微小说	
精彩瞬间	4	摄影作品	记录大一生活最美瞬间	摄影比赛
对话明天	5	榜样力量	采访优秀学长学姐代表	采编
		勇往直前	学业及专业指导	
品尚生活	10	扬帆起航	地域文化特色介绍	整理转载
		生活攻略	学生生活指南	
		浅品生活	大学生心理健康常识	
半年回眸	2		半年学生工作要点	
光荣榜	2		大一学生在校获奖情况	
共计	55			

3. 进度安排

案例5：

中华女子学院北校区《成长驿站》编辑出版进度表

事项	时间
征稿	60 天
排版	20 天
审稿、校稿、补充信息	10 天
定稿印刷	7 天

4. 编辑部建设

（1）机构性质：隶属于校区管理办公室、校团属传媒编辑部。

（2）机构设置：

部门	职务	职责	身份
编委会	顾问	整体把握区刊定位	教师
	总编	组织管理	
	委员	审稿校对	
	主编	主要审稿人	
编辑部	主编	编辑整合	学生
	采编	采访及编辑新闻稿件	
	文编	负责征稿、编辑及文章撰写	
	美编	负责排版、插画及整合成册	

（3）选拔程序：于每年10月新生入校后组织纳新，从大一年级学生中选取文编（约6人）、美编（约5人）、采编（约4人），并从中选择负责人2人。

（4）培养方式：由指导教师负责组织管理，协助制订每期区刊总策划，学生主编负责协调联络各职务及版块分工，相关技术培训由高年级编辑部学生进行一对一指导。

第三节　提升文化修养实施成效

提升文化修养的实践在体验式学习理论的基础上，通过各种不同形式和层面的体验活动，让学生逐渐改变了原有的思维模式、行为习惯和价值观念。他们依旧熟稔于现代科技给生活带来的诸多便利，但也在快节奏的生活中学会了放慢脚步，去发现历史文化中含有民族意蕴的某一技艺或人生哲理；他们依旧十分欣赏西方文明中的超前意识和创新精神，但也开始珍惜中国人自有的处世之道和为人之本。而且在女校有针对性的培养实践体验中，学生们也更加认真对待性别的自然属性和社会角色，萌发了女性的特有气质和传统习性，学会用女性的视角去发现美丽、创造美丽。

一、启发学生传承文化中的珍贵技艺

虽然我们只是撷取了传统文化中的某几类来培养学生的兴趣，但学生在体验之后，尤其是掌握了某一技艺之后，对这一艺术类型产生了浓厚的兴趣，像手工编织、茶艺等，为学生增添了实际能够应用的特长技能，契合了他们求知求学的心理。更重要的是，在学习的过程中，这些技艺背后所隐藏的文化精髓慢慢为学生所吸引，学生对先辈流传下来的这些手工艺术的精巧和精神所折服，为中华民族的聪明才智所自豪，也为能修得一门传统技艺而感到满足和骄傲，基于这种心理上的接受和需求，启发了学生在所教之余自己去选择感兴趣的文化类型去展开深度的修习，从而提升对传统文化的认识体悟。

学生在传统技艺入门之后，主动利用书籍、网络等资源自学十字绣、中国结、蜡染等民间艺术，体验分享传统民族文化的优雅与精巧；揣摩学习九连环、华容道等古老益智游戏，体悟先辈们的聪明才智与内心格局；学习的闲暇，三五同学聚在一起，沏一壶茉莉香片，轻诉青春的美好愿景。

二、引导学生养成良好的行为习惯

中国的传统文化讲究道德修养、修身克己，因此，我们的传统文化具有较强的制约作用。传统文化成为人们共同意识和自觉奉行的原则，对人们的思想和行为进行规范，由此出发产生出思维、行为的趋同性、和谐性和一致性。学生们在一针一线的编织过程中，磨炼了耐心与意志，从最初的感觉繁琐、进度慢，到逐渐体会到针线穿梭间在头脑中形成的图形方向，懂得了艺术作品的制作需要熟能生巧的技艺和耐心细致的心性，为习得这一技巧而养成了行事的习惯，改变了生活的方式。而对仪态训练操的修习，更从身姿体态和内在气质上改变了学生，无论是日常生活中还是展现自己的舞台上，年轻的女孩子们体态端庄、气质如兰，在青春活泼之中多了几分传统韵味，她们凭借良好的修养代表学校参与毛主席纪念堂志愿者、世锦赛引导员、知心姐姐辅导员、女民兵等，展现了知性高雅、心怀世界的新一代女大学生风貌。

三、激发学生思维观念的转变

通过实践性学习，让学生懂得学以致用，增强了理论到应用能力转变的主动意识。这种意识也对第一课堂有着指导性意义，不仅帮助他们更好地理解本专业的性质和方向，对学业和职业有了进一步的规划，而且重视结合实践加以深入体验。

通过小组作业的活动形式，让学生学会了团队合作，注重与他人的沟通和互助。很多参观需要结伴而行，很多手工作业需要配合完成，很多体操动作需要共同呈现，在肢体的接触、眼神的交互、思维的碰撞中，学生们激发了各自的潜力，但也收敛了彼此的锋芒，学会了与人沟通、协作共赢。

通过慢节奏的传统技艺的修习，让学生适应了以平和的心态去对待生活。从高中到大学，虽然课业上的外在压力有所减轻，但实践活动的繁多和毕业就业的长远压力让学生不得不加快成长的脚步。在体验了传统文化的内涵韵味之后，学生们懂得了在合理分配时间之后，给自己留出修身养性的时间，给自己留出一份澄澈的心境，去感悟生活之美、文化之美。

四、增强教师队伍的工作成效

我们通过寓教于乐的形式，借助色彩斑斓的传统文化，带学生走进了一个熟悉而陌生的领域。与其说教学，不如说是陪伴，陪伴他们一起体验传统文化的无限魅力，这种亲身的体验胜于单线条的说教，这种陪伴成长也拉进了师生间的距离，使学生对我们多了些信任与悦纳。基于此，也反过来提升了我们言传身教的力量，让我们更能以学生乐于接受的方式进行交流，消解了以往师生间天然的隔阂。因而我们在进行思想政治教育的时候，学生会以理解为基础去尝试接受，大大提高了我们的工作成效。

第九章　信息技术，学习应用

　　随着计算机在各领域的普及应用，交叉学科和社会信息化不断向纵深发展，社会与专业本身对大学生在信息技术应用能力方面的要求与日俱增。大学作为当今社会的一个重要组织机构，肩负着两大使命：人才的培养和知识的推进，而前者更为根本。因此，跨学科、综合型、具有创新意识和创新能力的当代大学生的培养，不能再局限于设置传统的专业课程，而必须在专业分类的指导下，根据社会的需求和专业发展的趋势，加强信息技术的知识普及和教育，并在创新与实践中不断发展学生个性。

第一节　大学生信息技术掌握概况

　　在整体时代和国家发展的大背景下，要求当代大学生在信息技术的学习和掌握上与时俱进，而实际情况是"现实中积极利用，方法亟待改进"，即存在积极广泛使用的趋势，有利于学生参与社会活动，同时也面临亟待解决的问题，还有提升空间。

一、大学生信息技术利用的现状

　　人类社会正进入一个信息技术快速变革的时代。电脑网络、卫星通信系统、移动互联网、虚拟现实等已经完全融入我们的生活，大学同样也逐渐变成了一个由媒体、技术所构成的全新数字王国。

　　"电子阅读""开放课堂""游戏学习""信息化学习"等学习模式在大学校园不断涌现，从学生的学籍管理到课程的设计安排、教学的实施展开，从师生的互动方式到跨国的学术交流，大学为身处其中的成员创造出一种完全不同的数字化学习、生活和研究的新环境。信息技术正成为助力大学变革、提升大学质量、促进大学发展的重要机遇和力量。因此，如何丰富学生的信息技术知识，引导学生利用信息技术去进行学习导向的活动，是摆在我们面前的紧迫问题。

二、大学生信息技术普及和提高面临的问题

（一）学生对于信息技术的学习方法不当

中华女子学院是一所女生比例为99.9%的文科院校，学生普遍对信息技术的理论知识缺乏兴趣，同时对自己的计算机动手操作能力缺乏信心，尤其是如果对相关的知识点作一些扩展或综合性应用，大部分学生就感到无从下手。但是信息技术本身的特点，决定了相关课程必须集知识和操作技能于一体，要求学生了解相关知识点后，还需要把所学习的知识融会贯通，并能灵活运用这些知识和技能解决实际问题；同时，由于信息技术的迅猛发展，相关的知识更新换代非常快速，学生必须具有自主学习和终身学习能力。因此，对于长期通过阅读课本和查阅资料就基本可以解决问题的文科学生来说，如果以习惯的学习方式来学习信息技术知识就容易产生种种问题，这些问题极易导致学生产生挫折感，进一步影响学习的兴趣。

（二）学生水平参差不齐

由于生源地域的差异和家庭条件的差异，大学一年级学生的信息技术基础知识差距非常大。一部分学生在中学时期已经熟练掌握了计算机基本操作，并能自如地使用部分软件完成简单的设计类工作；而另一部分学生却根本没有接触过计算机，信息技术的相关知识一片空白，对于这方面的学习也就缺乏积极性和主动性。

（三）遇到问题难以驾驭维护

对于以前从未接触过计算机的那一部分学生来说，她们对信息技术重要性的理解、对信息技术的观念认识，乃至在信息技术使用的积极性和频繁度上，都处于明显的弱势地位，在当今信息化特征越发明显的社会文化环境中，这种弱势会被放大得更快速、更明显。而对于中学时期就熟练掌握计算机基本操作的同学来说，由于中考、高考的局限性，并没有对信息技术有量化的知识掌握要求，因此他们的兴趣可能更多地放在了一般性的技术使用上，如电子邮件、网络游戏、社

交工具等，而对于信息技术使用的学术性内涵，如利用技术查看资料、利用技术完成某些艺术作品的设计等，则明显关注得不够。这两类学生在遇到问题时都觉得自己难以驾驭维护，前者完全不知道从哪里下手，而后者在入门后找不到进阶的突破口。

（四）学习资源的供需不平衡

虽然存在学习兴趣、学习信心、基础水平等相关问题，但是随着整个社会的进步，尤其是网络的蔓延，信息技术已经渗透到校园活动的方方面面，比如说，学生活动需要制作视频、学生演讲需要制作 PPT、对外社交需要制作各种展现自我个性的图片甚至网页，等等，这些澎湃而至的数字化、信息化浪潮，都促使大学生自发地想要掌握相关的操作技能。而与此相对应的，有的学生无法突破高中的学习模式，有的学生具备自学能力但是不知道从哪个方面入手，有的学生已经入门了，但是遇到问题却得不到正确的专业指引，等等，这就构成了学习上最大的瓶颈：如何根据不同的学生，提供最合适的学习资源。

第二节　大学生信息技术实践教育活动设计思路

考虑到文科学生的学习特征，结合学生对于相关软件的使用需求，并针对女生形象思维突出的特点，中华女子学院北校区成立了电子影像工作室，选择图形图像处理、摄影及后期处理、摄像及后期处理三个大的方向作为大一学生信息技术实践教育活动的主要模块，并摒弃过于枯燥的理论知识，直接切入操作技能的培养，以形象直观、示范性为主并有意识地融入部分抽象思维训练来设计知识体系和教学策略，让学生在信息的获取、表示、存储、传输、控制和应用的过程中感受信息文化、增强信息意识，掌握相关的技能与应用能力。

一、教育实践模块的设计突出实用性和针对性

以趣味性强、学生有使用需求，同时社会上又比较流行的软件来作为实践教育的主要模块，学生不仅更能充分发挥自己的主观能动性，创造性地学习，还可以了解目前信息技术的发展动态。

（一）实用性

我们以 Photoshop 作为图形图像处理模块和照片后期处理模块的主要教学和实践软件，以 Premiere 作为视频处理模块的主要教学和实践软件，同时附带简单讲解 CorelDRAW 和 Illustrator 的基本操作；然后让学生走出教室，指导他们拍摄静物、人物的照片，让他们自主设计短剧进行视频拍摄，最后运用所学到的操作技能对自己的作品进行加工和处理。

（二）针对性

这种教学实践模块的穿插式设计，不仅能充分调动学生的主观能动性，启发学生创造性思维，还能让学生在学习过程中获得极大的成就感，领会到信息技术所带来的极大便利和快乐，变被动的接受式学习为主动的需求式学习，并逐渐形成对信息技术强烈的求知欲，从而自发地拓宽自己的视野，自主地学习更多、更广、更深入的信息技术知识。

二、教学方法的选择突出挖掘学生形象思维

（一）形象思维

形象思维（Imaginal thinking）主要是指人们在认识世界的过程中，对事物表象进行取舍时形成的，只用直观形象的表象解决问题的思维方法。它是在对形象信息传递的客观形象体系进行感受、储存的基础上，结合主观的认识和情感进行识别（包括审美判断和科学判断等），并用一定的形式、手段和工具（包括文学语言、绘画线条色彩、音响节奏旋律及操作工具等）创造和描述形象（包括艺术形象和科学形象）的一种基本的思维形式。

一般认为形象思维不是理性思维，也不能为科学研究中的逻辑推理所用，但是它在产生创新所需要的灵感上有独特的作用，同时可以在两种约束下变成理性的思维，即"融合于严谨的抽象思维的形象思维"和"具有跳跃性并受条件和逻辑约束的形象思维"。应用这样的形象思维某些情况下能够迅速地解决科学研究中的困难问题，获得难以想象的奇效。

（二）逻辑思维

逻辑思维（Logical thinking）是人们在认识事物的过程中借助于概念、判断、

推理等思维形式能动地反映客观现实的理性认识过程，又称抽象思维。逻辑思维是人的认识的高级阶段，即理性认识阶段。以其撇开事物具体形象的抽象性与形象思维相区别。它是一种直线演进的程式化思维，具有严密性、间接性、必然性等特点。但是人的思维实践领域十分宽泛，所产生的内容丰富多彩，仅仅依靠逻辑思维方法去处理复杂的实际问题，往往难以收到良好的效果。

（三）大学生信息技术实践的任务是培养学生形象思维的能力

由于大部分计算机教材都是面向计算机专业或理科背景的学生，其深度、难度和生涩的行文方式，对于逻辑思维偏弱的文科女生来说不太适宜。因此，我们在选用一些经典的计算机教材的基础上自主编写课件，以生活中的现象作例子，以图形、动画的方式做演示，以活泼的教学语言转述晦涩的理论说明，使得学生能够在具体中领悟抽象，以形象思维的方式理解一个个枯燥的知识点。同时，我们注重在教学中穿插 PPT 动画制作、配乐声效控制、配图色彩搭配等其他技能的学习，使得学生对于一个作品的完成、完善、完美产生渐进的兴趣，并运用这些附加的技能，在作品中更好地诠释自己与众不同的思想，极大地激发和培养了学生的创新性思维。

三、"任务驱动"模式培养学生信息素养能力

大学的教育行为不仅仅是教会学生专业知识或者某项技能，同时还要教育学生学会如何学习。因此，我们采取重自主、重环境、重实践、重创新为特点的"任务驱动"模式进行教学，使学生真正成为知识信息的主动建构者，提高学生的实践动手能力，培养学生提出问题、分析问题和解决问题的能力。

1. 任务设计是开放性的

学生可以想象、创意，有极大空间去完成任务。也就是让学生在学习中起主体作用，而教师在教学中只起到组织、引导、促进、评价的作用。这使得学生学到的不仅是知识，更重要的是知识的迁移能力、掌握知识的途径和方式、解决实际问题的过程和方法。比如在用 Photoshop 设计作品时，学生可以自由选择素材，并对素材的修改和处理进行自由发挥，教师只是负责指导和最后的验收。结果在验收阶段我们发现学生在选材、配色、渲染等各个方面都完成得非常出色。通过一个完整的作品设计，学生可以根据已有的认知结构、自己掌握学习进度和方向，完成相关知识的建构，从而增强自主学习的能力。

2. "任务驱动"模式有利于增强学生的成就感，提高学习的效率

在实践过程中，随着一个个任务的完成，学生从中获得的成就感有利于激发和保持学习的积极性。对于个别基础较差的同学，任务的完成还能极大地促进他们的自信心。

3. "任务驱动"模式有利于培养团队合作精神和沟通能力

在完成任务的过程中遇到的突发性问题，他们都自发地组成讨论小组，通过大量的集体讨论，提出自己的观点和结论，共同交流，解决问题。

4. "任务驱动"模式还有利于不同水平的学生根据自己的实际情况，自主选择相应的学习资源

比如，我们将 Premiere 的部分教学内容隐含在一个原始视频的剪辑任务中，老师只提供咨询指导和学习资料，学生通过对这个任务的分析和讨论，明确涉及哪些新知识、旧知识，通过对学习资源的主动应用，在自主探索和互动协作的学习过程中，找出完成任务的方法，最后通过完成任务实现意义建构。这种"自主选择"极大地保证了不同水平的学生对于资源的灵活使用，也很好地促进了学生对自身学习能力的认知。

总之，信息技术实践教育活动的设计思路紧紧围绕以下三点原则：首先，要体现它的指导性和系统性，无论是从理论和实践上，还是从观念和技能上，都要充分了解信息技术的教学要求和规范；第二，体现它的科学性和可操作性，要根据我校的实际情况合理安排教学内容和实践内容；第三，体现它的可选择性和创新性，在开设电子影像工作室之前，我们在学生中进行了广泛的调研，确认有哪些信息技术是他们想了解的，有哪些流行软件是他们想掌握的。同时，实践教育活动的设计既要考虑当前信息技术教育的发展趋势，又要考虑文科女生的特点，对固有的教学内容进行了拓宽和延伸，不拘泥于旧有的框架，因材施教，达到效果的最佳化。

第三节　大学生信息技术实践教育活动的思考

从互联网时代高校教师在大学新生适应性教育管理工作中所面临的新问题出发，就信息技术对高校学生带来的影响和对高校教师的管理工作带来的挑战，有针对性地提出了一些思路与对策，对高校班主任、辅导员在大一学生管理工作中

如何更好地应对网络的挑战有一定的现实意义。

随着信息时代的迅猛发展，社会生活的各个领域都在经受着互联网的巨大冲击和介入，大学生是接触互联网及其他信息技术最为广泛的群体，它对大学生在政治立场、价值观念、人生态度、行为方式等方面产生了难以估量的影响。对于适应性教育阶段的学生管理工作来说，一方面，我们承载着灌输高校校园文化、使新生逐步明确学校的定位目标等艰巨任务；另一方面，随着近两年移动互联网技术的突飞猛进，手机上网日益成为普遍现象，简单地封锁局域网或控制电脑上网时间已经无法阻挡互联网的扩散。因此，积极探索适应网络信息社会需要的学生教育管理模式，充分发挥网络信息在教育管理中的作用及其知识平台的作用，引导新生正确认识、理性对待互联网，并采取相应措施消除互联网和电子信息对于新生可能产生的负面影响，保证新生的心灵健康成长，是摆在我们面前的一个新的课题，也对我们的适应性教育工作提出了新的要求。

一、开设"电子信息坊"，教会学生制作"信息产品"

（一）选修课内容简介

学生利用专业课和公共课课余时间，打通专业和班级限制，在学中做，在做中提高，边学边练习。包括如何使用 Photoshop 软件和其他图形图像制作软件的使用技巧。会应用软件进行图像大小的调整、裁切、羽化效果、亮度对比度调整、自由变换、旋转翻转、图层样式的设置、图层的混合模式及不透明度的设置、滤镜效果的设置、吸管工具、蒙版工具和图章工具的使用；会使用 Premiere 软件，进行 Premiere 中的帧融合、场设置、字幕与动作、音频滤镜；等等。此外，在进行作品检查时，要求学生用 PPT 进行相关演示，也从侧面促进了学生对办公软件的了解和学习。

（二）时间安排

一般每个学期约安排 20 个学时。讲授和实训。经过指导及上机操作之后，这些学生已经能够独立完成至少一个作品，包括构思、设计、制作。除了充分发掘身边的美、激发自身的创作灵感之外，他们对于相应软件的使用也超出了我们原有的期望。

（三）成效

在信息技术实践教育活动中，共有 140 名学生全程参与，其中从未接触过计算机的学生 32 人，占 22.9%；接触过计算机但是只使用过网络游戏、社交工具等娱乐软件的学生 87 人，占 62.1%；熟练掌握计算机基本操作并学习过 Office 软件的学生 21 人，占 15%。对于 Photoshop、Premiere、CorelDRAW、Illustrator 等常用图像、视频处理软件，有 5 人能进行简单操作，占 3.6%；38 人听说过其中的至少一种但是从未使用过，占 27.1%；97 人对它们完全不了解，占 69.3%。

通过这样的实践教育，把几门不同课程的内容相互融合在一起，对学生的信息技术知识和能力是一个极大的提升。更加深刻的社会意义在于，在今天的信息化、网络化社会，学术变化的即时信息，都会通过网络进行瞬时的传播，个人智慧和理性的提升已经深刻融入整个信息技术网络之中。所以，让学生能够认识和适应这一现状，并展开实际行动参与其中的学生，会在不断发展自我的过程中产生更大的精神满足和对学校教育经历的深刻认同。对信息技术的学习与应用是大学在信息化时代必须担负的责任和使命，是大学对社会的一种适应，更是大学的一种时代承诺。

二、发挥互联网平台的积极作用

互联网的发展，尤其是移动互联网的出现将信息时代的社会细胞更进一步连成了一体，实现了人类智慧的全方位联网，并由此创造出全新的网络文化。

（一）互联网为在校新生提供了情绪疏导空间

对于在校新生来说，从高中迈进大学，校园环境上的变化必然会导致其心理上的敏感与失衡，而互联网可以无障碍地宣泄心中郁闷的情绪，另外又可以回避现实生活中的交际难题，致使互联网在一定程度上成为大学生躲避现实生活中矛盾的港口。

1. 互联网为在校新生打造了强大的知识平台

互联网极大地满足了大学生的求知欲望，使大学生开拓了眼界，丰富了日常生活。

2. 互联网满足了在校大学生参与社会生活的愿望

由于种种原因，大学生参与社会生活的愿望很难得到完全的实现，而互联网恰好提供了一个良好的个体表达的平台，任何人可就任何事发表几乎不受任何限制的意见和看法，尽管自己的观点有时不免稚嫩甚至谬误，但是这大大满足了大学生渴望彰显自我、渴望被重视被认可的心理状况。

3. 互联网时代学生管理工作面临的新问题

在当今的互联网时代，大学生能够更广泛、更快捷地了解世界、掌握知识，网络为他们的行为、思维注入许多新的内容；同时互联网也为高校教师的管理工作提供了全新的载体和现代教育手段。但是，互联网对大学生的思想也带来了一些消极影响，给高校教师的学生管理工作带来了严峻的挑战。

4. 沉迷网络使得部分同学学习进取心受到严重影响

传统的教育制度使得部分新生在经历了高考的艰辛之后，对自身要求降低，对学习失去兴趣，对上网时间不加控制，导致学业荒废，直接输在大一的起跑线上。

(二) 要积极预防网络文化垃圾对大学生的消极影响

网络信息传播具有广泛性、迅速性、国际化等特点，其信息内容具有丰富性、实效性和不确性的特征，这也给网络信息的管理带来了极大的困难。大一新生可塑性强，但同时心理发育尚不成熟，对于互联网上的各类信息缺乏辨识能力、免疫能力和抵抗能力，往往会热衷于充斥着血腥、仇恨或者黄色、暴力的网络游戏。沉迷于此，会在很大程度上影响学生正确世界观、人生观、价值观的形成，并且因为游戏行为间接的诱导，学生易于表现出冷漠、自私、攻击性强等倾向，在价值观念上更注重实惠，对社会的责任感和对他人的人文关怀越来越缺失，甚至导致人文品格和道德水平的滑坡，更趋向于用金钱来衡量一切，迷失生活和学习的方向。

1. 网络的虚拟性在一定程度上影响校园班级集体的建设

网络的特点之一是"虚拟性"。"虚拟存在"的出现和发展造成了人们交往方式的重大变化，由此带来了主导价值观念、社会公共权威以及教育者权威的削弱，使得传统社会调控的功能在逐渐丧失。大一新生面对的是一个全新的环境，需要重新去适应完全不同于高中的班集体，部分学生会不可避免地通过选择网络世界来逃避这个新环境。但是如果过于沉迷网络世界，不能实现现实和虚拟之间的角色转换，将会严重影响正常的人际交流，容易形成心理错位和行动失调，导致孤独、冷漠等不良心理，严重影响身心健康，从而严重影响了校园班级集体的建设。

2. 网络对大学生兴趣爱好的引导将影响校园文化的建设

构建和谐校园的途径之一就是要开展丰富多彩的校园文体活动，让学生参与其中，乐在其中，由此锻炼强健的体魄、塑造昂扬的精神和培养集体主义意识。而在互联网背景下，部分同学沉溺于网络，就会对于网络外的世界不感兴趣，完全无心参与其中，给校园文化的推广和建设带来一定的难度。

（三）互联网时代学生管理工作的应对策略

互联网的普及给高校教师的学生管理工作带来了新的机遇，同时也遇到了严峻的挑战。我们必须针对网络时代高校学生管理工作面临的新情况、新问题，及时调整观念，更新内容，改进手段，有的放矢地对大学生进行管理教育。

1. 建立健全学校网络体系，建设网络文明，加强网络知识传播，为充分发挥网络在教育管理中的作用提供良好平台

我们不能回避互联网的客观规律，而应该充分利用网络资源"精""全""新""近"等特点，采用大学生喜闻乐见的方式，例如利用 BBS、聊天工具、微博、微信、QQ 等交互式的信息传输方式进行有说服力、有针对性的宣传和沟通，把科学理论灌输和渗透到大学生头脑中去，培养是非判断能力，让他们在多元化的价值观体系下学会鉴别，学会选择，自觉抵制各种不良思想、观念的侵袭。在信息交流工具日新月异的时代，如何抓住学生关注的热点至关重要，比如现在很多大学都注册了微博，通过当前最为流行的网络交流工具和学生保持密切的联系，同时高度重视学生网上谈论的话题，积极关注网上有关学生工作的情况反映，掌握学生思想动态，并就学生所关注的热点、难点问题在网上发布相关信息予以解答。从而做到有针对性地开展网上教育活动，用先进的文化占领网络阵地，主动营造一个健康向上、丰富多彩的网络文化氛围，丰富和发展我们思想政治工作的内涵（中华女子学院在前不久就建立了"微女院""女院微体育""就业""阳光播本"等微信关注平台）。

2. 有针对性的心理指导和咨询，帮助大学生健康成长

互联网时代，大学生中出现了各种症状的"网络心理障碍"，因此，高校教师应帮助这些学生开设有针对性的心理指导课，让这些学生及时了解"网络心理

障碍"产生的原因，特别是怎样预防诸如上网成瘾、信息焦虑和人际孤僻等，做到防患于未然；对已出现不同程度的"网络心理障碍"的学生及时做好咨询、调适和治疗工作，引导他们通过多种途径释放压力，走出网络虚拟的世界，走进现实，直面现实，不再总是陷于网络而逃避自己的责任。

总之，面对信息时代互联网的挑战，高校教师必须认真研究新时期出现的新情况、新问题，必须与时俱进，努力提高自身素质，正确认识网络文化的冲击，遵循网络文化的客观规律，营造全新的网络文化氛围，同时加强网络道德宣传教育，规范学生上网行为，引导学生增强辨别能力和抵抗诱惑的能力，趋利避害，更好地发挥网络的积极作用，帮助她们顺利地适应多姿多彩的大学生活，顺利地适应瞬息万变的信息时代，从而使得我们的适应性教育工程能一年年持续健康地发展下去，为高校的建设和繁荣做出我们应有的贡献。

第十章　制度建设，规定流程

随着高校的不断发展，对学校工作提出了更高的要求，面对新的形势、新的学生、新的任务、新的要求，建立一套完善的管理制度、工作机制、工作流程，是依法、科学、规范治校的基础性工作，也是确保大学生适应性教育和谐、高效、正常运转的关键，健全的规定、有序的工作流程是保证学生正常学习和健康安全成长的条件。

第一节　大学生适应性教育的相关制度

为了确保大学生适应性教育的顺利进行，真正实现适应性教育的目标，确保大学生适应性教育安全、有效、有条不紊地进行，我们经过多年探索与实践建立和完善了有关规章制度，作为本书的最后一章。我们拟以中华女子学院和北校区为例，摘选学校教务处、学生工作部（处）每年相继出台和整理的一些规章制度为蓝本，与同读者们分享和交流，希望能够得到更多的启发和交流。

一、学生教学管理制度和学业管理制度

1. 中华女子学院学籍管理实施细则

第一章　总　则

第一条　为培养经济建设和社会发展所需要的合格人才，维护学校正常的教育、教学秩序，保障促进学生德、智、体、美全面发展，依据《教育法》《高等教育法》《普通高等学校学生管理规定》（教育部部长令第21号）及其他有关教育法规、法令，结合我校具体情况，制定本细则。

第二条　本细则适用于在我校接受全日制普通高等教育的本科、高职学生。对于在我校接受非全日制高等学历教育的学生，以及接受普通本科、高等职业教

育的港澳台侨学生、来华留学生，其学籍管理可参照本细则实施。

第二章　入学与注册

第三条　按照国家招生规定，经我校正式录取的普通本、高职学生，或者按照教育部相关规定，经我校批准同意转入的学生，方能入我校学习。

第四条　录取为本院的学生必须持《中华女子学院入学通知书》和本院规定的有关证件，按照规定的日期到学校办理入学手续。如有特殊原因不能按期报到者，应以书面形式向学校招生办公室请假，并持有原单位或所在街道、乡镇证明，病假持县级以上医院证明，经批准后，方为有效。假期一般不得超过两周。未经请假或超假逾期两周不报到者，取消其入学资格。

第五条　新生入学需要进行复查。新生入学后，学校在三个月内，按照国家招生规定进行复查。复查合格者准予注册，取得学籍；复查不合格者，学校根据情况予以处理，直至取消入学资格。

凡属弄虚作假、徇私舞弊被录取者，不论何时发现，一经查实，即取消其学籍，予以退回。情节恶劣的，报请有关部门查究。

第六条　新生在体检复查中，发现患有疾病（包括新患疾病），不能坚持正常学习，经学校指定医疗单位诊断证明，认为在一年内可治愈达到国家规定的入学体检标准者，经二级学校、系、部分管负责人同意，学校教务处审核批准后可保留入学资格一年。保留入学资格的学生应到学校教务处办理相关手续，回家疗养。保留入学资格一年期间不享受在校生和休学生的待遇。

保留入学资格的学生，自通知办理离校手续之日起，在两周内无故不办理离校手续者，取消其保留入学资格。保留入学资格的学生必须在下学年开学前向学校教务处提出入学申请，并附有县级（含）以上医院证明，再由学校医务中心指定医院进行体检复查，复查合格者方可重新办理入学手续。复查不合格者，或逾期不申请办理入学手续者，取消其入学资格，户口必须迁回原户口所在地。

第七条　每学期开学初，学生均须持学生证到教务处注册中心办理注册手续。每学年第一学期须缴纳学费后方能注册。因故不能按期注册时，必须履行请假手续，否则视为旷课。未经请假批准逾期两周不注册者，按自动退学处理。

第三章　学习年限

第八条　普通本科基本学制为四年，高等职业教育基本学制为三年。学校试行弹性修习年限，允许本科学生提前一年或推迟一至二年毕业，允许高等职业教育学生提前半年或推迟一至二年毕业。但原则上，四年制普通本科生在校总时间不得超过六年，三年制普通专科生在校总时间不得超过五年。

第四章　考　勤

第九条　培养方案规定的课堂讲授、考核、实验、实习、社会调查、生产劳动、军事训练、时事政治学习、就业指导等，都要进行考勤，学生因故不能参加，必须事先请假。未准假而擅自不出勤或超假者，均视为旷课。

学生旷课时间，一般课程按课表规定的上课学时计算；无故不参加生产劳动、军事训练、社会调查等，以及无故不按学校规定时间到校办理注册手续者，按每天 6 学时计算。

第十条　学生因病请假应有学校医务中心或县（含县）级以上医院证明。请病假在七天以内的须经班主任批准，七天（含七天）以上且不到一学期总学时的 1/3 者（超过 1/3 需要办理休学手续），由所在院、系分管负责人批准。

学期中间，学生一般不准请事假。有特殊原因必须请事假时，应事先办理请假手续。七天以内由班主任批准，七天（含七天）以上且不到一学期总学时的 1/3 者（超过 1/3 需要办理休学手续），由班主任签署意见，并需经所在院、系分管负责人批准。

学生在校期间，一般不得请公假，因特殊情况需请公假者，应持有关单位证明，经班主任同意和所在院、系分管负责人批准，方可离校。

请假期满，学生本人须及时向班主任、所在院、系分管负责人办理销假手续。需要续假时，其手续与请假手续相同，续假批准与否，所在院、系应回复学生本人。

学生考勤管理具体见《中华女子学院学生考勤管理办法》。

第五章　课程修习

第十一条　课程修习的基本要求：

1. 学生应按照循序渐进的原则修习培养方案规定的课程。

2. 学生应按照学校和二级学院、系（部）规定的时间办理修课手续。凡规定有先修课程的，必须取得先修课程学分后方可修习后续课程。

3. 学校允许学习能力强的学生提前修习后续课程；允许学习有困难的学生推后修习某些课程。一学期提前或缓修课程一般不超过该学期学分数的 30%。

第十二条 课程的免修与免听：

1. 除政治理论课、实验课、体育课、军事理论、军事训练必修项目外，允许学生申请免修某些课程。课程免修按《中华女子学院课程免修、免听管理办法》执行。

2. 学生因生理缺陷或患有某种疾症，由学校医疗服务中心出具证明，经学校学生工作部（处）审批，可以申请免予或暂缓参加军事训练。

3. 学习成绩优异的学生，经本人申请和所在院、系（部）分管负责人批准，除政治理论课、实验课、体育课必修项目外，某些课程可以免听或部分免听，但一般仍需要参加平时测验和实践教学环节，参加相应课程的期末考核，成绩在及格以上者可获得该课程学分。课程免听按《中华女子学院课程免修、免听管理办法》执行。

4. 学生确属健康原因，经学校医务中心证明，所在院系分管负责人审核同意，体育部分管负责人审核批准，体育课可转修"体育保健课"；考核及格者可以取得体育课的成绩和学分，但需注明"体育保健课"。

第十三条 课程缓考与重修：

1. 学生因特殊原因不能参加课程考核者，必须在缓考前向所在院、系（部）提出缓考书面申请，并提供相关的证明材料，经所在院、系（部）分管负责人、任课教师同意、学校教务处批准后方可缓考。缓考与下一学年的课程考试同时进行。

2. 属下列情况之一者，课程需重修：

（1）课程考核不及格者；

（2）实验课缺做实验达1/3者；

（3）一门课程缺课的学时累计达到该门课程总学时的1/3者（获准课程免听者除外）。

重修课程一般安排到下一年级修读；学生也可根据自身情况自行安排重修的时间。重修课程，要求在教务系统上申报，并在每学期注册后，在规定申报时间内，办理相关手续。

第十四条 课程辅修与跨专业选修：

学有余力的学生可申请修习辅修专业，具体规定见《中华女子学院修读辅修专业的暂行规定》。

学有余力的学生可申请选修跨专业课程，具体规定见《中华女子学院跨专业选修课程的暂行规定》。

第十五条　跨校选修：

学生可修读与我校有校际间跨院选修协议的学校开设的选修课程。在他校修读的课程成绩（学分）由学校审核、确认后，可作为素质教育课程学分。

第六章　课程考核与成绩记载

第十四条　学生修习课程必须参加考核。考核及格方可获得该门课程的学分，并且记入学生记分册中。课程考核不及格，其成绩不记入学籍档案，待重修及格后再记入。学生成绩总表在学生毕业时归入其个人档案。

第十五条　考核方式可采用笔试（闭卷或开卷）、口试或口笔试结合等形式，具体根据课程教学大纲执行。

第十六条　课程成绩一般由期末考试成绩和平时成绩等综合评定（成绩所占比例根据课程教学大纲执行）。成绩记载采用百分制或五级制（优、良、中、及格、不及格）记分。实验课、生产实习、社会调查、学年论文和毕业论文（或科研训练）等成绩采用五级记分制。百分制与五级制的换算标准如下：90—100分为优（A）；80—89分为良（B）；70—79分为中（C）；60—69分为及格（D）；60分以下为不及格（E）。考查科目一般采用合格、不合格两级记分制或五级记分制。

第十七条　体育课的成绩要由考勤、科目成绩和实际表现综合评定。实践性课程（如实验、实习）的成绩可根据课内外作业、平时测验、实验报告及实际表现综合评定。

第七章　编　　班

第十八条　学生在校期间，按其入学年份和专业编入相应的班级，并参加该班级的各种教学活动。休学和保留学籍期满复学的学生，根据其原专业和本人学习情况编入相应年级的学习。

第十九条　提前修习上一年级培养方案规定的一学年课程总学分数的1/2的学生，可由本人提出申请，院、系分管负责人审核，学校教务处批准，可编入该专业的上一年级。

第二十条　学生根据本人的学习能力，确需编入下一年级的，由本人提出申请，院、系分管负责人同意，可编入该专业的下一年级。

第八章　休学、保留学籍与复学

第二十一条　学生有下列情况之一者，应予休学：

1. 经医院诊断，因病停课治疗、休养需占一学期总学时的1/3（不含）以上者；

2. 根据考勤，一学期请假缺课累计超过本学期总学时的1/3（不含）以上者；

3. 因某种特殊原因，本人申请休学或者本人虽然未提出申请，但学校认为必须休学者。

学生休学时，由本人提出申请，并持相关证明材料，院、系分管负责人签署意见后，报学校教务处批准。

第二十二条　学生休学一般以一年为期限。因病休学的学生，如休学期满仍不能复学者，可继续申请休学，但休学期限累计不得超过两年。未办理休学手续而擅自离校者，视为自动退学。

第二十三条　休学学生的有关问题，按照下列规定办理：

1. 学生休学必须办理休学手续，因病休学者应回家疗养；

2. 学生休学回家，往返路费自理；

3. 休学学生在休学期间不享受在校学习学生的待遇；

4. 休学学生的户口不变更；

5. 休学学生不享受各种资助政策；

6. 休学期间不交学费；

7. 普通本科学生休学期间可享受公费医疗一年，连续休学第二年内或第二次休学期间停止公费医疗，医疗费自理。享受公费医疗期间，应在当地公立医院就诊，凭医院正式单据和病历卡，按年度在学校医务中心报销，报销时间最迟不能超过当年年底。

第二十四条　学生因特殊困难等须中途中断学业，但又不符合休学条件，经本人提出书面申请，院、系分管负责人审核同意，学校教务处批准，可保留学籍一年；经有关部门批准出国或自费留学的学生，由本人提出申请，院、系分管负责人签署意见，学校教务处批准，可保留学籍一年，学生在校期间保留学籍最长不超过2年。保留学籍期满不办理复学手续者，视为自动退学。保留学籍的学生不享受在校生和休学生的待遇。

第二十五条　学生复学按下列规定办理：

1. 学生休学期满，应在开学前一周向所在院、系提出书面的复学申请，经所在院、系分管负责人签署意见，学校教务处批准，在注册前办理复学手续。因病休学的学生，申请复学时，须经县（含县）以上医院诊断，证明已恢复健康，并经学校医务中心复查合格，方可复学；其他原因休学（保留学籍）的学生，须持有关证件，方准申请复学和办理注册手续。

2. 学生在休学、保留学籍期间，如有严重违法乱纪行为者，应按有关的规定处理，直至取消复学资格。

3. 休学、保留学籍期满不办理复学手续者，作自动退学处理。

4. 有伪造诊断证明等弄虚作假行为的休学学生或保留学籍的学生，原则上不得复学，并依据相关处分条款处理，直至取消复学资格。

第二十六条　学生申请复学时，若原专业已经调整、合并或中断招生，由学生本人提出书面申请，经相关院、系和学校教务处批准，可以安排到其他相近的专业学习。

第二十七条　学生在保留入学资格、休学、保留学籍期间，不得报考其他普通高校或成人高校的普通学历教育班。否则，取消学籍并通报其报考的相关院校。

第九章　转专业与转学

第二十八条　学生有下列情况之一者，可以申请转专业或转学：

1. 入学后经检查患有某种疾病或生理缺陷（不含隐瞒病史入学者），经学校指定的医疗单位检查证明，不能在原专业或原校学习，但尚能在其他专业或院校学习者；

2. 经学校认可，学生确有某种特殊困难，不转专业或不转学无法继续学习者；

3. 学生有某方面特长，转专业、转学将更能发挥其专业特长者。

第二十九条　学校鼓励学生努力学习，实行优生转专业制度。对学习成绩优良，对某专业有特殊兴趣的学生，允许通过考试转专业。（具体见《中华女子学院转专业管理补充规定》）

第三十条　学生有下列情况之一者，一般不予考虑转专业或转学：

1. 新生入学未满一学期者不予考虑转学，入学未满一学年者不予考虑转专业；

2. 本科三年级（含三年级）以上或高职二年级（含二年级）以上者不予考虑转学和转专业；

3. 某些特别指定的学科专业和学校派人单独面试考核接收的保送生不予考虑转学或转专业；

4. 委托或定向培养的学生一般不予考虑转学或转专业；

5. 高职学生不能直接转入本科阶段的某个专业学习；

6. 学校和院、系认为无正当理由者，不予考虑转学或转专业。

第三十一条　转专业、转学的申办程序：

1. 学生转专业要求在期末办理。

2. 符合第二十八条的相关条款者，须填写转专业申请表、附上课程成绩单，并提供符合转专业的相关证明材料，报送所在院、系，由所在院、系分管负责人审核同意转出，拟转入院、系分管负责人审核同意接收，报学校教务处批准后，方可办理转专业手续；符合第二十九条款者，按《中华女子学院转专业管理补充规定》的要求办理转专业手续。

3. 申请转学的学生，由学生本人提出转学申请，报送所在院、系，由所在院、系分管负责人审核同意，学校教务处审核批准，报主管校领导批准，拟转入学校同意接收，并报北京市教委审查同意，由转入的省级教育主管部门批准，方可办理转学手续。

4. 外校学生要求转入我校者，按国家教育部《普通高等学校学生管理规定》办理。

第十章　退　学

第三十二条　学生有下列情形之一者，应予以退学：

1. 一学期未能获得该专业培养方案总学分的1/20，或相连两个学期所获学分未能达到该专业培养方案总学分的1/8者；

2. 一学期未能获得该专业培养方案总学分的1/20，经本人申请、所在院、系分管负责人批准，可以缓期一学期合并处理，但两个学期所获学分仍未能达到该专业培养方案总学分的1/8者；

3. 因休学、保留学籍、转院、系、转专业等原因，学生在校学习时间累计超过其学制两年者（不含两年）；

4. 休学、停学期满不办理复学手续，或经复查不符合复学要求者；

5. 因病学校建议休学而拒不休学，且在一年内缺课超过该学年总学时1/3

（不含）以上者；

6. 学生无故缺课一学期累计达到 80 学时以上者；

7. 经学校指定医院确诊，患有疾病或者意外伤残无法继续在校学习的；

8. 未请假离校连续两周未参加学校规定的教学活动的；

9. 超过学校规定期限未注册而无正当事由的；

10. 本人提出申请退学，经学校劝说无效者。

按照上述规定所作的退学处理，不视作对学生的纪律处分。

第三十三条　学生退学的善后事宜，按下列规定办理：

1. 退学或因各种原因处理离校的学生，档案、户口关系退回原户口所在地。

2. 经诊断为精神病等不符合体检标准之疾病（包括意外致残）者，由家长或抚养人负责领回。

3. 退学学生发给退学证明。学满一年（含一年）以上，按照其实际完成的学业年限发给肄业证书。对未经学校批准，擅自离校的学生，或自通知之日起两周之内不办理离校手续者，由学校有关部门注销其在校的各种关系，且不发给退学证明和肄业证书。

4. 取消学籍、已退学的学生，均不得申请复学。

5. 学生因退学或因各种原因离校，其所缴纳的学费、住宿费根据学校相关规定执行。

第十一章　奖励与处分

第三十四条　对德智体诸方面全面发展或在思想品德、学业成绩、科技创新、文体竞赛、课外及社会活动等某一方面表现突出的学生，可分别授予"优秀学生"或其他单项荣誉称号。

第三十五条　对有违纪违规行为的学生，视其情节轻重给予批评教育或纪律处分。处分有以下五种：（1）警告；（2）严重警告；（3）记过；（4）留校察看；（5）开除学籍。

留校察看以一年为期。受留校察看处分的学生，一年内有显著进步表现的，可解除留校察看处分；经教育不改的，开除学籍。

毕业班学生受留校察看处分者，毕业时未解除留校察看的，暂不发给毕业证书，待留校察看期满后，经由本人提出申请、用人单位提供工作鉴定并签署意见、学校审查批准，再发给毕业证书。

第三十六条　一学期旷课累计达 18～30 学时者，给予警告处分；累计达

31—48 学时者，给予严重警告处分；累计达 49—60 学时者，给予记过处分；60 学时以上者，给予留校察看处分。

第三十七条　考试作弊学生按《中华女子学院学生考试违纪、作弊的认定及处理办法》执行。

第三十八条　有下列情形之一者，学校可酌情给予开除学籍的处分：

1. 违反宪法，反对四项基本原则、破坏安定团结、扰乱社会秩序的；

2. 触犯国家法律，构成刑事犯罪的；

3. 违反治安管理规定受到处罚，性质恶劣的；

4. 由他人代替考试、替他人参加考试、组织作弊、使用通信设备作弊及其他作弊行为严重的；

5. 剽窃、抄袭他人研究成果，情节严重的；

6. 违反学校规定，严重影响学校教育教学秩序、生活秩序以及公共场所管理秩序，侵害其他个人、组织合法权益，造成严重后果的；

7. 屡次违反学校规定受到纪律处分，经教育不改正的。

第三十九条　给予学生以记过或记过以下处分，由学生所在院、系根据处分条例实施，并报教务处或学生工作部（处）备案。给予学生留校察看、开除学籍处分，由院、系负责人签署意见，报院学生工作委员会和校领导批准，并由学生工作委员会出具书面处分决定。对受处分学生的处理决定要送达学生本人。

第四十条　学校在对学生做出处分决定之前，听取学生或者其代理人的陈述和申辩。对学校给予的处分或者处理有异议的，由校学生申诉处理委员会负责受理相关的申诉。

第四十一条　给予开除学籍处分的学生，需要办理离校的相关手续。

第四十二条　对于学生的奖励、处分材料，学校将真实完整地归入学校及本人档案。

第十二章　毕　业

第四十三条　学生毕业时，学校从德、智、体等方面对学生进行全面鉴定和审核。具有学籍的学生，修完培养方案规定的全部课程和其他教学环节，获得规定的学分数，准予毕业，发给毕业证书。

第四十四条　本科学生符合获得学士学位的条件，授予学士学位。

第四十五条　学生提前修满培养方案规定的学分数，并达到其他教学环节要求，经本人申请，院、系和学校教务处审核，分管校领导批准，准予提前毕业。

提前毕业的学生与其他按期毕业的学生享受同等待遇。

第四十六条 根据专业培养方案规定：修业期满但未修满培养方案规定的总学分的学生，按下列办法处理：

1. 学生在学校规定的学习年限内未修满应修习的培养方案所规定的毕业总学分者，由学校发给结业证书。结业后一年内，由学生本人申请，学校准予重修一次，取得重修课程学分后，结业证书可换发毕业证书。

2. 凡因故未参加毕业实习或毕业实习考核不合格者，先发给结业证书。结业满一年后，可持所在单位（或街道）对工作和政治思想的鉴定、本人总结等材料，经原所在院、系分管负责人审核，报学校教务处批准后，结业证书可换发毕业证书。

3. 毕业论文（设计）不及格者，先发给结业证书。结业后一年内可重新修改毕业论文，申请回校重新答辩，通过后结业证书可换发毕业证书；不及格或过期不申请重新答辩者，不予再答辩，并不再换发毕业证书。凡按规定回校重修或毕业论文（毕业设计）答辩的结业生，相关费用自理。

第四十七条 学生毕业后应为社会主义现代化建设服务。关于毕业生就业的有关问题，按当年国家及学校有关规定办理。

第十三章 附 则

第四十八条 本细则自 2005 年 9 月 1 日起，从 2005 级开始实施。其他有关规定与本细则不一致的，以本细则为准。本细则由教务处负责解释。

2. 中华女子学院自由选修课管理办法

随着市场经济的发展和社会对复合型人才的需求，我校在各专业的培养方案中安排了自由选修供学生选修，以拓宽学生的知识面，增强学生毕业后对社会的适应能力。管理办法如下：

一、开设课程教师的条件

1. 近 2 年内在学校承担一门及以上课程的授课任务，且课堂教学质量综合评价满意率在 70%（含）以上。

2. 新调入的具有博士学位或具有副高级以上职称的教师，由本人向教务处提出申请，试讲合格后，方可开设选修课。

二、自由选修课的审批程序

1. 拟开自由选修课的教师须在前一学期第 13、14 周向所在各二级学院、系、部教研室提出书面申请，填制《中华女子学院公共选修课申请表》，审批后经各二级学院、系、部主管教学主任签字后，于第15周前报送教务处。

2. 经各二级学院、系、部通过后的拟开课程，由任课教师个人登录教务管理系统进行申报。

3. 教务处将所有申报课程进行汇总、审核。

4. 教务处负责组织课程、学生选课及日常管理等工作。

三、选修课程办法

1. 学生可根据教务处每学期提供的拟开设的选修课程和任课教师情况在规定的时间段内进行选课，学生在校期间需修满专业培养方案中所规定的学分要求，学生根据各专业培养方案所要求的学分选课。

2. 自由选修课选课工作在前一学期第18、19周进行，开课时间为每学期第2周。具体程序如下：

（1）根据教务处的选课通知，学生应认真阅读课程简介和限选要求并在规定时间内进行选课。

（2）一般情况下共进行三轮选课。第一轮为所有拟开课程供学生预选课，第二轮为第一轮选课后名额未满的课程供学生改选和补选，第三轮为确定开设的课程供学生退选和对停开课程改选。

（3）选课学生人数不足20人的课不能开设。

（4）每学期，学生可根据本人的学习能力同时选报1—2门课程。

四、考勤及考核

1. 学生选课后要认真听课，课程结束后必须参加该门课程的考试，课程考试合格取得该门课程的学分；不及格者不得学分，可重修或改修。

2. 任课教师应严格考勤，缺课1/3者不得参加考试，即使已通过考试其所得成绩无效。学生确因培养方案安排外出实习或其他教学活动无法回校上课者，学生所在院、系应提前一周报教务处，经教务处证明，向任课教师办理请假手续，返校后可继续上课。

二、学生管理相关制度摘编

1. 中华女子学院学生考勤管理办法

为了加强对学生考勤工作的管理，严格上课纪律，根据学校的实际情况，制定考勤制度如下：

一、考勤分出勤、迟到、早退、旷课、病假、事假、公假七种。学生出勤的任何情况都应在班级考勤本中反映出来。

二、班级里的每位同学应上的每一节课都应有出勤记录，开学时各院、系根据本院、系班级总数到教务处学籍科领取考勤本。考勤本应存放在院、系办公室，由院、系办公室安排落实。每节课考勤由每位任课教师负责。教务处学籍科定期抽查。

三、班主任必须熟悉学生上课情况，应于每月25日统计出本班出勤情况并填表上报院、系办公室，院、系办公室负责在本月底前汇总本院、系考勤情况向全校公布并上报教务处学籍科存档。班主任应在本月内解决好考勤中出现的各种问题。

四、学生确有正当原因必须请假时，应事先提出书面申请并办理请假手续。学生因病请假应有校医务中心或县（含县）级以上医院证明。七天（含七天）以上且不到一学期总学时的1/3者（超过1/3需要办理休学手续），由院、系分管负责人批准。不请假或请假未经批准或超过假期不销假者均视为旷课。

五、学期中间，学生一般不得请事假。有特殊原因必须请事假时，应事先办理请假手续。七天以内由班主任批准，七天（含七天）以上且不到一学期总学时的1/3者（超过1/3需要办理休学手续），由班主任签署意见，并需经所在院、系分管负责人批准。

六、学生在校期间一般不得请公假，因特殊情况需请公假者，应持有关单位证明，经班主任同意和所在院、系分管负责人批准，方可离校。

七、不论是哪种缺勤方式，按缺勤一天6学时计算，平均迟到或早退三次按一次旷课处理，一次迟到或早退达15分钟时，记旷课1学时。

八、学生在一个学期内因病、事假缺课累计时间超过该学期总学时1/3以上者，应予休学一年。

九、请假期满，学生本人须及时向班主任、院、系分管负责人办理销假手续。需要续假时，其手续与请假手续相同，续假批准与否，所在校（院）应回复学生本人。

十、学生在一学期内无故旷课累计学时达到下列情形者，按以下规定处理：

1. 18—30学时者，给予警告处分；

2. 31—48学时者，给予严重警告处分；

3. 49—60学时者，给予记过处分；

4. 60学时以上者给予留校察看。

十一、学生对因考勤所受处分的申诉

学生对处分决定有异议的，在接到学校处分决定书之日起 5 个工作日内，可向学校学生申诉处理委员会提出书面申诉。申诉程序按学校有关规定执行。

十二、本办法自 2005 年 9 月 1 日起执行，其他或以往有关规定中凡与本办法不符的，以本办法规定为准。

2. 中华女子学院学生安全管理办法

为加强学生安全管理，进一步明确安全工作的规范要求，保障学生人身和财产安全，促进学生身心健康，营造良好育人环境，维护学校正常的教学和生活秩序，增强学生的政治意识、法律意识和纪律观念，督促学生自觉学习安全知识，主动接受学校、社会和家庭的各类安全教育，增强安全意识，提高学生的自防、自卫、自救能力，根据《普通高等学校学生安全教育及管理暂行规定》（国家教育委员会教学〔1992〕7 号）精神，并结合我校实际，特制定本办法。

第一章　政治安全

第一条　保持清醒的政治头脑，坚定政治立场。

第二条　相信科学，反对迷信。

第三条　不参加法轮功等非法组织及其活动，不组织、煽动闹事。

第四条　不组织、不参与非法集会、游行、签名活动。

第五条　不造谣，不信谣，不传谣。

第六条　不利用网络、通信工作、刊物等各种媒介登载、传播、发布危害社会稳定、政治安定、教学秩序等言论。

第二章　人身和财产安全

第七条　学生有维护校园安全和稳定的义务。学生必须严格遵守国家法律、法规和学院的各项规章制度，注意自身的人身和财物安全，防止各种事故的发生。

第八条　学生在日常教学及各项活动中，应遵守纪律和有关规定，听从指导，服从管理；在公共场所，要遵守社会公德、增强安全防范意识，提高自我保护能力。在教学、实习过程与日常生活中，学生因不遵守纪律或不按要求活动而发生意外事故，学院不承担责任。

第九条　学生应时时处处注意安全，不得攀越校门、围墙、窗户和栏杆，不得坐在窗台、阳台护栏或其附近。

第十条　学生应自觉遵守学生宿舍管理规定，自觉维护宿舍的安全与卫生，提高自我管理能力。

第十一条　学生应自觉做好防火工作，不吸烟，不在教室、宿舍等公共场所改造、私拉电源，不使用电炉、酒精炉、热得快等各种电器；不在公共场所点燃明火或在宿舍内存放易燃易爆物品，使用劣质电插板和台灯等。

第十二条　学生应自觉加强宿舍财物管理，离开宿舍应随手关好水电开关、关窗锁门、保管好钥匙、贵重物品、重要证件等。

第十三条　学生应自觉看管好个人自行车，不使用时应自觉锁好并存放在公共车棚内。

第十四条　学生组织集体校外活动须经院系同意，上报学校审批，谁组织谁负责。集体活动组织者要有序组织，注意安全，防止发生意外事故；未经审批，不得擅自组织学生集体校外活动。

第十五条　学生单独外出活动，在上课时间必须请假，节假日必须把去向及联系方式告知院系。在校外期间不轻信陌生人的话语，不到险要地带游玩，提高警惕性，注意自身安全。遇有特殊情况，不能如期返校的要及时报告班主任、辅导员。

第十六条　学生个人在校外参加勤工助学要告知班长或班主任，并登记工作时间及联系方式，详细了解勤工助学的工作内容和工作性质，提高警惕性，谨防上当受骗。

第十七条　学生外出实习，要严格遵守学校和实习单位各项纪律和制度。

第十八条　学生要严格遵守交通规则与安全法规。要注意人身和财产安全。假期往返学校，不得携带违禁物品上车、船、飞机等交通工具；不搭乘无牌证或违规超载车辆；现金、重要证件、行李物品等要妥善保管，谨防失窃，防止上当受骗。

第十九条　发现刑事、治安案件或交通、灾害等事故，在场学生应保护现场，及时报告学校或公安部门并协助处理。

第三章　其他安全

第二十条　严格遵守校纪校规和《学生手册》中的有关规定。严格遵守作息制度，不晚归，如有特殊情况，提前请假，由院系向保卫处出具证明或说明。

第二十一条　学生未经批准擅自离校不归发生意外事故的，学校不承担责任。对擅自离校不归，学校不知去向的学生，学校发现后将予以寻找并报告当地公安部门，通知学生家长。半月不归且未说明原因者，学校可按自动退学除名。

第二十二条　学校开学或放假，学生必须按照学校的安排，按时离校和返校，并不得在途中逗留，提高安全意识，搞好安全防范工作。学生假期或办理离校手续后发生意外事故的，学校不承担责任。

第二十三条　凡经学校定的专业医院确诊为精神病、传染病或其他某种严重疾病不能继续坚持学习的学生，应予退学，由其监护人负责领回。学生及其监护人不得无理纠缠，扰乱学校教学、生活秩序。

第二十四条　因事故意外伤残的学生，经治疗后病情稳定，学校认为生活能自理，能坚持在校学习，可留校继续学习；不能坚持在校学习者，应予退学，由学校按其实际学习年限发给肄业证书。

第二十五条　学生要热爱生活，珍惜生命，增强对自身、家庭和社会的责任感，自觉履行成年人的义务和责任。

第四章　附　则

第二十六条　本办法自发布之日起实行，由学生工作部（处）负责解释。

第二十七条　各院系可根据本暂行规定制定实施细则。

3. 中华女子学院计算机实验室学生守则

计算机实验室是全校学生学习知识、技能的场所，所有使用者均有责任和义务创造、维护良好的学习气氛、上机环境和上机秩序。严格遵守本守则。

一、在计算机实验室上课和上机的学生必须服从教师和实验室管理人员的管理，遵守实验室的安全卫生制度和设备操作规程。

二、遵守实验课上课时间，不得迟到早退。严格请假制度。实验课缺课不予补课。

三、讲文明、讲礼貌，禁止在实验室及周围区域内大声喧哗、打闹。

四、爱护实验室内公共设备，不得随意搬动设备或拔插有关设备的接头，如遇故障或异常情况及时报告教师或实验室管理人员。损坏公物照价赔偿。

五、为预防计算机病毒，保证系统安全，未经允许严禁在实验室使用自带的U盘、光盘等存储介质，违反者按《违反计算机实验室规定的处罚条例》处理。

六、进入实验室前，一律将所带物品放在与自己上机号对应的储物柜里（贵重物品请自行妥善保管），不得携带书包、食品、水杯、饮料等进入实验室。

七、使用机器需保持双手清洁。保持实验室以及楼道内卫生，严禁在设备、桌面、墙面乱写乱画，不许随地吐痰、乱扔废弃物。

八、若遇重大突发事件，保持冷静，遵从教师和实验室管理人员的指挥，按秩序撤离。

三、学生思想政治教育类制度摘编

中华女子学院文明宿舍评比规定

为了加强学生公寓的管理，不断促进学生公寓的整体建设，提高学生生活空间的文化氛围，促进大学生养成良好的生活习惯，全面提高学生的综合素质，引导同学热爱宿舍、创建文明宿舍的积极性和主动性，学校每学年在全校学生宿舍中评选一次"文明宿舍"，并给予相应奖励。

一、评选范围及评选比例

凡在学生公寓住宿的学生，以宿舍为单位参与"文明宿舍"的评选。"文明宿舍"原则上按照学生宿舍总数20%的比例评选。

二、评选条件

1. 消防安全意识强。遵守学校各项规章制度，不使用违规电器，不在宿舍存放和使用电炉、热得快、电热杯、电饭锅、电熨斗、电夹板、加湿器、电热毯、饮水机等电热器具；不在宿舍存放和使用煤油炉，煤气炉，酒精炉等易燃物品；不抽烟，不酗酒，不点燃蜡烛，不使用明火，不在室内和公共场所焚烧废弃物；不私接电线，不私自加大电源保险丝；不在插座及接线板周围放置易燃易爆物品。

2. 注重安全保卫。能妥善保管个人的现金等贵重物品；最后离开宿舍的同学能关好窗户和门锁；不留宿外来人员；不在宿舍内从事商业经营活动；非学校配置的家具等物品不擅自搬入宿舍。

3. 讲文明懂礼貌，认真履行大学生文明公约。宿舍成员团结互助，互敬互让；能模范遵守学校各项规章制度，并能批评和制止违反公寓管理的行为；爱护公物，能积极参与各种公寓楼内的公益活动；积极参加学校、学生公寓管理服务中心组织的各项宿舍文化建设的活动。

4. 宿舍卫生好。在一个学年内历次卫生检查评比及抽查中均表现优良。

5. 宿舍成员无违反学生公寓管理各项规定的不良记录。

三、评选办法

1. 每学年，在学生公寓管理服务中心、辅导员、学生自律会等部门共同组成检查组检查的基础上，结合学生干部平常的检查和学生公寓管理服务中心、各系辅导员抽查的情况，由学生公寓管理服务中心确定"文明宿舍"名单，报学校学生公寓管理委员会审批。

2. 学年内卫生有不达标的宿舍，取消该宿舍参加文明宿舍的评比资格。

3. 宿舍成员若有违反住宿管理相关规定的不良记录，取消该宿舍参与文明宿舍评比的资格。

4. 文明宿舍每学年评比一次。

四、奖励办法

1. 凡被授予文明宿舍称号的，学校给予一定的物质奖励。

2. 评比成绩计入学生综合测评分。

五、本规定自 2011 年 9 月 1 日起实施，由学生公寓管理委员会负责解释。

第二节　大学生适应性教育的工作流程

建立学校完善的工作流程，要树立"流程意识"，流程是管理细节最好的工具，要充分认识到工作流程在学校管理中的重要性，流程对了，人人知晓了，它不仅可以解决重复布置工作的问题，还可以节约时间，帮助谋划，改善工作滞后的问题，提高工作指导效率。

我们根据大学生适应性教育多年工作实践，探索了一套对于刚进入大学校园的学生从生活适应到参加各种活动的工作流程，这既是对工作总结的流程化概括，也是对相关部门彼此工作进程和要求的约束，这是一个开放的系统，流程可以根据各校工作时间和工作内容的不同有所增减。

1. 中华女子学院北校区新生报到工作流程

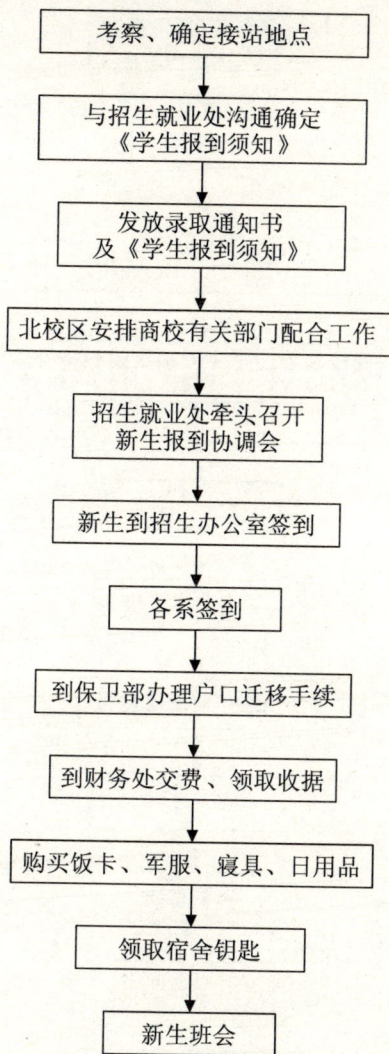

```
┌─────────────────────┐
│   考察、确定接站地点   │
└─────────────────────┘
          ↓
┌─────────────────────┐
│  与招生就业处沟通确定  │
│   《学生报到须知》     │
└─────────────────────┘
          ↓
┌─────────────────────┐
│    发放录取通知书      │
│  及《学生报到须知》    │
└─────────────────────┘
          ↓
┌─────────────────────┐
│ 北校区安排商校有关部门配合工作 │
└─────────────────────┘
          ↓
┌─────────────────────┐
│  招生就业处牵头召开    │
│   新生报到协调会       │
└─────────────────────┘
          ↓
┌─────────────────────┐
│  新生到招生办公室签到   │
└─────────────────────┘
          ↓
┌─────────────────────┐
│       各系签到         │
└─────────────────────┘
          ↓
┌─────────────────────┐
│ 到保卫部办理户口迁移手续 │
└─────────────────────┘
          ↓
┌─────────────────────┐
│  到财务处交费、领取收据  │
└─────────────────────┘
          ↓
┌─────────────────────┐
│ 购买饭卡、军服、寝具、日用品 │
└─────────────────────┘
          ↓
┌─────────────────────┐
│     领取宿舍钥匙       │
└─────────────────────┘
          ↓
┌─────────────────────┐
│       新生班会         │
└─────────────────────┘
```

2. 中华女子学院北校区新生入学教育阶段工作流程

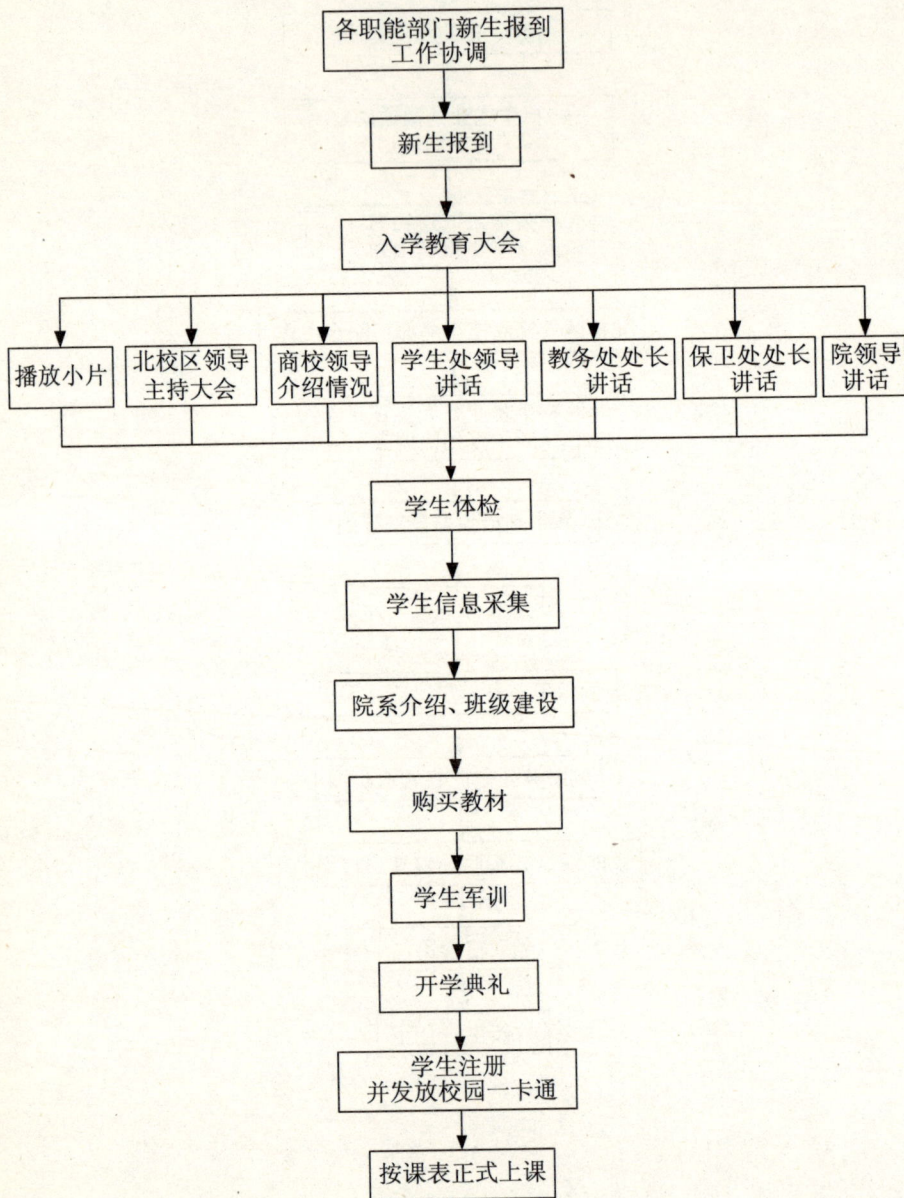

```
各职能部门新生报到
工作协调
        │
        ▼
     新生报到
        │
        ▼
   入学教育大会
        │
```

| 播放小片 | 北校区领导主持大会 | 商校领导介绍情况 | 学生处领导讲话 | 教务处处长讲话 | 保卫处处长讲话 | 院领导讲话 |

```
        │
        ▼
    学生体检
        │
        ▼
   学生信息采集
        │
        ▼
院系介绍、班级建设
        │
        ▼
    购买教材
        │
        ▼
    学生军训
        │
        ▼
    开学典礼
        │
        ▼
   学生注册
并发放校园一卡通
        │
        ▼
  按课表正式上课
```

3. 中华女子学院北校区普本新生军训工作流程

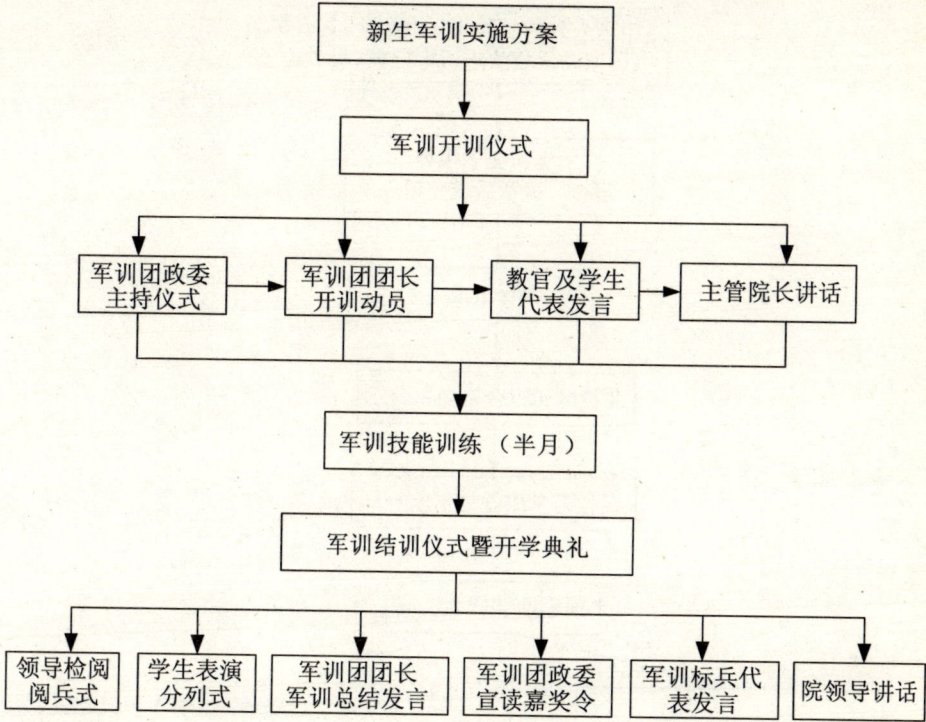

```
┌─────────────────────┐
│    新生军训实施方案    │
└─────────────────────┘
           │
           ▼
┌─────────────────────┐
│     军训开训仪式      │
└─────────────────────┘
           │
  ┌────────┼────────┬────────┐
  ▼        ▼        ▼        ▼
┌───────┐ ┌───────┐ ┌───────┐ ┌───────┐
│军训团政委│→│军训团团长│→│教官及学生│→│主管院长讲话│
│主持仪式 │ │开训动员 │ │代表发言 │ │        │
└───────┘ └───────┘ └───────┘ └───────┘
           │
           ▼
┌─────────────────────┐
│   军训技能训练（半月）  │
└─────────────────────┘
           │
           ▼
┌─────────────────────┐
│  军训结训仪式暨开学典礼  │
└─────────────────────┘
           │
 ┌────┬────┬────┬────┬────┬────┐
 ▼    ▼    ▼    ▼    ▼    ▼
┌────┐┌────┐┌─────┐┌─────┐┌────┐┌────┐
│领导检阅││学生表演││军训团团长││军训团政委││军训标兵代││院领导讲话│
│阅兵式 ││分列式 ││军训总结发言││宣读嘉奖令││表发言  ││     │
└────┘└────┘└─────┘└─────┘└────┘└────┘
```

4. 中华女子学院北校区申请国家助学贷款流程

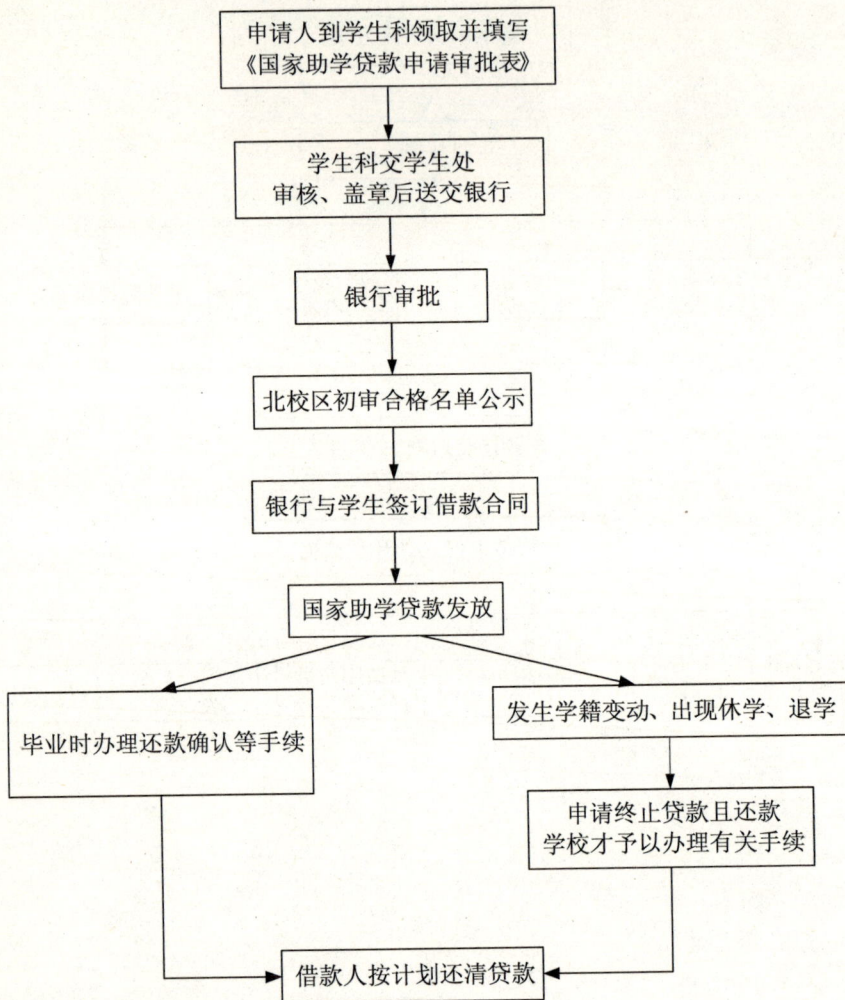

```
申请人到学生科领取并填写
《国家助学贷款申请审批表》
          ↓
    学生科交学生处
  审核、盖章后送交银行
          ↓
      银行审批
          ↓
  北校区初审合格名单公示
          ↓
  银行与学生签订借款合同
          ↓
    国家助学贷款发放
      ↙           ↘
毕业时办理还款        发生学籍变动、出现休学、退学
确认等手续                    ↓
                     申请终止贷款且还款
                     学校才予以办理有关手续
      ↘           ↙
    借款人按计划还清贷款
```

备注：申请人应准备国家助学贷款申请的相关资料：个人书面申请、入学通知书（或学生证）、身份证（或户口本）复印件、乡镇或街道民政部门提供的家庭经济困难证明。

5. 中华女子学院北校区勤工助学岗学生录用流程

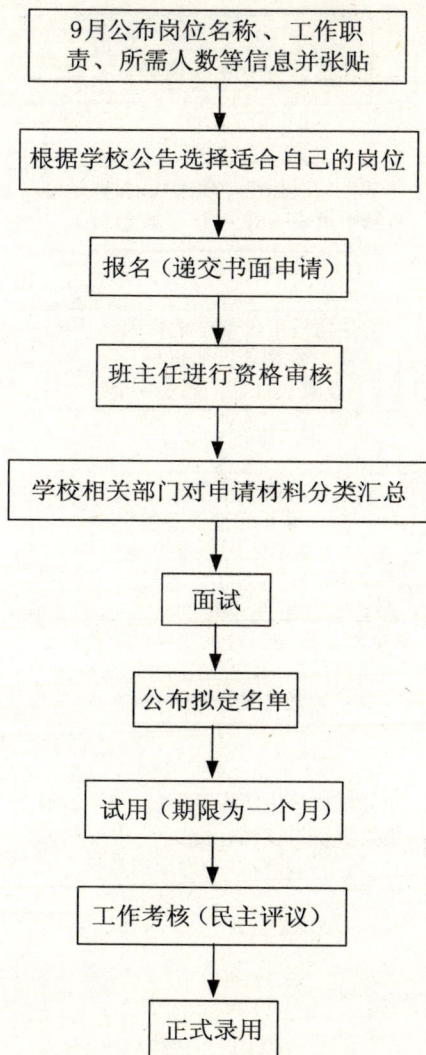

```
┌─────────────────────────────┐
│ 9月公布岗位名称、工作职       │
│ 责、所需人数等信息并张贴      │
└─────────────────────────────┘
              ↓
┌─────────────────────────────┐
│ 根据学校公告选择适合自己的岗位 │
└─────────────────────────────┘
              ↓
┌─────────────────────────────┐
│ 报名（递交书面申请）          │
└─────────────────────────────┘
              ↓
┌─────────────────────────────┐
│ 班主任进行资格审核            │
└─────────────────────────────┘
              ↓
┌─────────────────────────────┐
│ 学校相关部门对申请材料分类汇总 │
└─────────────────────────────┘
              ↓
┌─────────────┐
│ 面试         │
└─────────────┘
              ↓
┌─────────────────┐
│ 公布拟定名单     │
└─────────────────┘
              ↓
┌─────────────────────┐
│ 试用（期限为一个月）  │
└─────────────────────┘
              ↓
┌─────────────────────┐
│ 工作考核（民主评议）  │
└─────────────────────┘
              ↓
┌─────────────┐
│ 正式录用     │
└─────────────┘
```

6. 中华女子学院北校区休学、退学、保留学籍工作流程

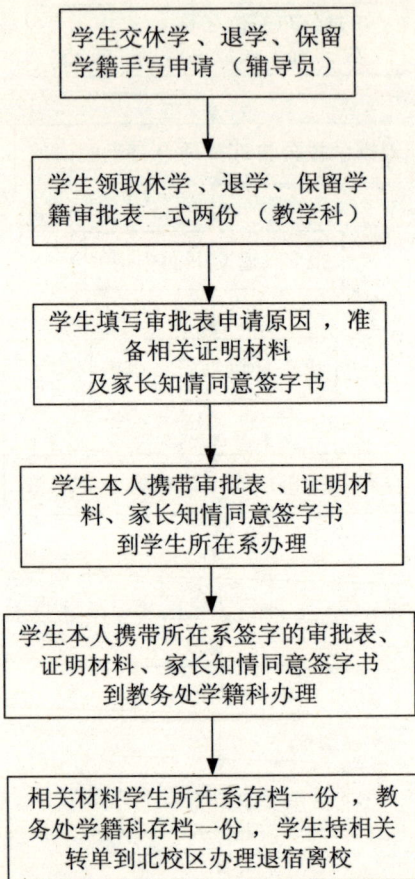

```
┌─────────────────────────────┐
│ 学生交休学、退学、保留        │
│ 学籍手写申请（辅导员）        │
└─────────────────────────────┘
              │
              ▼
┌─────────────────────────────┐
│ 学生领取休学、退学、保留学     │
│ 籍审批表一式两份（教学科）     │
└─────────────────────────────┘
              │
              ▼
┌─────────────────────────────┐
│ 学生填写审批表申请原因，准     │
│ 备相关证明材料               │
│ 及家长知情同意签字书          │
└─────────────────────────────┘
              │
              ▼
┌─────────────────────────────┐
│ 学生本人携带审批表、证明材     │
│ 料、家长知情同意签字书        │
│ 到学生所在系办理             │
└─────────────────────────────┘
              │
              ▼
┌─────────────────────────────┐
│ 学生本人携带所在系签字的审批表、 │
│ 证明材料、家长知情同意签字书    │
│ 到教务处学籍科办理            │
└─────────────────────────────┘
              │
              ▼
┌─────────────────────────────┐
│ 相关材料学生所在系存档一份，教   │
│ 务处学籍科存档一份，学生持相关   │
│ 转单到北校区办理退宿离校        │
└─────────────────────────────┘
```

7. 中华女子学院北校区借用多媒体教室工作流程

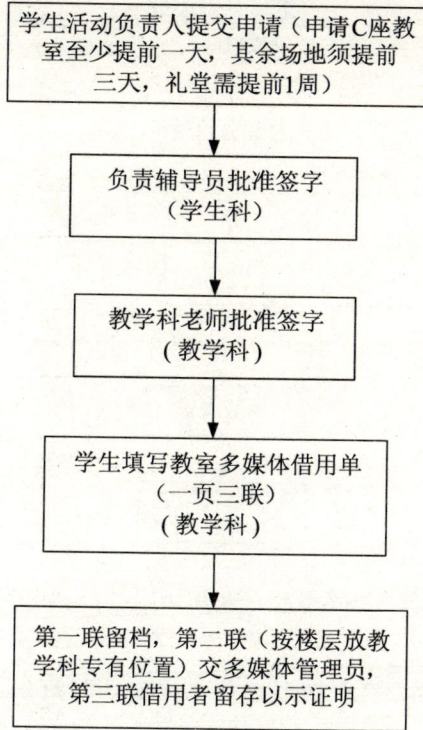

```
┌─────────────────────────────┐
│ 学生活动负责人提交申请（申请C座教 │
│ 室至少提前一天，其余场地须提前   │
│ 三天，礼堂需提前1周）           │
└─────────────────────────────┘
              │
              ▼
      ┌───────────────┐
      │ 负责辅导员批准签字 │
      │   （学生科）     │
      └───────────────┘
              │
              ▼
      ┌───────────────┐
      │ 教学科老师批准签字 │
      │   （教学科）     │
      └───────────────┘
              │
              ▼
      ┌─────────────────┐
      │ 学生填写教室多媒体借用单 │
      │    （一页三联）      │
      │    （教学科）       │
      └─────────────────┘
              │
              ▼
  ┌─────────────────────────────┐
  │ 第一联留档，第二联（按楼层放教 │
  │ 学科专有位置）交多媒体管理员，   │
  │ 第三联借用者留存以示证明       │
  └─────────────────────────────┘
```

借用教室须知

1. 申请人在"使用部门"内最好填写担任一定职位的学生，对其申请时间内发生的问题或造成的损失，承担相应的责任；

2. 申请人申请C座教室至少提前一天申请，借教室时间为周一至周四；

3. 申请人填写《多媒体借用单》时，须保证三联内容一致；

4. 申请人必须填清楚各项申请，如"使用时间"，填写"每周×"或"本周×"或"×月×日"；"使用时段"，在相应"□"内画"√"，或直接写"×点×分至×点×分"；

5. 若申请时间与教室上课使用发生冲突，视为无效；

6. 因故取消活动或需提前活动必须通知多媒体管理员。

8. 中华女子学院北校区业余党校（初级）培训班流程

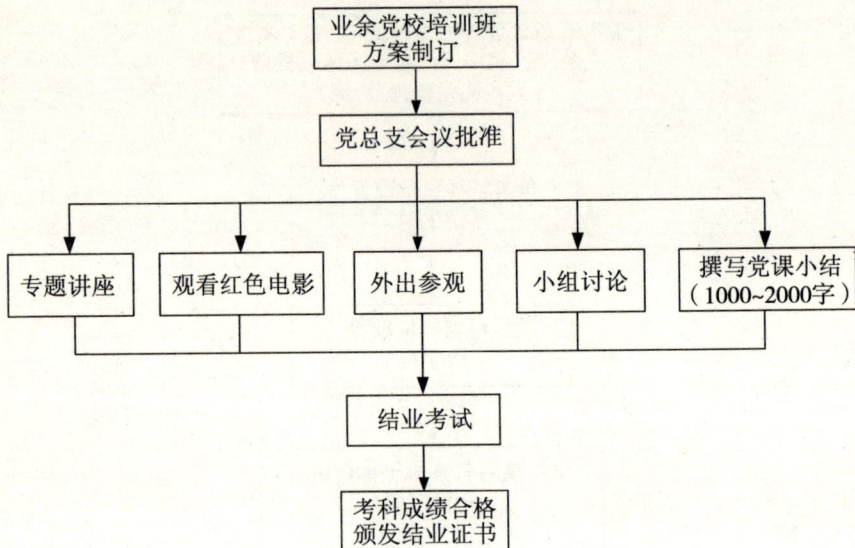

```
          ┌──────────────────┐
          │ 业余党校培训班    │
          │ 方案制订          │
          └────────┬─────────┘
                   ↓
          ┌──────────────────┐
          │ 党总支会议批准    │
          └────────┬─────────┘
                   │
   ┌───────┬───────┼───────┬────────────┐
   ↓       ↓       ↓       ↓            ↓
┌──────┐┌──────────┐┌────────┐┌────────┐┌──────────────┐
│专题讲座││观看红色电影││外出参观 ││小组讨论 ││撰写党课小结   │
│      ││          ││        ││        ││（1000~2000字）│
└──────┘└──────────┘└───┬────┘└────────┘└──────────────┘
                        ↓
                 ┌────────────┐
                 │ 结业考试    │
                 └─────┬──────┘
                       ↓
                 ┌────────────┐
                 │ 考科成绩合格 │
                 │ 颁发结业证书 │
                 └────────────┘
```

备注：1. 时间为每年 11 月；

2. 参加业余党校的对象包括：新生党员、递交入党申请书的学生及自愿参加培训学习的师生。

9. 中华女子学院北校区班级学生干部选举流程

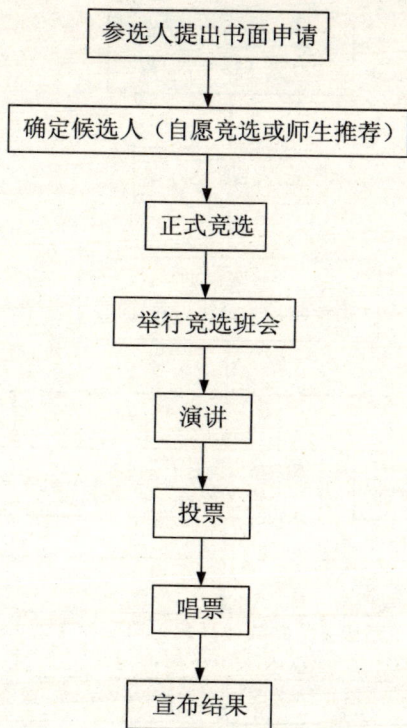

```
┌─────────────────────┐
│   参选人提出书面申请   │
└─────────────────────┘
          │
          ▼
┌───────────────────────────┐
│ 确定候选人（自愿竞选或师生推荐） │
└───────────────────────────┘
          │
          ▼
┌─────────────┐
│   正式竞选   │
└─────────────┘
          │
          ▼
┌─────────────┐
│  举行竞选班会  │
└─────────────┘
          │
          ▼
┌─────────┐
│   演讲   │
└─────────┘
          │
          ▼
┌─────────┐
│   投票   │
└─────────┘
          │
          ▼
┌─────────┐
│   唱票   │
└─────────┘
          │
          ▼
┌─────────┐
│  宣布结果  │
└─────────┘
```

备注：班委：班长、学习委员、文体委员、生活委员、心理委员；

团支部：团支书、宣传委员、组织委员、社会实践与科技委员。

10. 中华女子学院北校区学生党员、学生干部培训班工作流程

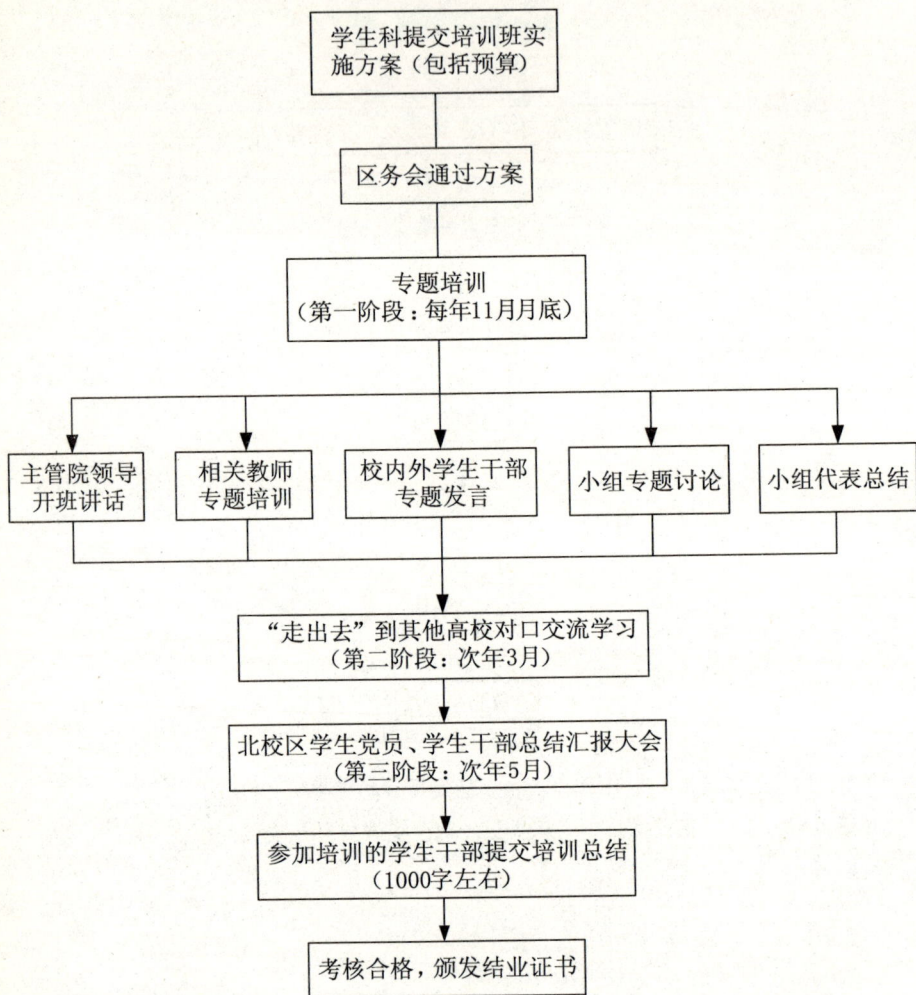

学生科提交培训班实施方案（包括预算）

↓

区务会通过方案

↓

专题培训
（第一阶段：每年11月月底）

↓

| 主管院领导开班讲话 | 相关教师专题培训 | 校内外学生干部专题发言 | 小组专题讨论 | 小组代表总结 |

↓

"走出去"到其他高校对口交流学习
（第二阶段：次年3月）

↓

北校区学生党员、学生干部总结汇报大会
（第三阶段：次年5月）

↓

参加培训的学生干部提交培训总结
（1000字左右）

↓

考核合格，颁发结业证书

备注：参加本培训班的对象包括：学生党员、各班班长、团支部书记、区级学生干部。

11. 中华女子学院北校区学生办理请、销假手续流程

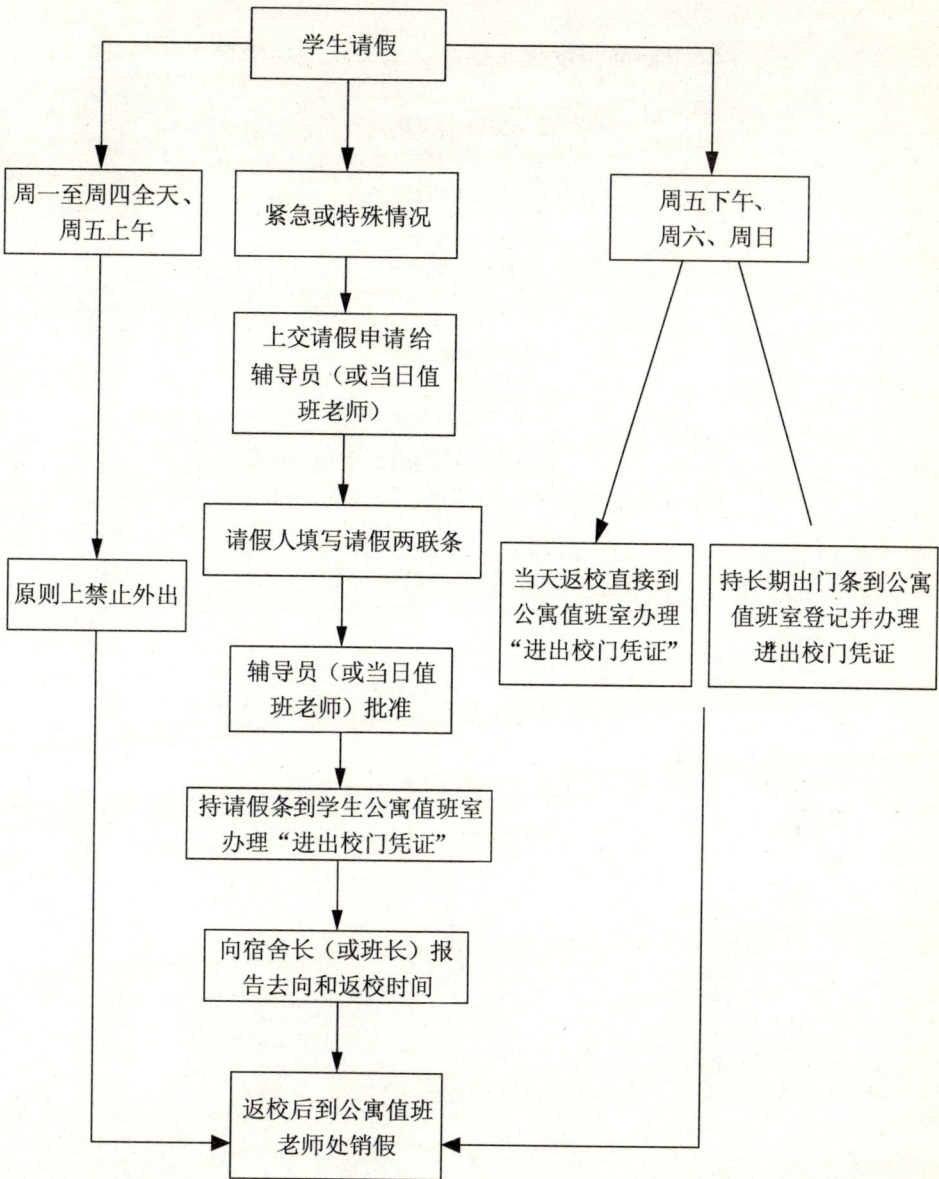

```
                        学生请假
```

周一至周四全天、　　　紧急或特殊情况　　　　　　周五下午、
周五上午　　　　　　　　　　　　　　　　　　　　周六、周日

　　　　　　　　　　上交请假申请给
　　　　　　　　　　辅导员（或当日值
　　　　　　　　　　班老师）

　　　　　　　　　　请假人填写请假两联条

原则上禁止外出

　　　　　　　　　　辅导员（或当日值　　　当天返校直接到　　持长期出门条到公寓
　　　　　　　　　　班老师）批准　　　　公寓值班室办理　　值班室登记并办理
　　　　　　　　　　　　　　　　　　　　"进出校门凭证"　　进出校门凭证

　　　　　　　　　　持请假条到学生公寓值班室
　　　　　　　　　　办理"进出校门凭证"

　　　　　　　　　　向宿舍长（或班长）报
　　　　　　　　　　告去向和返校时间

　　　　　　　　　　返校后到公寓值班
　　　　　　　　　　老师处销假

备注：1. 学生请假长达三天或三天以上时，除提交请假申请外，还需附上安全保证书并确保
　　　　及时返校；

　　　2. 填写"进出校门凭证"登记表时，应注明请假人姓名、外出事由、外出时间及返校
　　　　时间等内容。

12. 中华女子学院北校区学生实践活动流程

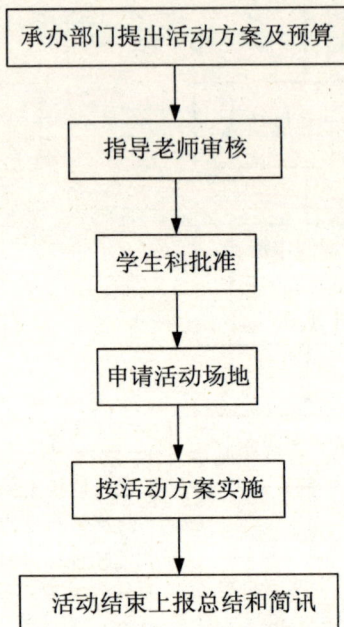

承办部门提出活动方案及预算

↓

指导老师审核

↓

学生科批准

↓

申请活动场地

↓

按活动方案实施

↓

活动结束上报总结和简讯

13. **中华女子学院北校区学生外出集体活动申请流程（10 人以上）**

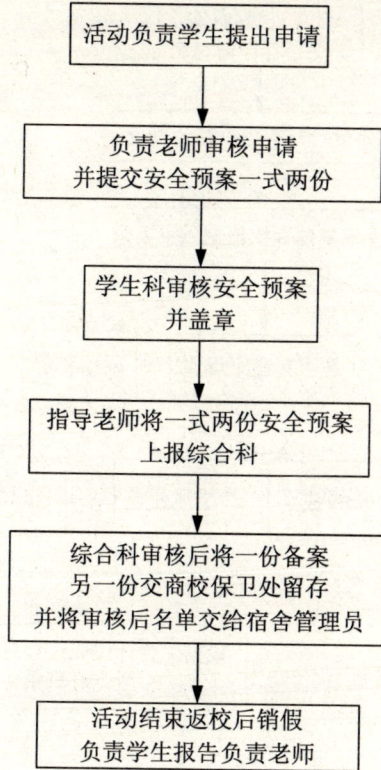

活动负责学生提出申请

↓

负责老师审核申请
并提交安全预案一式两份

↓

学生科审核安全预案
并盖章

↓

指导老师将一式两份安全预案
上报综合科

↓

综合科审核后将一份备案
另一份交商校保卫处留存
并将审核后名单交给宿舍管理员

↓

活动结束返校后销假
负责学生报告负责老师

14. 中华女子学院北校区"先进班集体"评比流程

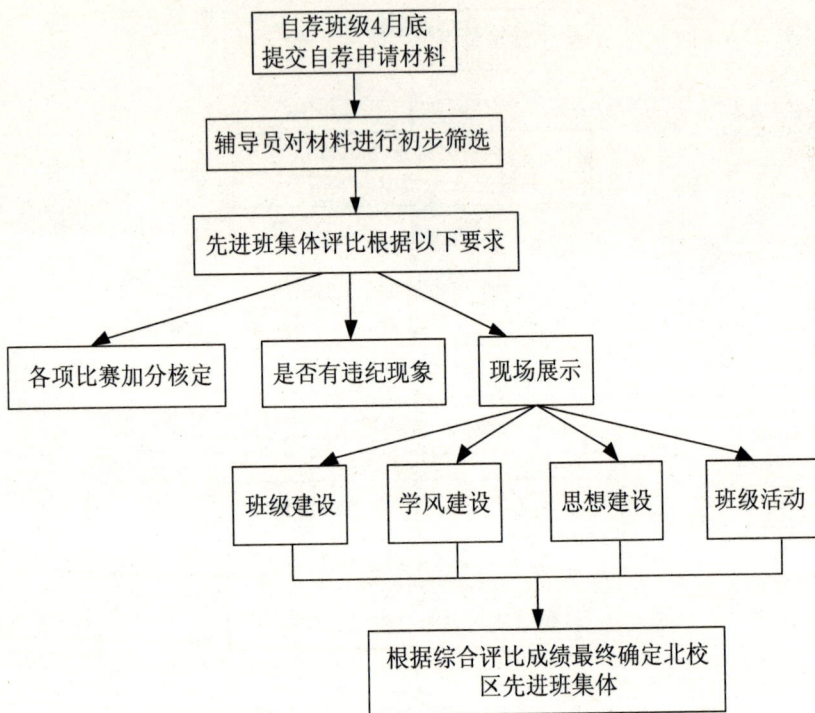

```
自荐班级4月底
提交自荐申请材料
        ↓
辅导员对材料进行初步筛选
        ↓
先进班集体评比根据以下要求
    ↙      ↓      ↘
各项比赛加分核定   是否有违纪现象   现场展示
                        ↙  ↓  ↓  ↘
                班级建设  学风建设  思想建设  班级活动
                        ↓
            根据综合评比成绩最终确定北校
                区先进班集体
```

15. 中华女子学院北校区"优秀宿舍"评比流程

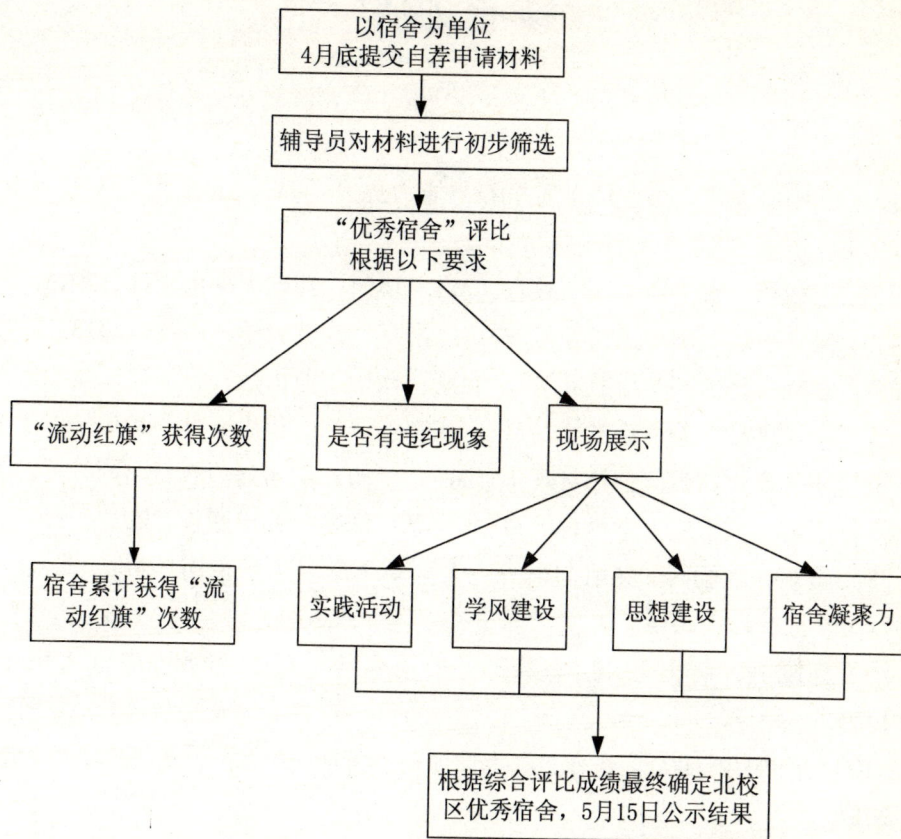

```
以宿舍为单位
4月底提交自荐申请材料
        ↓
辅导员对材料进行初步筛选
        ↓
"优秀宿舍"评比
根据以下要求
```

- "流动红旗"获得次数
- 是否有违纪现象
- 现场展示

宿舍累计获得"流动红旗"次数

实践活动　学风建设　思想建设　宿舍凝聚力

根据综合评比成绩最终确定北校区优秀宿舍，5月15日公示结果

参考文献

［1］程刚. 现代大学生的素质培养与能力提升［M］. 北京：高等教育出版社，2013.

［2］王耀东. 大学新生入学教育［M］. 郑州：郑州大学出版社，2015.

［3］吴立平. 大学生成长导航［M］. 南京：江苏大学出版社，2013.

［4］李红. 我的大学导航［M］. 北京：化学工业出版社，2013.

［5］中映良品. 茶道铁观音［M］. 成都：成都时代出版社，2010.

［6］江月孙，赵敏. 学校管理学［M］. 广州：广州高等教育出版社，2000.

［7］丁璇. 大学生入学教育［M］. 北京：国防工业出版社，2013.

［8］黄颂，刘儒国. 扬帆起航——大学新生学习生活指南［M］. 武汉：华中师范大学出版社，2014.

［9］庄晚芳，唐庆忠，唐力新等. 中国名茶［M］. 杭州：浙江人民出版社，1979.

［10］共青团浙江大学委员会. 教你如何办社团［M］. 杭州：浙江大学出版社，2014.

［11］姚本先，王道阳. 大学生生涯辅导概论［M］. 合肥：安徽人民出版社，2005.

［12］犀文图书. 手作创意小物［M］. 北京：中国纺织出版社，2012.

［13］韩国青冈研究会. 亲手做韩式家居用品［M］. 长春：吉林科学技术出版社，2011.

［14］潘中锋，向健极. 大学生入学教育［M］. 北京：北京师范大学出版社，2012.

［15］舒岚. 佳美生活400样［M］. 北京：中医古籍出版社，2005.

［16］韩凤娟. 大学生自组织管理［M］. 北京：中国农业出版社，2012.

［17］余海燕. 宝宝最爱的手编毛衣［M］. 沈阳：辽宁科学技术出版

社，2012.

［18］杨学军. 识茶·泡茶·品茶：茶隐老杨说茶道［M］. 北京：中国纺织出版社，2013.

［19］日本靓丽出版社. 秋冬时尚毛衣编织［M］. 赵净净，译. 北京：中国民族摄影艺术出版社，2012.

［20］日本美创出版. 勾出超可爱立体小物件100款：甜美饰物篇［M］. 郑州：河南科学技术出版社，2013.

［21］李苗. 经典棒针钩针花样［M］. 上海：上海科学技术文献出版社，2013.

［22］日本靓丽社组织. 棒针编织［M］. 北京：化学工业出版社，2012.

［23］阿瑛. 串珠炫目异域风［M］. 长沙：湖南美术出版社，2008.

［24］阿瑛. 女式毛衣编织实例. 棒针篇［M］. 北京：中国纺织出版社，2007.

［25］张小京，许邦官，方喻. 梦之塔——大学生新生入学指导［M］. 武汉：华中师范大学出版社，2012.

［26］徐国峰，潘俊波. 大学生新生入学教育教程［M］. 北京：清华大学出版社，2013.

［27］阿瑛. 拼布生活·基础篇［M］. 北京：中国纺织出版社，2008.

［28］蔡仲娟. 中外现代花艺："花之韵"第六届作品选［M］. 合肥：安徽科学技术出版社，2008

［29］丁希凡. 针编织服装设计与工艺［M］. 上海：东华大学出版社，2006.

［30］宝库社. 编织衣物制图：应用篇［M］. 黄钢，译. 北京：中国轻工业出版社，2006.

［31］阿瑛. 毛衣编织1580：综合篇［M］. 北京：中国轻工业出版社，2007.

［32］陈郭宝桂. 时尚编织教学实例［M］. 北京：中国轻工业出版社，2008.

［33］冯静. 浅析大学新生入学教育适应性的探讨及对策［J］. 教育探索，2014（11）.

［34］夏吉莉，刘景刚，李纯. 大学生适应性教育的思考——从缄默知识理

论视角的探析 [J]. 当代教育论坛（综合版），2010（2）.

[35] 陶好飞，刘琳，陈玲等. 大学生二三课堂成长指导教程 [M]. 北京：光明日报出版社，2013.

[36] 李明舜. 立德树人，同心筑梦 [M]. 北京：中国妇女出版社，2014.

[37] 李明舜，洪艺敏. 培养知性高雅的女性人才——中华女子学院改革举措 [J]. 中国教育报，2012（5）.

[38] 李明舜，洪艺敏，杜江. 女子院校实践性教学体系的构建与实践 [J]. 中华女子学院学报，2014（4）.

[39] 洪艺敏. 女子院校女性创新人才培养的思考 [J]. 中华女子学院学报，2013（2）.

[40] 王坤庆. 精神与教育——一种教育哲学视角的当代教育反思与建构 [M]. 上海：上海教育出版社，2002.

[41] 刘亚辉. 论大学生安全教育 [J]. 交通高教研究，2004（2）

[42] 段志光. 大学新生适应教育概论 [M]. 北京：中国科学技术出版社，2003.

[43] 冯开甫. 大学新生教育概论 [M]. 成都：西南交通大学出版社，2005.

[44] 秦小云. 大学教学管理制度的人性化问题研究 [M]. 青岛：中国海洋大学出版社，2007.

[45] 白华，张骞文，吴永江等. 大学新生教育模式新视野 [M]. 北京：中国书籍出版社，2015.

[46] 张明. 当前高校心理健康教育存在的问题及对策研究 [D]. 东北师范大学，2007.

[47] 梁晓林. 农村中学心理健康教育研究 [J]. 凉山州会理县沙坝中学，2009.

[48] 吴少怡. 大学生团体辅导与团体训练 [M]. 济南：山东大学出版社，2010.

[49] 樊富珉，何瑾. 团体心理辅导 [M]. 上海：华东师范大学出版社，2010.

[50] 李晓波，谢铡. 高校心理委员培训教程 [M]. 北京：化学工业出版社，2010.

［51］周圆. 团体辅导：理论、设计与实例［M］. 上海：上海教育出版社，2013.

［52］罗京滨，曾峥. 大学团体心理辅导实操指南［M］. 广州：暨南大学出版，2009.

［53］教育部、卫生部、共青团中央关于进一步加强和改进大学生心理健康教育的意见［Z］. 2005.

［54］普通高等学校学生心理健康教育工作基本建设标准（试行）［Z］. 2011.

［55］张乐. 在寓教于乐中以模块化形式培养职校生的综合能力［J］. 新课程（中旬），2013（11）.

［56］张力成，王超. 浅议和谐校园文体活动的构建［J］. 人力资源管理，2011（1）：161.

［57］袁锐. 校园文体活动育人功能探析——以北京大学经济学院特色文体工作为例［J］. 高校辅导员学刊，2010（2）.

［58］何敏. 大学生创新意识与创新能力的培养［J］. 江西教育，2013（12）.

［59］左艳芳. 大学生创业素质培养的对策研究［J］. 现代经济信息，2014（24）.

［60］曹剑辉，周合兵，罗一帆. 大学生创新创业教育模式［J］. 实验室研究与探索，2010（8）.

［61］袁贵仁. 把创新创业教育贯穿人才培养全过程［R］. 中国教育报，2015.

［62］杨永超. 高校创新创业教育实现路径的选择与构建［J］. 河北广播电视大学学报，2012（5）.

［63］欧文·戈夫曼. 日常生活中的自我呈现［M］. 冯钢，译. 北京：北京大学出版社，2007.

［64］孙惠柱. 社会表演学［M］. 北京：商务出版社，2009.

［65］李会中. 戏曲鉴赏［M］. 北京：北京师范大学出版社，2010.

［66］刘金同，宫淑芝，陈文新. 大学生文化修养［M］. 北京：北京大学出版社，2008.

［67］李燕，童坤. 浅议大学生传统文化修养［J］. 科技信息，2007（9）.

[68] 周天枢. 性别意识教育与女大学生培养 [J]. 教育与职业：理论版，2010（13）.

[69] 宋珺. 论实践育人理念在高等教育中的实施 [J]. 思想教育研究，2012（7）.

[70] 楼宇烈. 文化素质与人文修养 [J]. 精神文明导刊，2011（3）.

[71] 曹国永. 文化传承创新：大学的责任与使命 [J]. 高校理论战线，2012（3）.

[72] 张岂之. 大学文化传承创新如何构建 [J]. 中国高等教育，2011（20）.

[73] 王利军. 继承民族修身文化　提高大学生德育实效性 [J]. 教育理论与实践，2008（24）.

[74] 黄荣怀. 教育信息化助力当前教育变革 [J]. 中国电化教育，2011（1）：36-40.

[75] 钱学森. 关于思维科学 [M]. 上海：上海人民出版社，1986.

[76] GOGU. G. Mobility of mechanisms：A critical review [J]. Mechanism & Machine Theory，2005，40：1068-1097.

[77] 马玉珂. 西方逻辑史 [M]. 北京：中国人民大学出版社，2004.

[78] 魏鹤君，张映海，吕涛. 任务驱动教学法在多媒体技术课程教学中的应用 [J]. 教育与教学研究，2009. 2.

[79] 朱琴华，沈小婷，向修海. "90后"大一新生学习与心理状况的统计调查分析 [J]. 南京财经大学学报，2011（4）.

[80] 高云，谢莉. 规避与善治：大学生心理健康教育与思想政治教育的有效结合 [J]. 时代教育，2010（1）.

[81] 刘婷. 以人为本，进一步加强大学生心理健康教育 [J]. 湖南大众传媒职业技术学院学报，2010-10（1）.

[82] 文竹，李力红. 加强大学生心理健康教育的方法探讨 [J]. 教育与职业，2010（843）.

[83] 朱小玲，陈肖飞. 网络信息化改变高校学生管理的发展模式 [J]. 网络财富，2009（20）：30-31.

[84] 洪莹，吴建豪. 网络时代高校学生教育管理的创新 [J]. 中国电力教育，2008，121（9）：167-168.

［85］张蕾，西荣超．学生干部指导手册（大学生素质成长丛书）［M］．北京：清华大学出版社，2013.

［86］范军，王振成，王占仁．大学生党员培养理论与方法（高校辅导员专业化丛书）［M］．北京：人民出版社，2010.

［87］李焱．高校学生干部培训教程［M］．重庆：重庆大学出版社，2014.

附录 1　中华女子学院新生思想政治状况调查报告

第一部分　调查实施背景与样本描述

为了深入了解大一新生的思想政治状况，了解新生入校后的学习、生活、心理变化等情况，进一步有效加强和改进新生适应性教育工作，我校在大一新生入校半年后开展思想政治状况调查，已经连续 9 年对大一学生的思想政治状况及其适应性问题进行了调查，以真实的数据为基础开展大一学生适应性教育工作。本次报告以 2014 级大一学生思想政治状况为样本，相信可以为各高校了解大一学生的思想动态、分担大一学生的忧虑和困惑具有一定的参考价值。

本次调查采取问卷方式，内容项目设计参考上级教育主管部门文件精神并结合学校实际而设计，以 1140 名本科大一学生作为调查对象，为使数据更为准确，抽取全部样本进行调查，主要从学生个人基本情况、大学学习生活、课余生活、对时事的了解、入党意愿、校园文化的看法、对某些观点及校园现象的态度、对我校工作的评价等方面进行了全面调查。共发放问卷 1140 份，有效问卷 1109份，人员学科覆盖各院系，包括人文类、理学类、管理类、艺术类等 20 个专业。

第二部分　定量分析

一、大一学生基本信息调查分析

1. 党员比例：大一学生的政治面貌以团员为主（96.5%），党员有一定比例，但是所占比例较少（1.1%），说明在初高中，发展党员的力度不是最大，在大学中有较大的空间发展党员。

2. 民族：在今年的新生中，汉族占绝大多数（93.0%），少数民族占很少部分（7%），符合中国的民情。（见表 1）

表1　民族

民族	百分比	累积百分比
汉族	92.1	92.1
少数民族	7.8	100
合计	100	

3. 家庭所在地：调查数据显示，学生中来自县级市、乡镇、农村的学生比例较大，合计共占总人数的 60.8%。而直辖市和省会城市的比例较少，分别为 13.8% 和 7.3%。说明中华女子学院的学生大部分来自贫困家庭，物质和心理上需要更多的关怀。（见图 1）

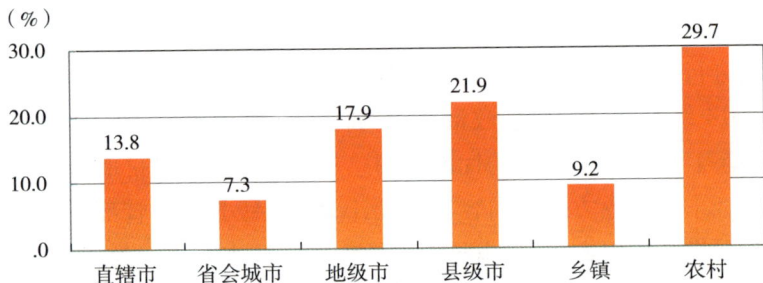

图1　家庭所在地

针对学生的家庭社会阶层，本次调查选取了三个相关指标进行考察，分别是父母的职业、家庭月收入以及学生的经济来源。

4. 父母职业：在父亲职业方面，28.6% 的学生的父亲是农业劳动者，并且有 5.8% 的学生的父亲是城市无业或失业半失业者，而 13.8% 的学生的父亲是个体工商户，9.7% 的学生的父亲是国家与社会管理者；在母亲职业方面，29.6% 的学生的母亲是农业劳动者，13.4% 的学生的母亲是城市无业或失业半失业者，而 15.0% 的学生的母亲是个体工商户，7.2% 的学生的母亲是国家与社会管理者，因此女院的学生中还有较大一部分同学属于弱势群体。并且从父母同样职业的差额上可以看出，父亲的所占百分比明显高于母亲，因此父亲收入属于家庭中的主要经济来源。在父母离异，母亲带着孩子及父亲去世、丧失劳动能力等家庭中的学生需要更多的关注。（见图 2、图 3）

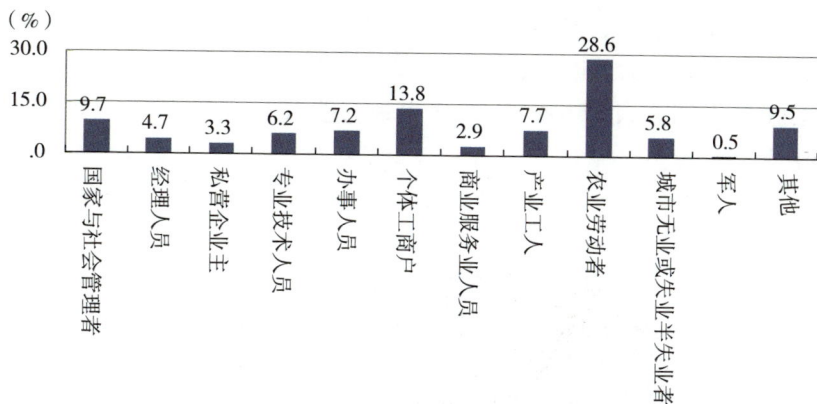

图2　父亲职业

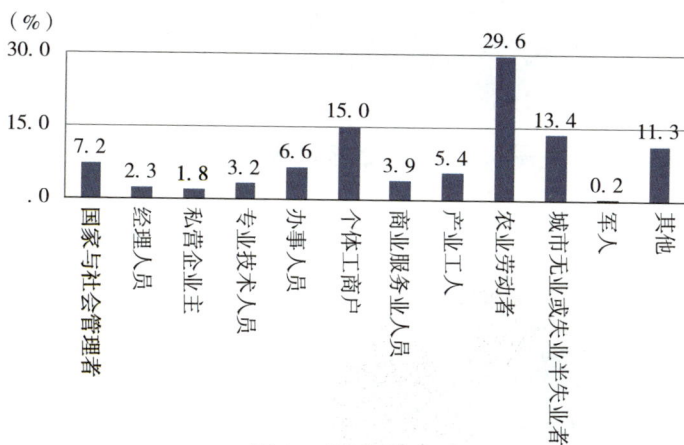

图3　母亲职业

5. 家庭人均月收入：1500 元以上占 38.5% ，1001—1500 元占 22.7% ，但仍有 27.8% 和 10.5% 的学生家庭人均月收入在 301—1000 元间和 300 元以下。因此至少有近 1/3 学生的家庭人均月收入低于 1000 元，而这部分学生仍然是女院不可忽视的弱势群体。（见图 4）

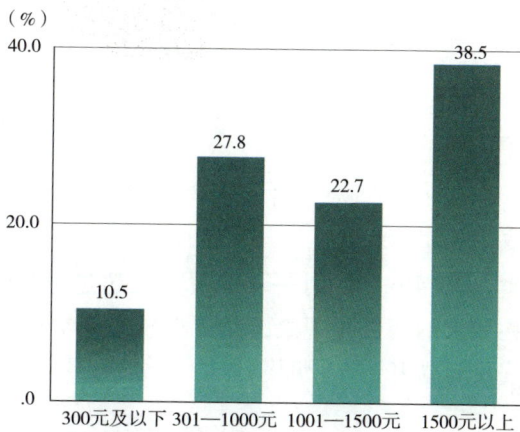

图4　家庭人均月收入

6. 学生的经济来源：经济来源第一位是家庭供给占90%，第二位中47%是亲友资助，18%是勤工助学，14%是助学贷款。因此大部分学生的主要经济来源是家庭供给和亲友资助，部分学生通过勤工助学支撑自己的经济开销。（见图5）

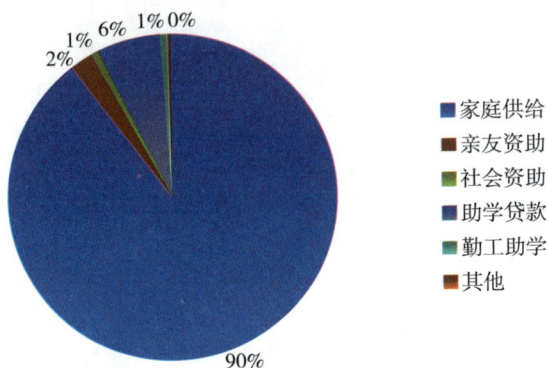

图5.1 主要的经济来源第一位

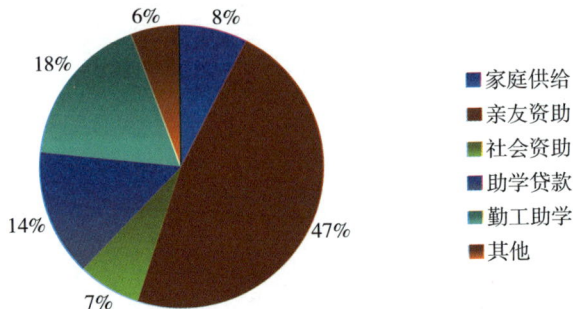

图5.2 主要的经济来源第二位

7. 平均消费支出（不含学费、住宿费）：可以看出4.3%的学生月平均消费支出低于300元，36.3%的学生月平均消费支出低于600元，而有相当一部分学生（28.4%）的月平均消费支出超过1000元，说明女院大一新生的消费支出存在较大的两极化现象，需要学校政策帮扶和思想政治教育的引导，指导学生合理安排日常开销。（见图6）

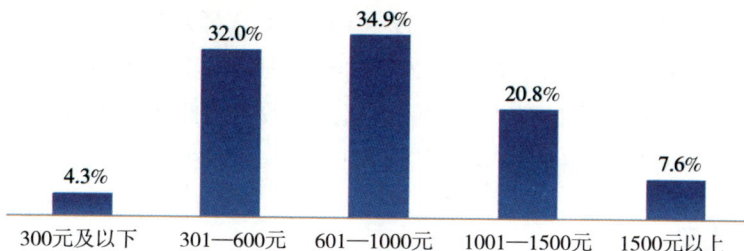

图 6   月平均消费支出

二、大一学生升学选择因素统计分析

1. 报考中华女子学院的决定因素：44.7% 的学生报考女院是遵从自己的意愿，另一部分的学生（42.8%）则参考家长、同学、亲友、老师等的建议。说明女院自身因素在考生的报考决定中占有一定的影响力。（见图 7）

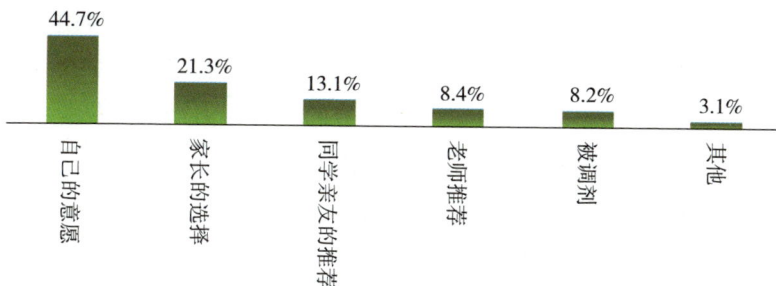

图 7   报考女院决定因素

2. 选择到中华女子学院就读的原因：近一半（48.9%）的学生选择女院就读是源于地域优势，18.6% 的学生是由于专业优势，而 11.7% 和 6.2% 的学生是看重学校的特殊性和知名度。说明处于北京这一地理优势是女院招生的主要优势，学校应继续大力开展学科建设，增进学校的整体实力。（见图 8）

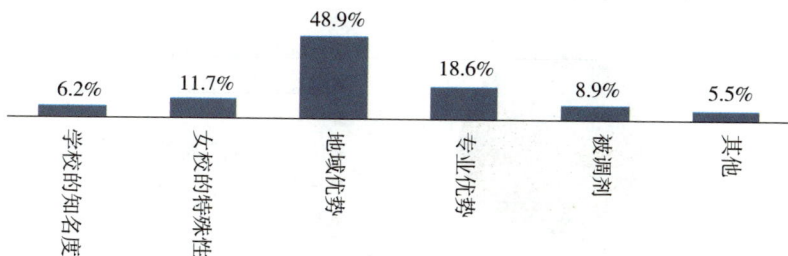

图 8   选择到女院就读原因

3. 选择所学专业的原因：42.0%的学生的专业选择是出于个人兴趣，23.1%的学生是看重专业的就业前景好，15.9%的学生则是由于被调剂选择了自己的专业。由于兴趣而选择专业的学生的比例不超过半数，因此才会出现许多学生在入学不久后发现对所学专业不感兴趣，从而调专业。（见图9）

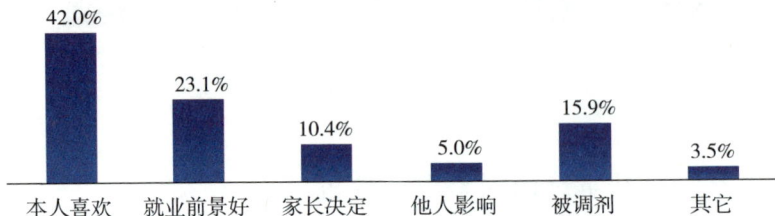

图9　选择所学专业的原因

4. 在女院的发展目标：在女院的发展目标中，55%的学生选择学好专业知识和技能作为第一位发展目标，49%的学生将提高综合能力作为第二位发展目标，45%的学生选择提升修养作为第三位发展目标。说明绝大多数的学生还是非常看重专业知识和技能，以及综合能力和修养的提升，但是从数据统计中可以看出，仍有11%的学生会将拿个文凭作为第三位目标。并且，仅有4%的学生将培养"四自"精神作为第一目标，因此要求我们将"四自"精神的宣传教育更持久更深刻地开展下去。（见图10）

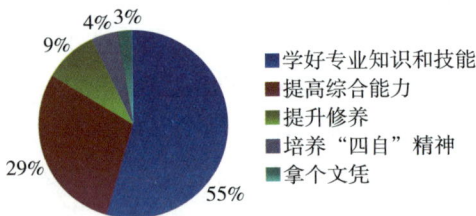

图10.1　在女院的发展目标第一位

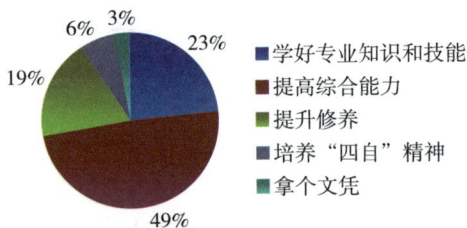

图10.2　在女院的发展目标第二位

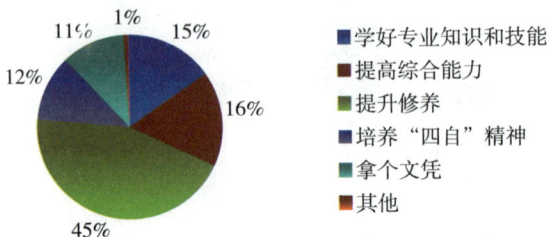

图10.3　在女院的发展目标第三位

三、大一学生学习与生活感觉差异统计分析

1. 从中学到大学，最大的变化：最大变化的前三位分别是生活、学习和女院氛围。从中学的跟随、紧张的生活与学习状态过渡到独立、宽松的生活和学习状态，是初入大学的学生们的第一堂必修课。此外，女院氛围也是同学感觉变化较大的一个方面，可以看出女院特色深深影响着学生的学习和生活。（见图11）

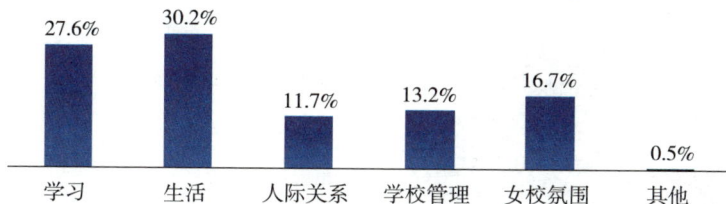

图 11　中学到大学最大变化

2. 对大学生活的适应程度：从大学生活的适应程度可以看出，学生对于语言或饮食习惯、人际关系、作息时间等方面还是比较容易适应的，而学习方法，学习、生活设施及条件，校园文化活动，学校管理方式和教学方式等方面较难适应，尤其在学习方法上，中学和大学的学习截然不同，需要学生通过自己的摸索，尽早找到适合自己大学学习的学习方法，适应大学学业。此外，丰富多彩的校园文化活动尚需新生平衡时间，学会适应。（见图12）

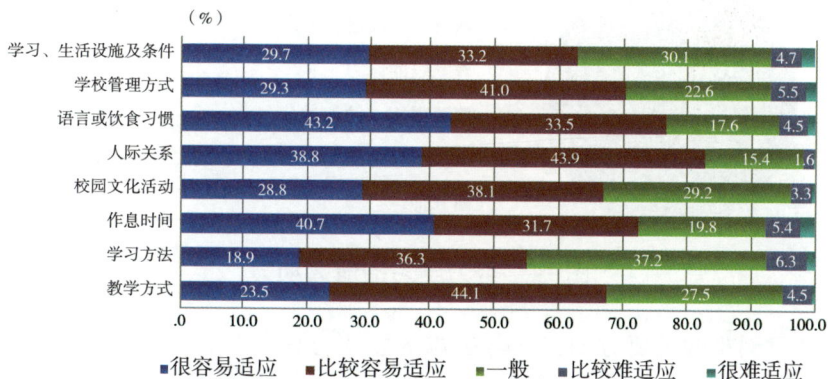

图 12　大学生活的适应程度

3. 目前大学生活中最苦恼的问题：最苦恼的问题前三位是找不到目标和动力（44%），校园活动丰富，时间安排难以取舍（19%），学习压力大（14%）。很大一部分同学是由于家长期望或社会等因素选择自己的专业，因此对于未来的生活与学习根本没有自己的认识，许多同学在入学后相当一段时间内找不到自己的目标和动力，更无从开始自己的学业规划。并且，面对丰富多彩的校园活动，时间安排上难以取舍。（见图13）

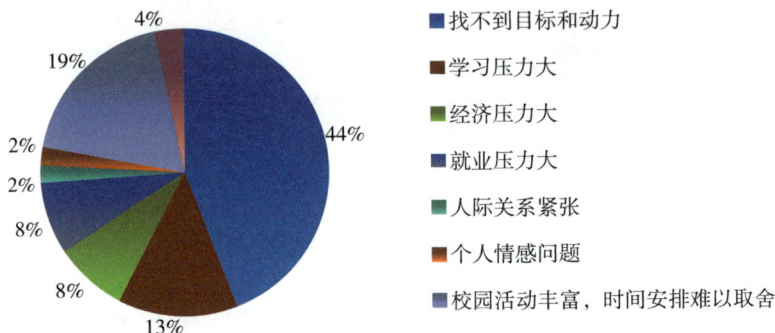

图 13　升入大学后最苦恼的问题

4. 努力学习的最大动力：87%的学生认为努力学习的最大动力是源于自己的前途和未来，说明学生能够明确自己努力学习的意义。（见图14）

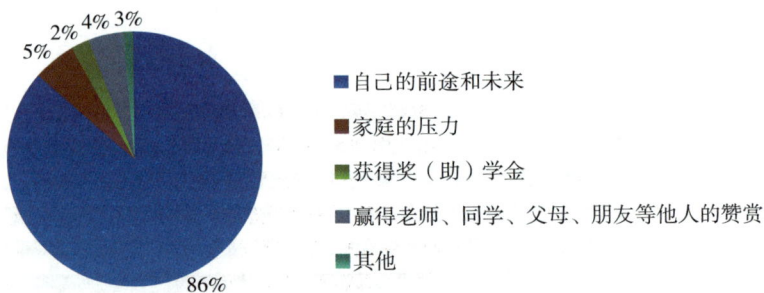

图 14　努力学习的最大动力

5. 学习困难的主要方面：学习困难的主要方面前三位是自控能力较差，难以形成良好的学习习惯；基础比较薄弱；学习的环境和条件不够完善，氛围不够浓厚。学习的独立性和自律性依然是学生亟待提高的能力，此外，由于女院大多数招收的是二本学生，有一部分学生的基础比较薄弱，而大学课程中有些科目较难，难以在短时间内适应。（见图15）

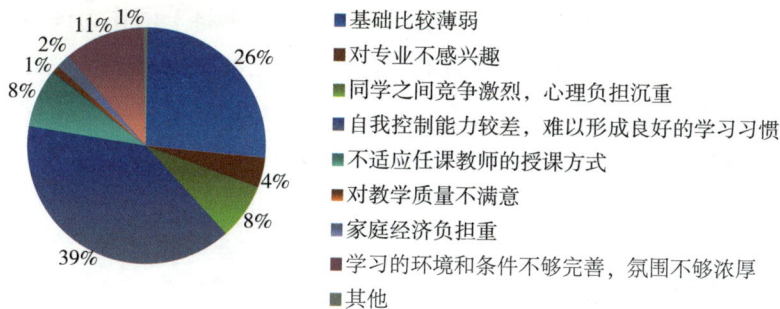

■ 基础比较薄弱
■ 对专业不感兴趣
■ 同学之间竞争激烈，心理负担沉重
■ 自我控制能力较差，难以形成良好的学习习惯
■ 不适应任课教师的授课方式
■ 对教学质量不满意
■ 家庭经济负担重
■ 学习的环境和条件不够完善，氛围不够浓厚
■ 其他

图 15.1　学习困难第一位

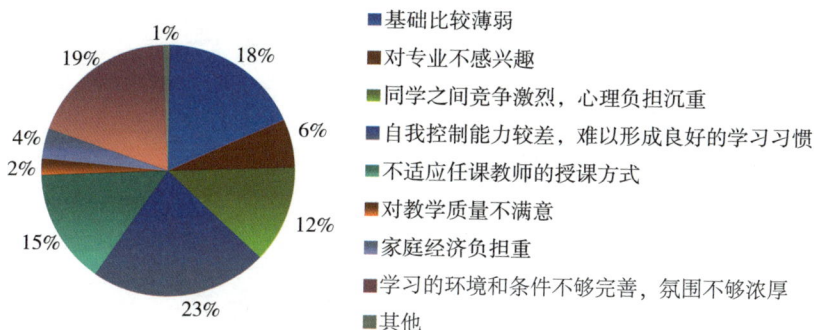

■ 基础比较薄弱
■ 对专业不感兴趣
■ 同学之间竞争激烈，心理负担沉重
■ 自我控制能力较差，难以形成良好的学习习惯
■ 不适应任课教师的授课方式
■ 对教学质量不满意
■ 家庭经济负担重
■ 学习的环境和条件不够完善，氛围不够浓厚
■ 其他

图 15.2　学习困难第二位

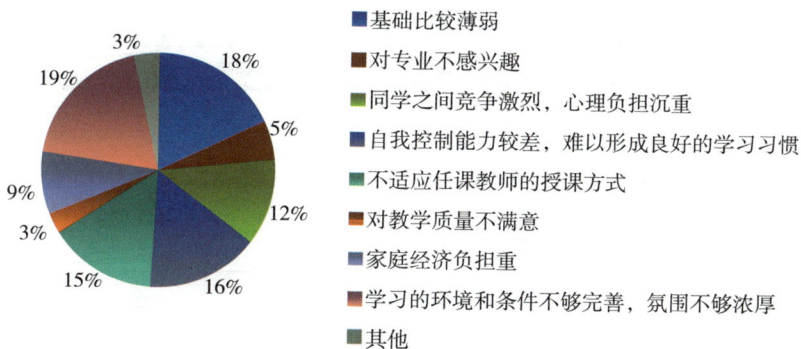

■ 基础比较薄弱
■ 对专业不感兴趣
■ 同学之间竞争激烈，心理负担沉重
■ 自我控制能力较差，难以形成良好的学习习惯
■ 不适应任课教师的授课方式
■ 对教学质量不满意
■ 家庭经济负担重
■ 学习的环境和条件不够完善，氛围不够浓厚
■ 其他

图 15.3　学习困难第三位

6. 课余时间的利用：学生们对于课余时间的利用主要是以下几个方面：在校自习室或阅览室看书，参加学校学生组织或社团活动，上网和外出参加各类培训或到图书馆等方面。大部分的学生能够将课余时间利用在自习和看书上，大学生活是宽松和自主的，因此可以看出三分之二（66.2%）的学生能够自主选择学

习和充实自己。另一方面不容忽视的是，17.9%的学生将上网作为课余时间利用的第一位选择，刚步入大学的学生尚不具有管理自己的能力，人生观和价值观也不是很成熟，很容易沉迷于网络，荒废学业，因此对这一部分的学生的引导和监督是刻不容缓的。（见图16）

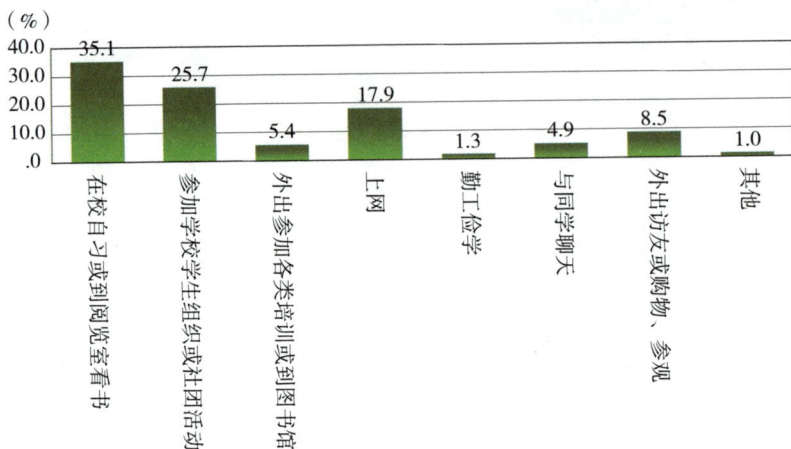

（％）

数值	类别
35.1	在校自习或到阅览室看书
25.7	参加学校学生组织或社团活动
5.4	外出参加各类培训或到图书馆
17.9	上网
1.3	勤工俭学
4.9	与同学聊天
8.5	外出访友或购物、参观
1.0	其他

图 16.1　利用课余时间第一位

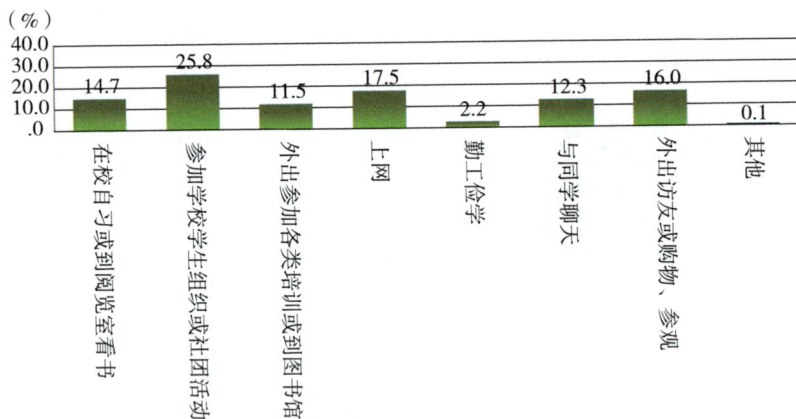

（％）

数值	类别
14.7	在校自习或到阅览室看书
25.8	参加学校学生组织或社团活动
11.5	外出参加各类培训或到图书馆
17.5	上网
2.2	勤工俭学
12.3	与同学聊天
16.0	外出访友或购物、参观
0.1	其他

图 16.2　利用课余时间第二位

（%）

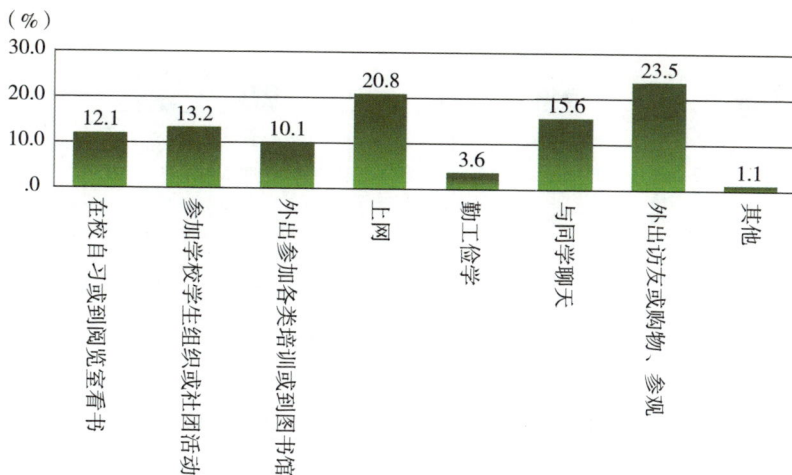

图16.3 利用课余时间第三位

7. 上网的主要目的：学生将学习、查阅资料，QQ、微信等通信，以及接受校园信息通知，完成英语视听说作业等作为上网的主要目的。（见图17）

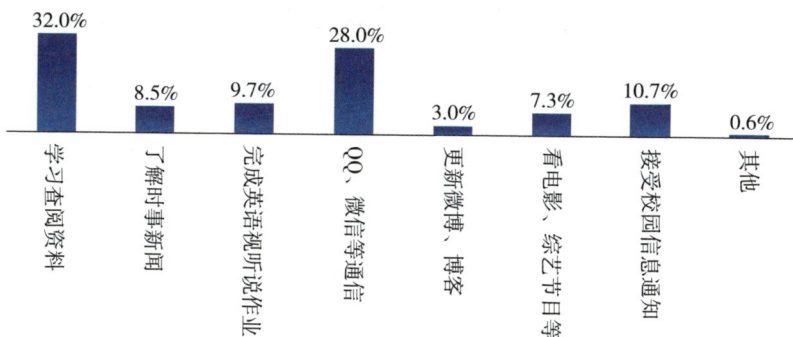

图17.1 上网目的第一位

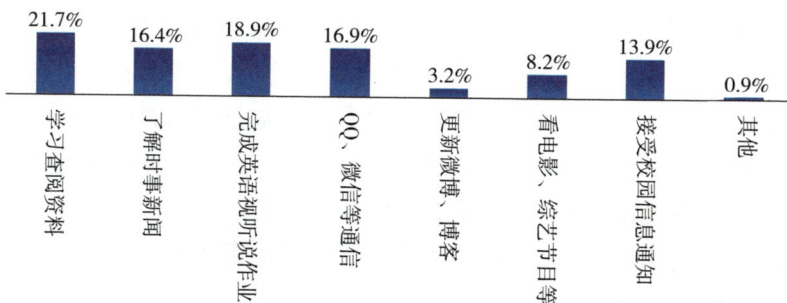

图17.2 上网目的第二位

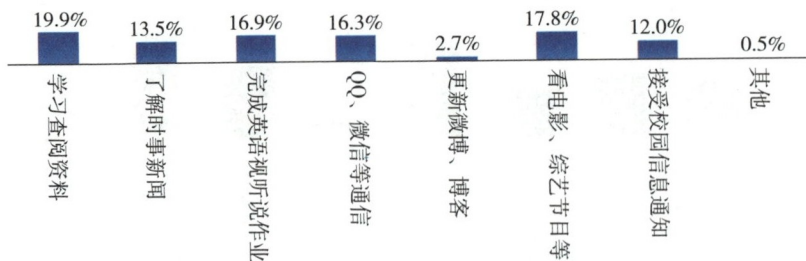

19.9%	13.5%	16.9%	16.3%	2.7%	17.8%	12.0%	0.5%
学习查阅资料	了解时事新闻	完成英语视听说作业	QQ、微信等通信	更新微博、博客	看电影、综艺节目等	接受校园信息通知	其他

图 17.3　上网目的第三位

8. 希望学校举办哪方面的讲座：学生希望学校举办的讲座主要倾向于学科、专业入门指导，职业生涯规划，礼仪修养，青春励志等，对英雄模范人物事迹报告、心理健康、科学技术发展动态、流行时尚、校园之星报告会等不是很感兴趣。说明学生更注重励志类、职业性的指导。（见图18）

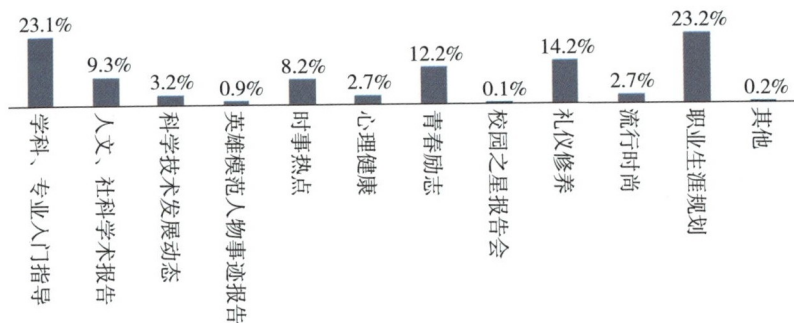

23.1%	9.3%	3.2%	0.9%	8.2%	2.7%	12.2%	0.1%	14.2%	2.7%	23.2%	0.2%
学科、专业入门指导	人文、社科学术报告	科学技术发展动态	英雄模范人物事迹报告	时事热点	心理健康	青春励志	校园之星报告会	礼仪修养	流行时尚	职业生涯规划	其他

图 18　希望举办哪方面讲座

9. 希望参加怎样的社会实践：近一半的学生（43.9%）希望参加与专业相关的实习，29.2%的学生愿意参加专业技能工作坊，增加实际能力，13.6%的学生希望参加公益志愿类服务，而仅有6.9%的同学希望深入企事业单位、街道、社区开展调研、服务，4.4%的学生希望参与勤工俭学，1.8%的学生愿意到农村去调研、服务。可以看出，大多数学生希望参与与专业相关的社会实践，而对于需要付出辛苦、环境相对艰苦的社会实践只有很少一部分学生愿意参加，说明大一的学生在心态上比较浮躁，逃避吃苦，学校可以在课程教育上设置一些砥砺意志的课程或活动，以培养大学生吃苦耐劳、勇于承担责任的素质，未来更加适应社会的需要。（见图19）

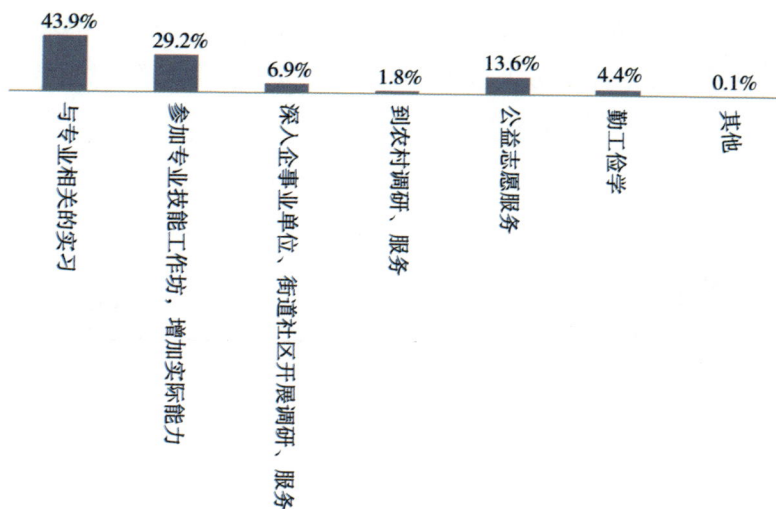

图 19　希望参加的社会实践

10. 入党的愿望：有 84% 的同学有入党的愿望，说明加入中国共产党是大部分学生的政治追求。（见图 20）

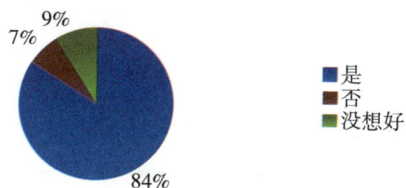

图例：
- 是
- 否
- 没想好

图 20　入党愿望

11. 入党的动机：其中有入党愿望的同学中 63.1% 学生入党动机为理想和信念的追求，13.4% 的学生为寻求政治上的归属感，4.9% 学生为谋求仕途上的发展，18.2 的学生为直接有利于就业。

没有入党愿望的学生中，认为党员干部腐败问题严重的占 21.5%，对自身发展意义不大的占 18.3%，对党的理论的科学性不认同的占 2.1%，对党领导下中国特色社会主义感到失望的占 3.2%，感觉自己还不太成熟的占 31.2%，觉得自己不需要任何信仰的占 5.4%，对政治不感兴趣的占 21.5%，其他占 6.5%。

12. 衡量人生价值的标准在于：49.8% 的学生将对社会贡献的大小作为衡量

人生价值的第一位标准，22.8%的学生更看重家庭是否和谐幸福，一部分同学关注生活是否舒适、潇洒，是否有自己的事业，极少部分的同学认为衡量人生价值的标准在于职位高低、金钱多少和社会名望的高低等，说明学生们更看重人生价值的内涵而非外在的荣耀。（见图21）

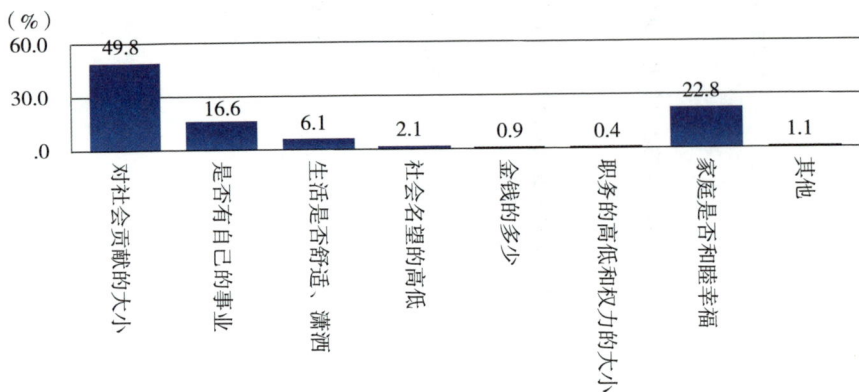

（%）

49.8	16.6	6.1	2.1	0.9	0.4	22.8	1.1
对社会贡献的大小	是否有自己的事业	生活是否舒适、潇洒	社会名望的高低	金钱的多少	职务的高低和权力的大小	家庭是否和睦幸福	其他

图21.1 人生价值标准第一位

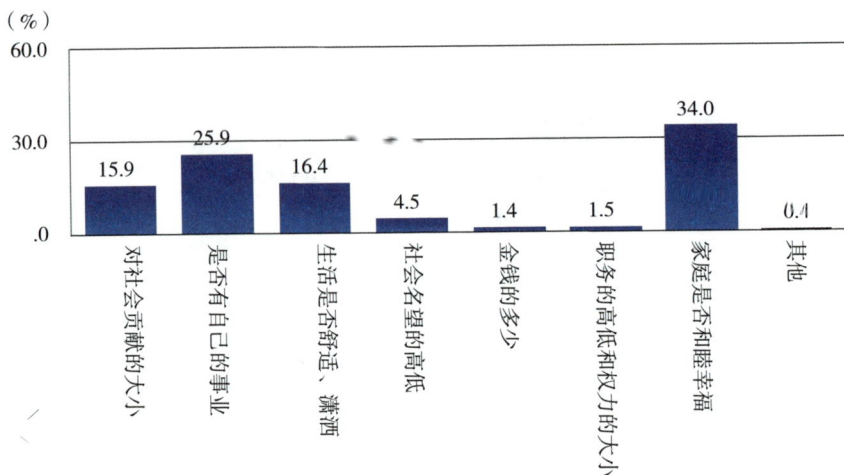

（%）

15.9	25.9	16.4	4.5	1.4	1.5	34.0	0.4
对社会贡献的大小	是否有自己的事业	生活是否舒适、潇洒	社会名望的高低	金钱的多少	职务的高低和权力的大小	家庭是否和睦幸福	其他

图21.2 人生价值标准第二位

（%）

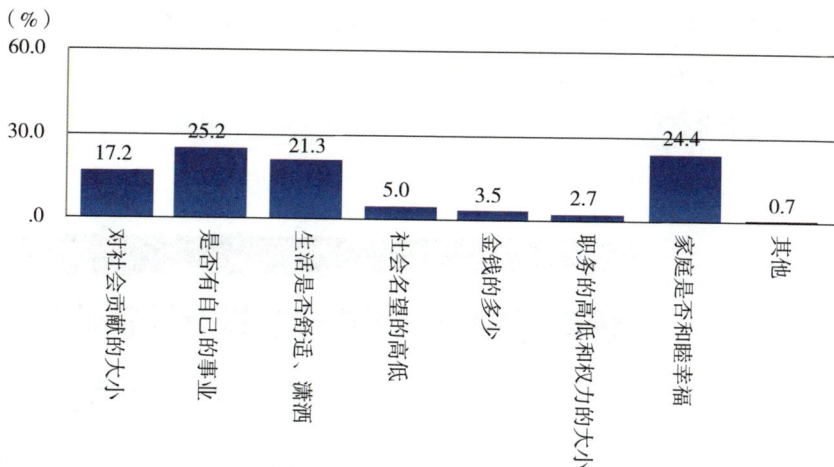

图21.3　人生价值标准第三位

13. 对当下观点的态度：学生们在一些观点上，如，中国梦是全国人民的梦，校园文化对学生成长有促进作用，诚信受益，爱护环境人人有责，经济发展注重环境保护，大学生应以社会主义核心价值观规范自己的行为，个人在集体中才能得到更好的发展等，持肯定观点，对于金钱是人生幸福的决定性因素等持否定观点。（见图22）

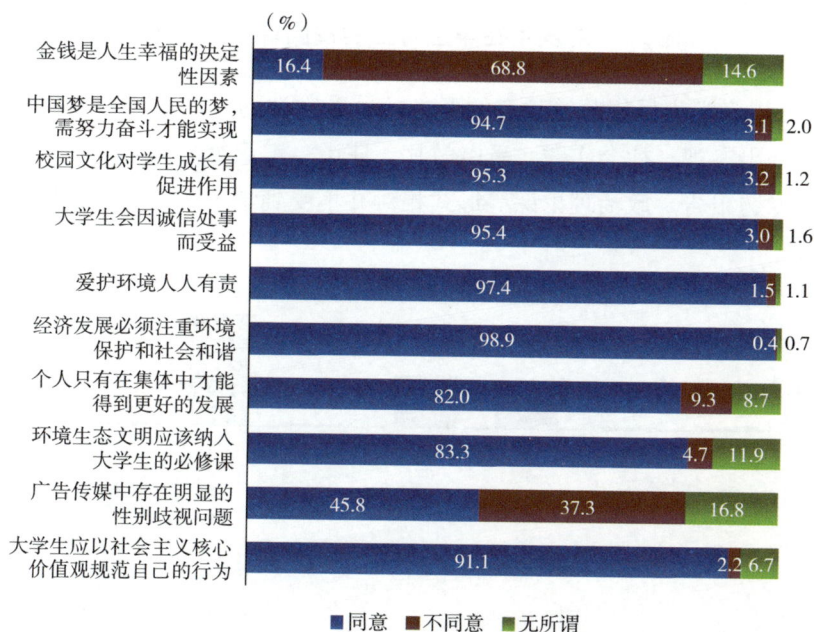

图22　对以下观点的态度

14. 在校园现象方面，学生对于上课不迟到早退旷课，考试不作弊，及时清理教室垃圾，不要衣着不整出入公共场所等认同度较高，但对每天不睡懒觉、自习或出早操、不带食品进教室、加强出入门管理等没有形成广泛的认同。（见图23）

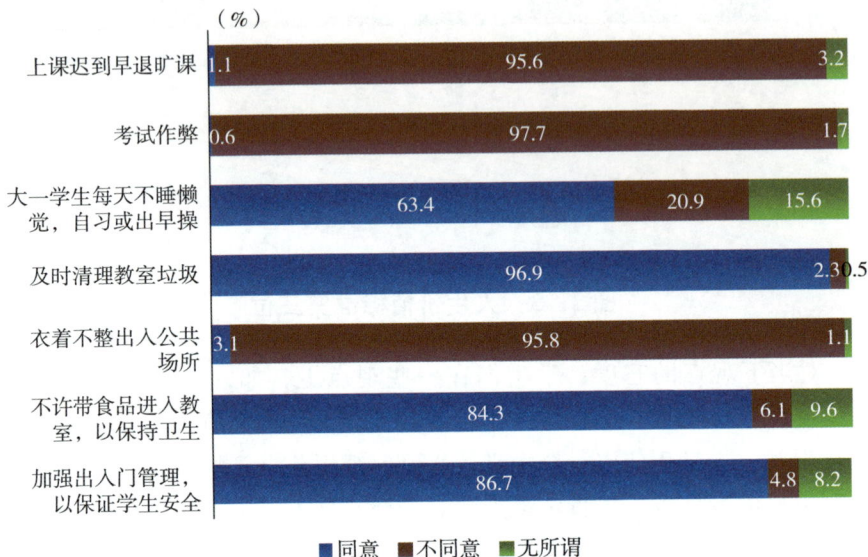

（%）

	同意	不同意	无所谓
上课迟到早退旷课	1.1	95.6	3.2
考试作弊	0.6	97.7	1.7
大一学生每天不睡懒觉，自习或出早操	63.4	20.9	15.6
及时清理教室垃圾	96.9	2.3	0.5
衣着不整出入公共场所	3.1	95.8	1.1
不许带食品进入教室，以保持卫生	84.3	6.1	9.6
加强出入门管理，以保证学生安全	86.7	4.8	8.2

■ 同意　■ 不同意　■ 无所谓

图23　对发生在学生身上的校园现象的态度

15. 开展大学生思想政治教育的形式：最受欢迎的开展大学生思想政治教育的形式有外出参观、社会实践，看电教片，演讲、辩论等。而学校中最常用的主题班会、专题报告、政治理论课等形式相对并不受到学生的欢迎。（见图24）

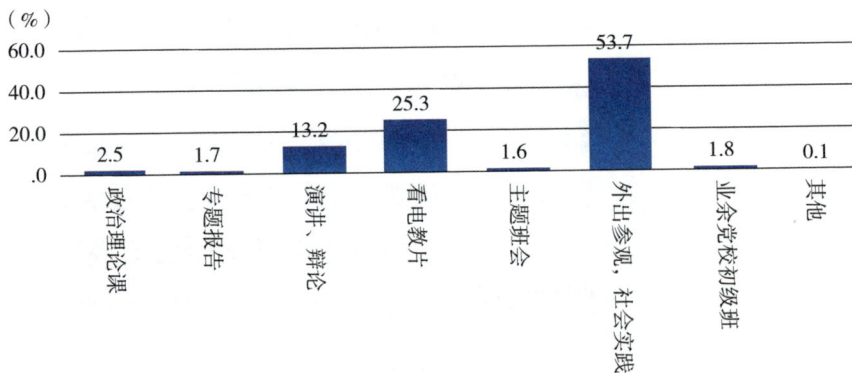

（%）

政治理论课	专题报告	演讲、辩论	看电教片	主题班会	外出参观，社会实践	业余党校初级班	其他
2.5	1.7	13.2	25.3	1.6	53.7	1.8	0.1

图24　哪种形式开展思政教育

16. 心目中的辅导员、班主任：39.4%的学生心目中辅导员、班主任更关心学生的生活，39.1%希望更关心学生的思想，只有7.2%的学生希望更关心学生的学习。大部分学生希望辅导员、班主任对学生的管理宽松适当。（见图25）

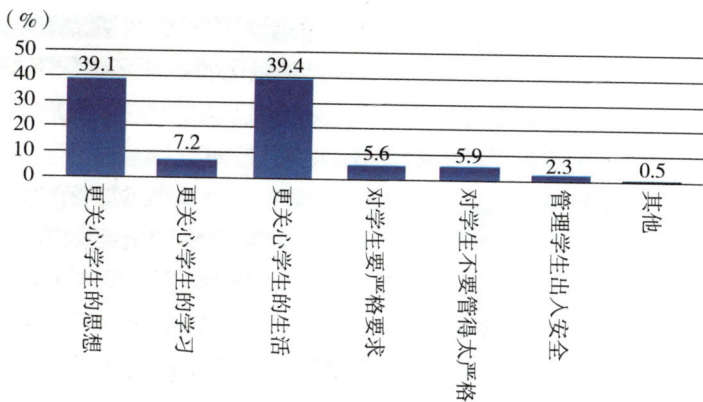

（%）

更关心学生的思想	更关心学生的学习	更关心学生的生活	对学生要严格要求	对学生不要管得太严格	管理学生出入安全	其他
39.1	7.2	39.4	5.6	5.9	2.3	0.5

图25　你心目中的辅导员、班主任应该……

17. 应征入伍的意愿：25%的学生志愿应征入伍，64%的学生没有意愿入伍，11%的学生尚未想好。说明大学生对于未来规划有较为清晰的目标，同时1/4的学生愿意携笔从戎，投身绿色军营。（见图26）

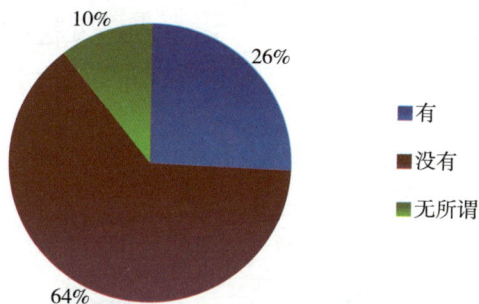

26%　有
64%　没有
10%　无所谓

图26　应征入伍意愿

18. 学校工作的评价：学生对于学校的军事训练、国防教育，课堂教学，心理健康教育，辅导员工作，学风建设，教材和教学内容的安排，专业和课程设置，入学教育系列活动等方面比较满意。（见图27）

（%）

	满意	比较满意	不满意	很不满意	不清楚
专业和课程设置	43.4	50.2	4.7		1.4
教材和教学内容的安排	45.3	49.0	3.9		1.5
学风建设	53.2	41.5	3.8		1.2
军事训练、国防教育	61.0	36.9	1.3		.5
校园文化活动	48.9	43.3	5.7		1.5
课堂教学	57.5	40.8	1.4		0.1
心理健康教育	59.8	36.2	1.7		1.8
社团设置以及社团活动	48.6	42.8	6.3		1.7
辅导员工作	67.1	31.2	1.1		0.2
学生宿舍管理	50.6	43.3	5.1		0.4
家庭经济困难学生奖助制度	58.0	34.8	2.9		4.0
入学教育系列活动	58.5	36.9	2.7		1.7
学姐交流活动	43.3	39.0	7.7		8.7

■满意　■比较满意　■不满意　■很不满意　■不清楚

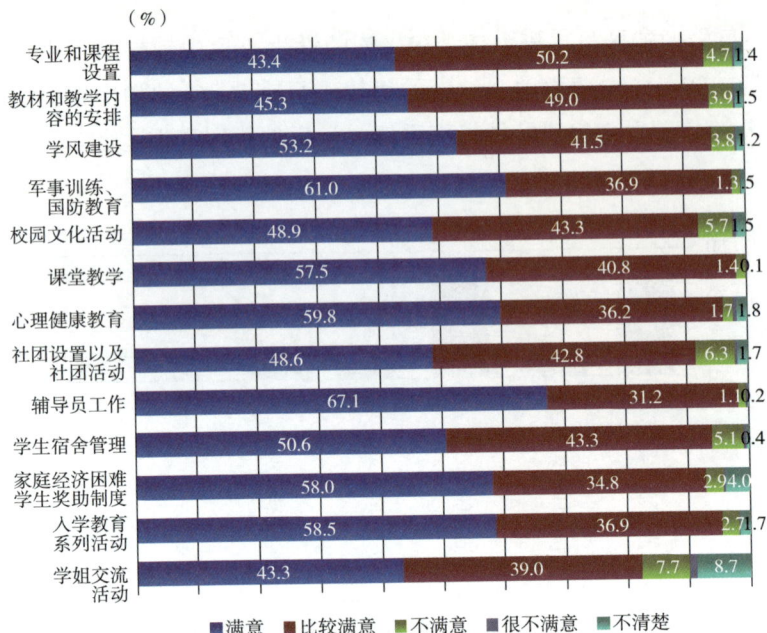

图 27　对我校下列工作的评价

四、大一学生对校园文化看法的统计分析

1. 对于校园文化的定义：51.4%的学生认为是校风、学风与校园精神，39.1%的学生认为是校园特色、品味风格，应该说学生对校园文化都有着自己的理解，而这也是今后学校开展校园文化活动的两个方面，一方面校园文化活动因贯彻倡导"校风、学风与校园精神"，另一方面还要突出女院的"校园特色、品味风格"。（见图28）

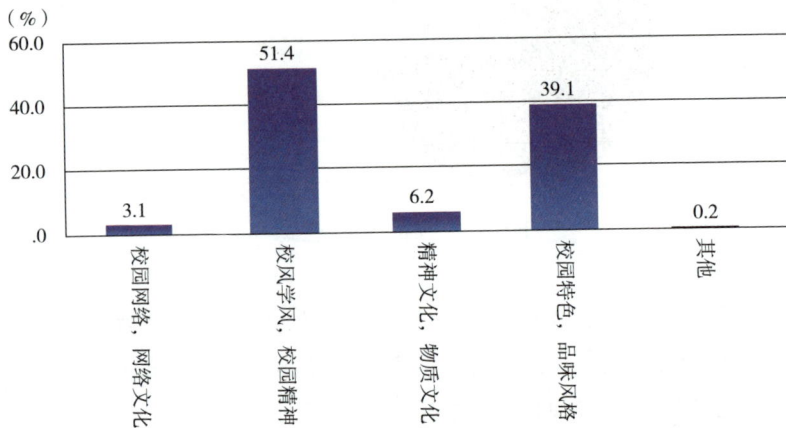

（%）

校园网络，网络文化	校园学风，校园精神	精神文化，物质文化	校园特色，品味风格	其他
3.1	51.4	6.2	39.1	0.2

图 28　校园文化定义

2. 校园文化建设应注重的方面：从学生对校园文化建设的重点看，学生的道德风尚占72%，而实际上学生的道德风尚正是校园文化建设的目的，而文化活动、规章制度和校园环境都是校园文化建设的载体，正是通过这些载体的有效运行，才能通过校园文化建设提高学生的道德风尚。（见图29）

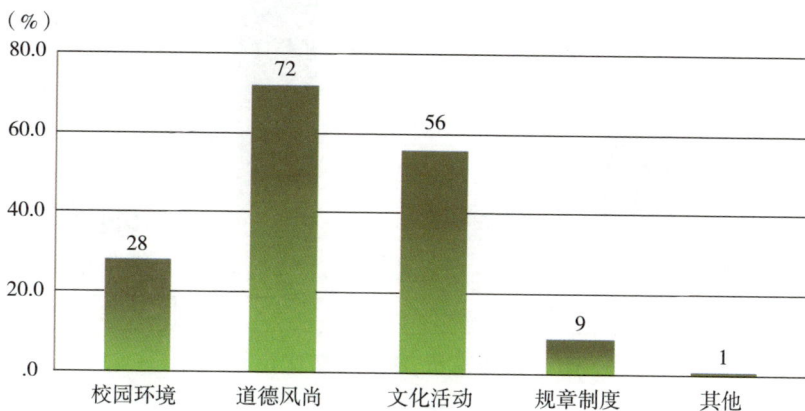

（％）

图29 校园文化建设应该着重于以下哪些方面

3. 校园文化整体氛围满意度：从学生对校园文化整体氛围的满意度看，60.25%的学生认为比较满意，23.5%的人认为一般满意，从整体上来说，学生对学校的校园文化活动还是认可和满意的，但校园文化的整体氛围还没有达到学生的预期，应该说还有很多需要改进和提高的潜力。（见图30）

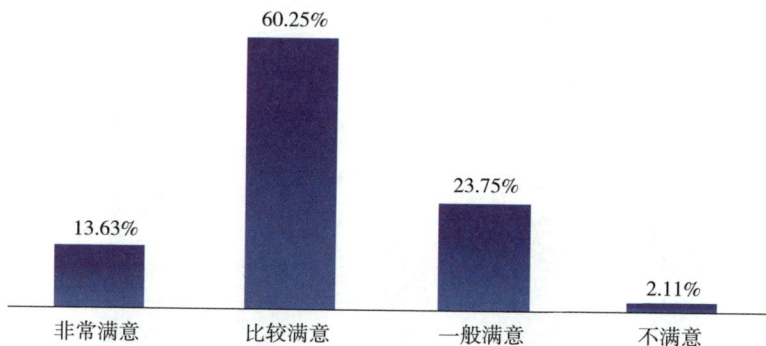

图30 你对学校校园文化整体氛围满意吗

4. 校园文化的参与度：26.6%的学生经常参加各类活动，而57.8%的学生表示只是偶尔参加自己感兴趣的活动，这说明两点：一是女院的校园文化活动还应提高到更广的范围，让大部分学生都能积极参与校园文化活动中来，二是要提高校园文化活动对学生的吸引力，找到既能有效贯彻校园文化的核心，同时又是学生所关心和感兴趣的方面，从而才能对学生起到正确和有效的引导。（见图31）

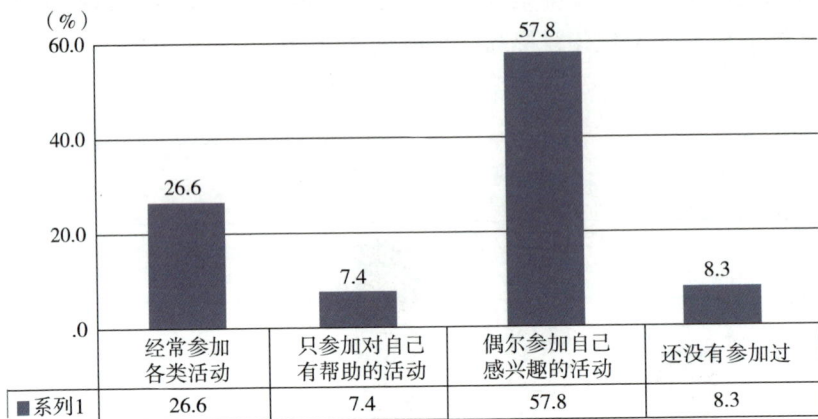

	经常参加 各类活动	只参加对自己 有帮助的活动	偶尔参加自己 感兴趣的活动	还没有参加过
■ 系列1	26.6	7.4	57.8	8.3

图31　你经常参加校园文化活动吗

5. 从学生对校园文化活动的喜欢上来看，音乐、舞蹈、戏曲艺术占了46%，而其他活动包括体育竞技、绘画书法、诗歌与主持人大赛等基本相当。这说明学生更有兴趣开展以音乐、舞蹈、戏曲艺术为形式的校园活动，而这也是学校今后开展校园文化活动的主线，通过开展此类活动可以更有效地吸引学生参与校园活动；同时对其他文体活动要适当兼顾，甚至是以不同的文化活动综合评比的形式展开，倡导学生全面综合素质的发展。（见图32）

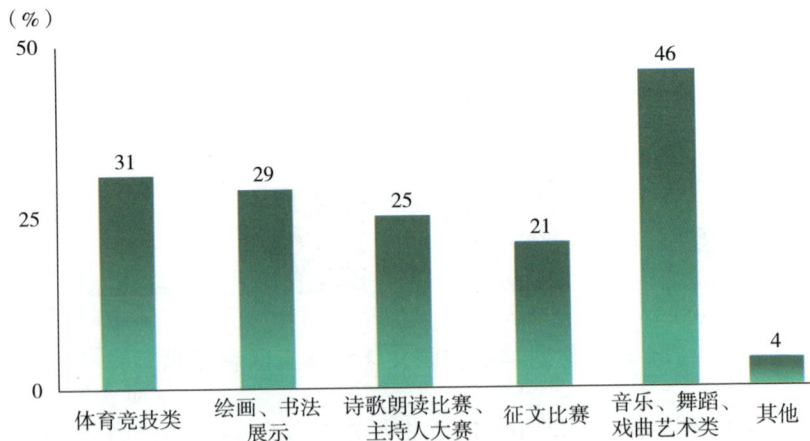

图32　你喜欢参加哪些类型的校园文化活动

6. 学生对校园文化的参与动机：72% 的学生都希望通过校园文化活动来提升自己的综合素质和社会适应能力，可以看出学生对校园文化活动期望还是很高的，只要学校有效引导，形式活跃，学生都有这较高的参与热情。（见图 33）

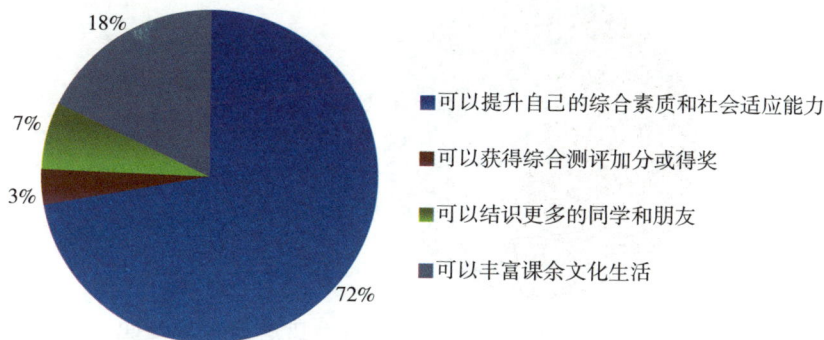

18%
7%
3%
72%

■ 可以提升自己的综合素质和社会适应能力
■ 可以获得综合测评加分或得奖
■ 可以结识更多的同学和朋友
■ 可以丰富课余文化生活

图 33　你参加校园文化活动的动机是什么

7. 校园文化应具有的功能：从学生对校园文化功能上的期望来看，学生希望通过参与校园文化活动来形成正确的价值导向和责任意识，这应该说是校园文化活动的理念核心，而如何通过有趣的活动来使学生形成正确的价值导向、培养学生的责任意识等则还需要努力探索和研究。（见图 34）

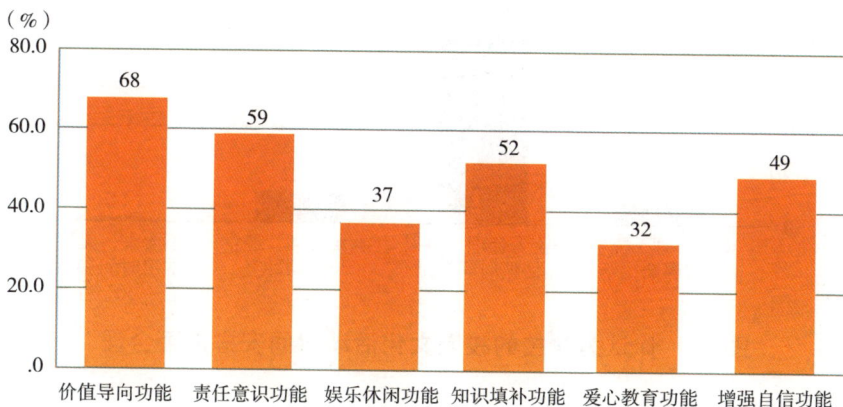

（%）
80.0

68　　59　　　　　　52　　　　　49
　　　　　　37　　　　　32

60.0

40.0

20.0

.0

价值导向功能　责任意识功能　娱乐休闲功能　知识填补功能　爱心教育功能　增强自信功能

图 34　你认为校园文化应具有哪些功能

8. 从学生对校园文化活动的特色评价来看，近半数学生认为目前的校园活动还未能够突出女院的特色，而什么才是女院的特色校园文化活动呢？最重要的

就是突显女院的"校风、学风与校园精神",使之成为"校园特色、品味风格"的代表。(见图35)

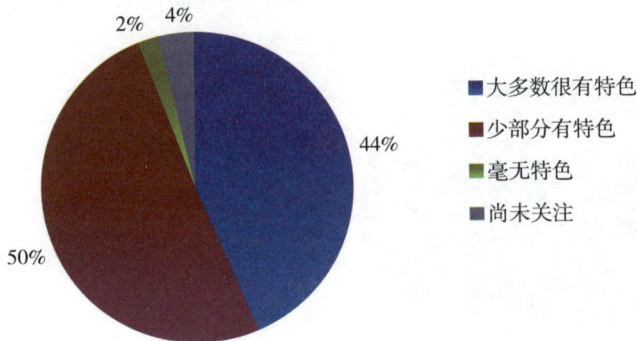

图35　你认为学校开展的校园文化活动有特色吗

9. 校园文化活动时间安排:学生对目前的校园文化活动时间安排上,80.1%的学生都认为较为合理,能够协调参加,这说明校园文化活动安排还是较为合理的,得到了大部分学生的认可。(见图36)

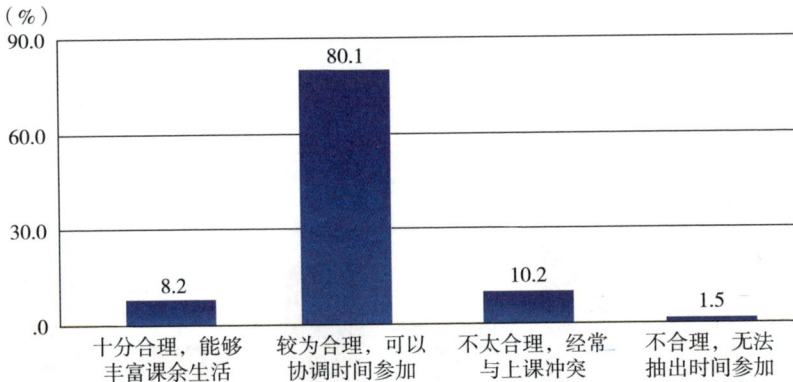

图36　你认为学校的校园文化活动时间安排是否合理

10. 校园文化活动宣传:通过学生对校园文化活动宣传反馈上来看,目前的校园文化活动宣传渠道还较为单一,基本还是传统的宣传方式,如海报和宣传栏,而这也正是今后校园文化活动宣传需要努力拓展的方向,既不要放弃传统的宣传途径和方式,同时也要通过电脑和手机等媒体终端来实现全面覆盖的宣传,提高宣传的效果和学生的参与程度。(见图37)

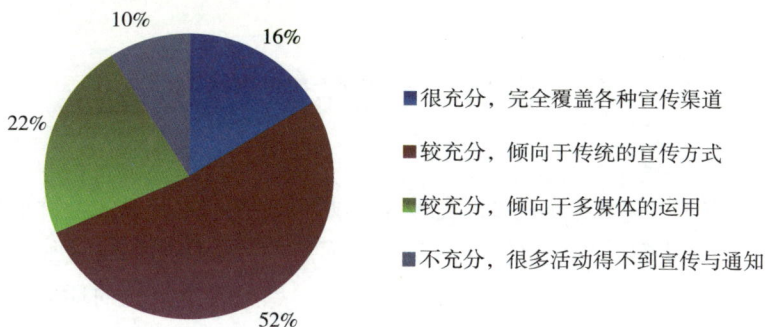

图 37 你认为学校的校园文化活动宣传充分到位吗？

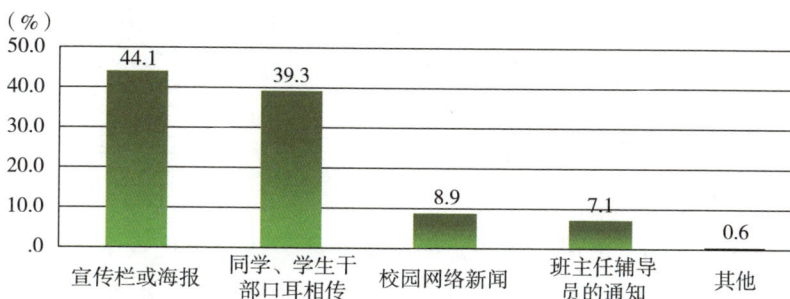

图 38 你是通过什么渠道了解到学校举办的校园文化活动的

11. 有兴趣阅读的校园文化产品：从学生对校园文化产品的兴趣反馈来看，影视作品（节目视频等）的认同度最高，因此学校在今后的校园文化活动中要尽量多地利用多地媒体资源，甚至可以让学生来参与和制作 DV 等节目视频资料，来引起大家的关注，激发学生的兴趣和参与热情。（见图 39）

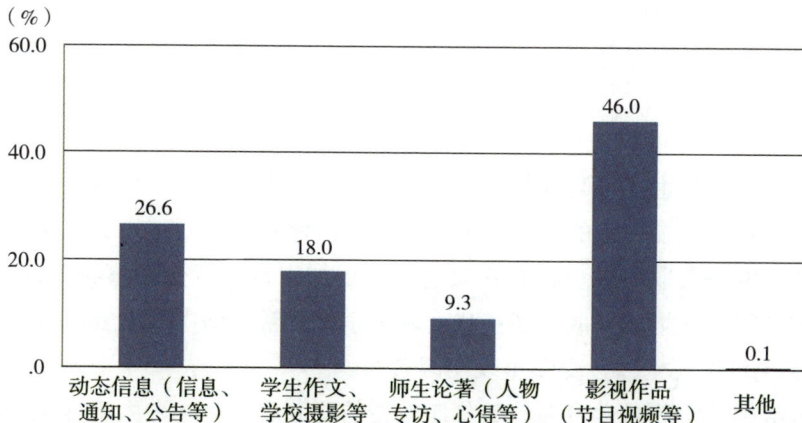

图 39 你有兴趣阅读的校园文化产品是……

第三部分　主要结论与建议

随着国家的进步和高等教育深化改革，大一新生的思想观念、价值取向、道德准则和行为方式等呈现出多元化、复杂化形态，其中相当数量为独生子女，在价值取向上有近半数学生存在实用功利性倾向。思想政治工作的环境、任务、内容、渠道和对象都发生了很大的变化。通过对女院大一学生思想政治状况调查，当代女院新生的思想状况有着明显的时代性特点，富有生机、活力，但他们的思想中还存在很多缺陷与不足。分析新一代女院学生的特点，有助于我们因材施教，不断努力探索大一新生的思想政治教育工作。

一、新一代女院学生的特点

1. 个性鲜明，系统思考能力差

眼界开阔，敢问、敢说、敢闯，渴望挑战已经成为当代大学生的鲜明个性，她们对于热点事物、社会现象有着自己的理解和看法，对于老师传授的知识，她们也能一分为二地看待，很少盲从。但是由于年龄较小和阅历的不足，缺乏鉴别和正确判断的能力，系统思考的能力也较差。

2. 渴求专业知识，缺乏持之以恒的韧性

学生们渴求专业知识，愿意通过讲座、读书等自觉拓宽知识面，并且愿意通过企业实习、调研等加深对所学专业知识的了解和认识。但是由于大学的生活刚刚开始，理论与实践的经验并不丰富，尚未形成学习的目标和动力。此外，对于自主学习方面，自我监督和自我管理的能力还不是很强，对自己的学习计划难以持之以恒。

3. 网络依赖程度高，接受能力强

新一代的大学生几乎与计算机、网络等信息技术的发展一同成长，因此他们的交流方式也受到了网络的重大影响。通过本次调查可以看出，绝大多数女院学生都是通过网络获取信息。她们获取的信息更加丰富，接受新事物的能力更强，视野更加开阔，网络已经成为新一代女院大学生日常生活中的重要组成部分。

4. 主流价值观主导，受多重现实因素影响

美国哈佛大学著名学者乔治赫尔斯教授的研究表明：一个人事业的成功和对国家的贡献并不完全在于智慧和天赋，而更关键取决于人品的优劣。女院大学生

在大是大非上有着正确的判断，受到社会主流价值观的导向，但是不可避免的是，随着浮躁心理和利益至上观念充斥着社会，学生们的自我认知常常受到外界的影响。

二、女子高校大学生工作的几点思考

1. 继续大力发挥思想政治教育的作用

针对女院学生的特点，拓宽教育方式，实践形式丰富化，将企事业实习、调研，志愿服务等形式融入其中，增强思想政治教育的针对性、时效性和吸引力、感染力，从而真正促进学生们在思想上成才。

2. 加强辅导员、班主任专业化培养，为学生成长成才提供基础和导向

要积极推进辅导员的专业化培养和职业化发展，搭建交流平台，提升辅导员专业化核心能力。对学生的管理应一手抓宏观，一手抓微观，宏观重视思想，微观重视生活和学习。通过思想来引领生活和学习的方向，通过生活和学习的转变促进思想的深入。

3. 营造学生成长良好的实践氛围，为人生规划能力夯实基础

通过实践和实习来促进学生对专业知识的理解和应用，并在丰富的实践中逐步形成人生目标和动力，并根据目标调整学习计划和实践方向，从而对自己的人生进行合理的规划。在规划的过程中，开展职业生涯规划等相关的课程，逐渐提升学生自我管理的能力。

三、如何开展大学生适应性教育

根据高中学生到大学后的种种不适应情况和思想动态，根据学生成长中的活动偏好和成长要求，要因地制宜、与时俱进地进行大学生适应性教育，以助力学生成长，为他们指航向、搭平台、强指导、多实践。

1. 注重思想引航，规范指导大学生活

为了使大一新生尽快适应大学学习生活，通过新生讲堂、各类选修课，引导大一新生了解大学学习特点，让新生明确大学学习任务、需要培养的综合素质，鼓励学生探索大学生活。针对大一新生课后觉得无事可干的现象，要及时面向新生开展一次大学四年学习生涯规划的讲座，要根据不同阶段的学习任务，让他们知道大学学习生活是充实而又丰富多彩的，并非他们想象中的无事可干，激发他们的学习积极性。

2. 开展心理健康教育，培养大一新生积极向上、健康乐观的心态

新生初进入大学校园，需要独立适应大学的学习生活环境，这对"90后"大一新生来说，是一个挑战。首先，通过各类心理健康宣传活动，如心理健康节、心理情景剧等活动，广泛宣传心理健康知识，培养学生注重心理健康意识和健康性格，从根本上预防不良情绪的产生。其次，加强对新生的心理咨询与团体辅导，尤其是新环境的适应辅导以及生涯辅导，帮助他们正确地认识自我，顺利地完成角色转换，明确未来发展的方向。

3. 开展丰富多彩的校园文化活动，促进大一新生的全面发展

现代大学生既是一名学生，又是一名准社会人，每一名大学生除了要学好专业和理论知识外，诸方面的能力培养也显得格外重要。应根据大一新生的特点开展一系列校园文化活动，如创新创业实践活动、新生文艺汇演、小苹果比赛、学生干部选拔培养活动、电子信息工作坊等各项创新实践活动，为大一新生的全面健康发展创造良好的条件。

附录2　女子高校大学生教育与实践调查报告（一年级部分）

第一部分　调查实施与样本描述

1. 调查实施背景

根据"女子高校大学生分层德育模式研究与实践"课题进展的需要，为了能够满足女子高校不同年级大学生的主导性需求，运用教育学、管理学中的"分层理论""细分理论""需求理论"和"期望理论"，本着"以人为本，尊重差异，贴近学生，完善人格"的原则，构建促进女大学生"快乐学习、健康成长"的德育模式——分层德育模式。本调查项目研究任务就是从不同年级学生的主导性需求进行调查分析，从而为确定分层德育的目标、设计德育教育内容、实施途径、实施方法、评价方式和运行机制寻找理论依据和实践模式。

2. 理论分析框架

项目调查的核心概念：（1）女子高校：指主要以女性为专门教育对象（只招收女大学生或者招收极少量男大学生）的高等教育机构。（2）分层：以不同年级学生的主导性需求为分类标准进行调查。（3）调查的内容：与德育分层模式设计相关的数据采集，指在一定思想和理论指导下，经过丰富而充分的德育实践，实现德育目标而形成的德育教育体系，包括教育对象的基本情况、思想状况、学习状况、生活情况、发展情况和综合方面。

了解不同学生群体、处于不同层次的学生德育教育内容。本调研报告主要是对大学一年级学生在进行大一年级适应性教育过程中通过新生入学教育、学科入门指导、军事训练、女性学导论、礼仪与修养类课程等，对学生进行独立生活、心理调适、建立良好人际关系、确立正确的恋爱观，完成中学与大学的过渡，使学生适应大学的生活，具备初步的社会性别意识。

本项调查以学生"基本情况——思想情况——学习情况——发展情况——综合情况"的逻辑顺序为理论框架，以"投入——教与学过程——学业成果"为测量工具。高校学生的发展及其学业成果受到学生个体特征、高校组织特征、教学环境、学生的学习动机、学生参与、师生/同伴互动等六大要素的直接或间接影响。

3. 样本描述

调查对象包括国内三所女子高校一年级学生的调查问卷共 1440 份。

第二部分　一年级学生发展概括调查与定量分析

一、基本情况：包括一年级的调查问卷共 1440 份。

1. 入学意愿

1440 名学生中，72.4% 的调查对象以第一志愿录入女子学院。71.6% 的调查对象选择女校是自己做的决定。

2. 选择女校的主要原因

一年级调查对象选择女校的主要原因是考虑地域优势以及女校的独特氛围，包括中华女子学院和山东女子学院。（见图 1）

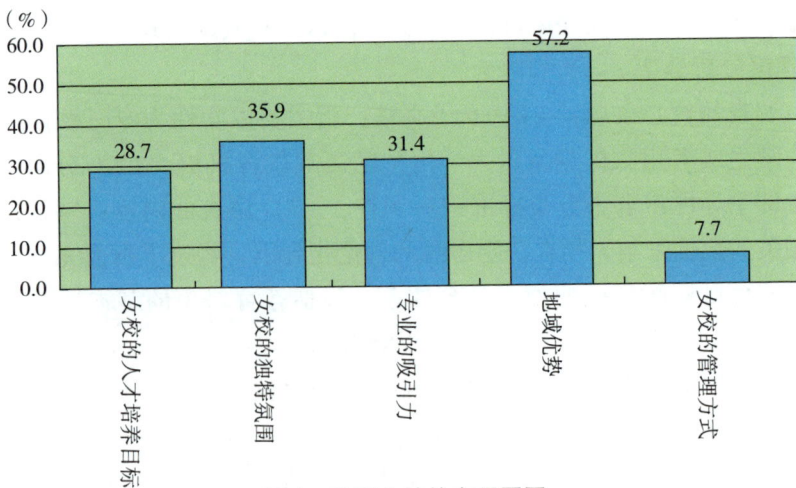

（%）

选项	数值
女校的人才培养目标	28.7
女校的独特氛围	35.9
专业的吸引力	31.4
地域优势	57.2
女校的管理方式	7.7

图 1　选择女校的主要原因

3. 生源地

38.9% 的一年级学生来自城市，26.7% 的一年级学生来自乡镇，34.4% 的一年级学生来自农村。

4. 独生子女

调查的 1440 名一年级学生中，独生子女占一年级学生的 49%。

5. 民族

一年级学生中，少数民族调查对象占 10.4%。

6. 政治面貌

8.1% 的一年级同学是党员（正式/预备），71.1% 是共青团员，入党积极分子占 16.9%，还有 3.8% 的同学政治面貌是群众。

7. 担任学生干部情况

一年级调查对象的 64.3% 曾担任过或正在担任学生干部。

8. 专业

一年级学生来自于 22 个专业，主要包括艺术设计、服装设计和女性学专业。

9. 调查对象父母亲的文化程度

父亲中，初中文化程度所占比例最高，高中及以上文化程度者所占比例高于母亲，母亲中初中文化程度所占比例最高，初中以下文化程度者所占比例高于父亲。（见表 1）

表 1　一年级调查对象父母亲的文化程度分布情况

文化程度	父亲（%）	母亲（%）
不识字或识字很少	2.7	4.7
小学	8.3	17.3
初中	31.5	33.7
高中	26.0	21.3
中等职业教育学校	3.4	4.1
大专	12.8	9.5
本科	14.3	8.7
研究生	1.1	0.7

10. 家庭收入

家庭人均月收入在 500 元以下的大一年级学生，占 11.1%，500—1000 元的学生占 15.5%，1001—2000 元的占 44.3%，家庭人均月收入在 2000 元以上的学生占 19.1%。

二、思想状况

1. 入党意愿

一年级学生中，79.2%（1121人）表示愿意加入中国共产党，14.4%的同学选择看情况，只有6.4%的同学不愿意加入中国共产党。

在愿意入党的同学中，入党动机主要是追求理想和信念，占51.3%，其次是谋求仕途上的发展和增强就业竞争力（见图2）。

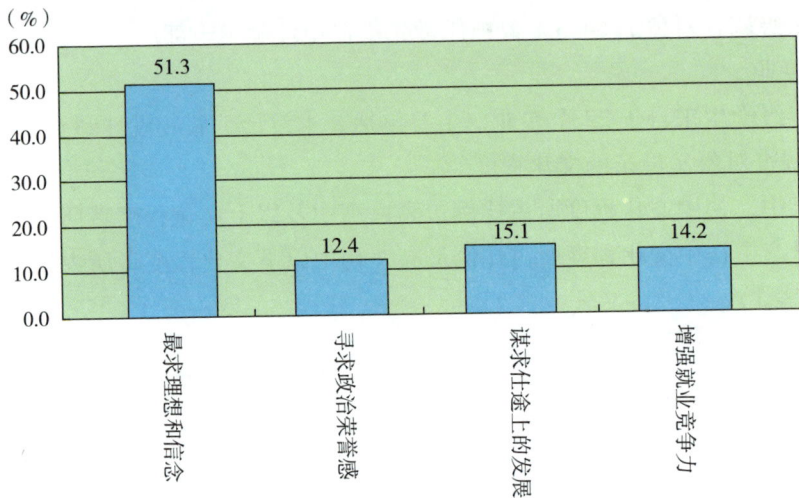

图2　一年级学生入党动机

2. 人生价值

一年级调查对象中72.4%的人认为人生价值主要体现在对社会的贡献大小，其次体现在职务的高低和权力的大小，占11%，8.1%的同学认为人生价值体现在经济收入的高低，8.5%的同学认为人生价值体现在生活舒适安逸方面。

3. 参加社会公益活动的目的

一年级调查对象参加社会公益活动的目的主要是为了服务社会、帮助他人，占80.6%，其次是提高精神境界、满足自我，占64.5%，占第三位的是为了获得更多的求职机会，占29.6%，8.5%的同学是为了获得赞扬，还有5.6%是为了应付学校的作业。

4. 遇到老人摔倒时的处理方式

超过一半的一年级同学在遇到老人摔倒时，选择即使没有旁证，也会上前搀扶（见图3）。

（%）

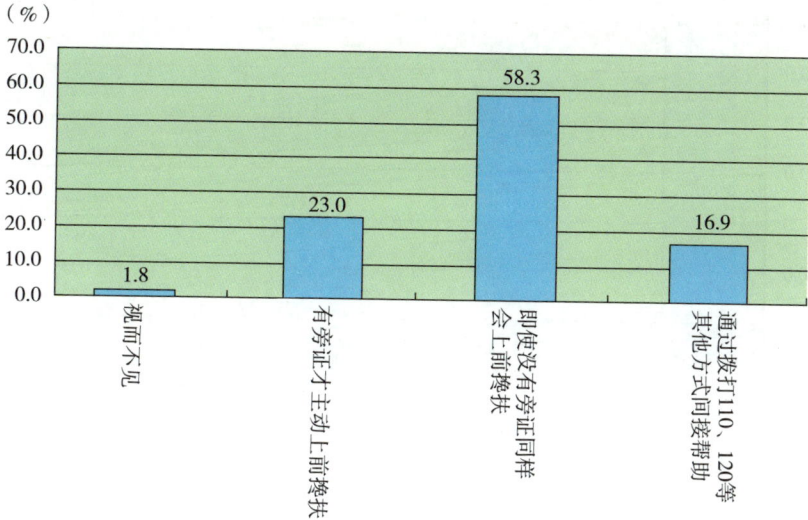

图3　一年级调查对象在遇到老人摔倒时的处理方式

5. 无人监考时是否作弊

当无人监考时，一年级学生有71.2%的同学选择不会作弊，22.8%的同学表示说不准，有6%的同学选择会作弊。

6. 表达孝心的方式

55.5%的一年级同学选择以良好的学习成绩回报父母的方式来表达孝心，59.1%的一年级同学选择以经常和父母谈心交流的方式表达孝心，41.9%的一年级同学选择会以勤工俭学减少父母经济负担的方式表达孝心，45%的一年级同学选择有事自己担当不让父母操心的方式来表达孝心，69.1%的一年级同学会以练好本领将来找一份好工作回报父母的方式表达孝心。

7. 期望的家庭生活模式

72.6%的一年级学生所期望的家庭生活模式是男女平等，期望男主外、女主内的家庭生活模式的学生占17.6%，4.6%的同学希望女主外、男主内，还有5.2%的同学希望做全职太太。

8. 选择恋爱对象时首要考虑的条件

一年级的大部分同学在选择恋爱对象时第一位考虑的条件是人品，第二位考虑的条件是性格，第三位考虑的条件是学识。（见图4）

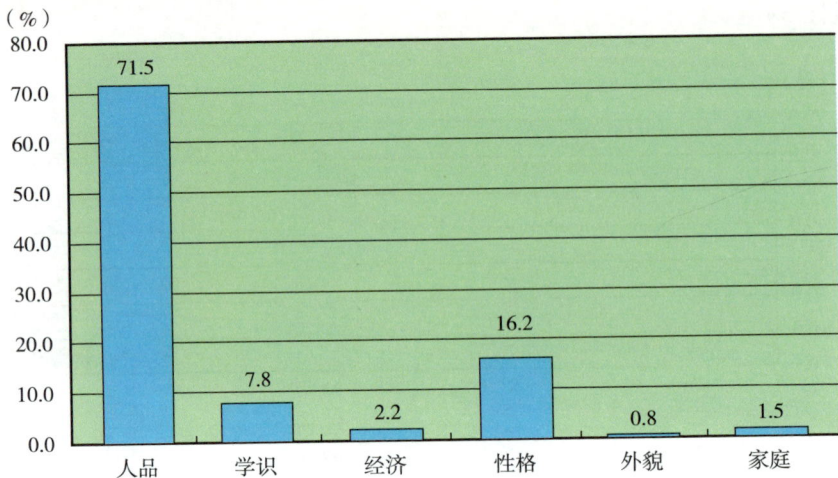

图 4　一年级同学选择恋爱对象时首要考虑的条件

9. 女校"四自"精神熏陶的收获

通过女校的"四自"精神熏陶，一年级同学们最大的收获是：独立性增强，占 75.9%，其次是增强了社会责任感和使命感，占 53.8%，53.3% 的同学的收获是自信心提高，39.0% 的同学认为"四自"精神熏陶的收获是促进女大学生成才，20.3% 的同学认为"四自"精神教育的收获是有利于女大学生就业。

10. 与同学们经常议论的热门话题

一年级学生之间经常议论的热门话题主要是学习就业问题、娱乐生活和同学关系。（见图 5）

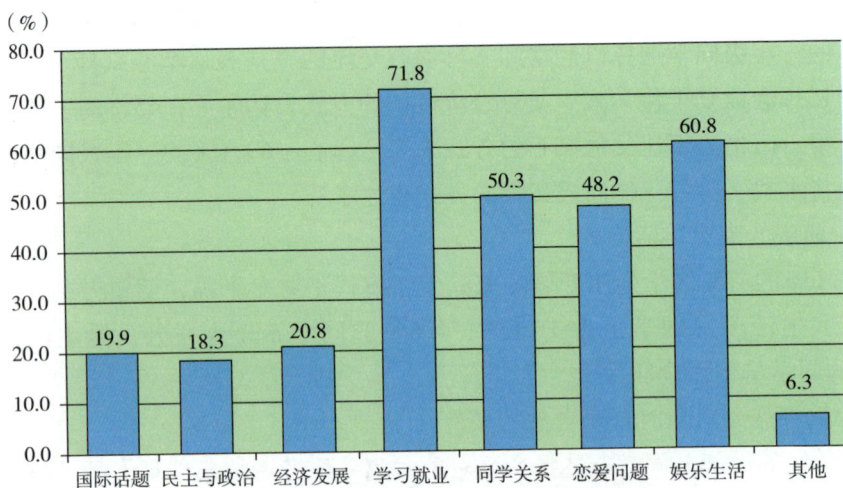

图 5　一年级调查对象经常议论的话题

三、学习情况

1. 在课堂教学中，最关注老师的哪些方面

大一新生在课堂教学中，首先最关注老师的教学水平，其次是个人魅力。最不关注的是老师的学术水平。（见图 6）

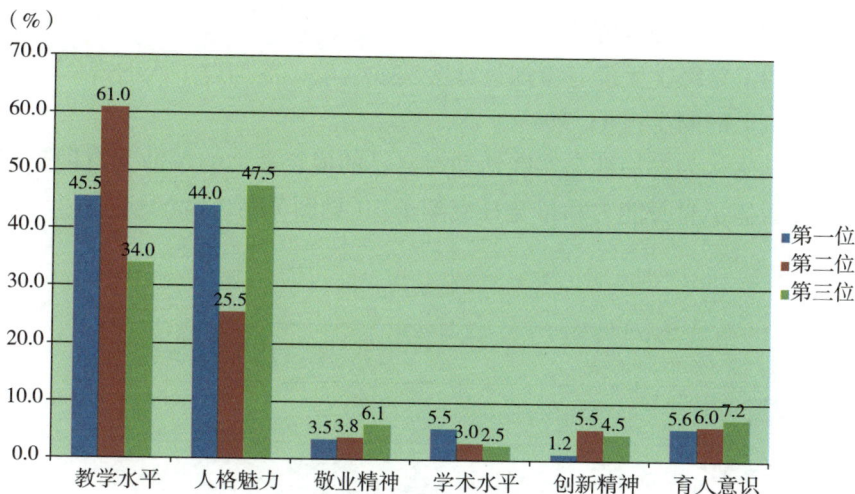

图 6　一年级学生在课堂教学中最关注老师的内容

2. 喜欢的讲座类型

一年级调查对象最喜欢人文、社科学术报告，其次是形势报告以及时事热点分析。所占比例最少的是人生规划类的讲座。（详见表 2）

表 2　调查对象喜欢的讲座类型

讲座类型	百分比
人文、社科学术报告	25.7
形势报告	24.1
科学技术发展动态	3.5
英雄模范人物事迹报告	4.1
时事热点分析	14.5
心理健康	7.1
青春励志	13.6
流行时尚	3.8
人生规划	0.5
其他	3.1

3. 参加学校各类科技竞赛活动情况

44%的学生没有参加过学校各类科技竞赛活动。参加过1次的同学占51.2%，参加过2次及以上的同学占4.8%。

一年级学生认为科技竞赛活动对他们最大的帮助分别是：培养团队合作精神（65.2%）、拓宽了视野（47.1%）以及专业知识的运用（45.6%）。

4. 参加社会实践活动情况

66.8%的一年级学生没有参加过社会实践活动，参加过1次的占22.1%，参加过2次及以上的同学占11.1%。

一年级学生认为参加社会实践活动对自己的成长最大的帮助是有助于了解社会，其次是锻炼了自身能力和拓宽社交圈子。（见图7）

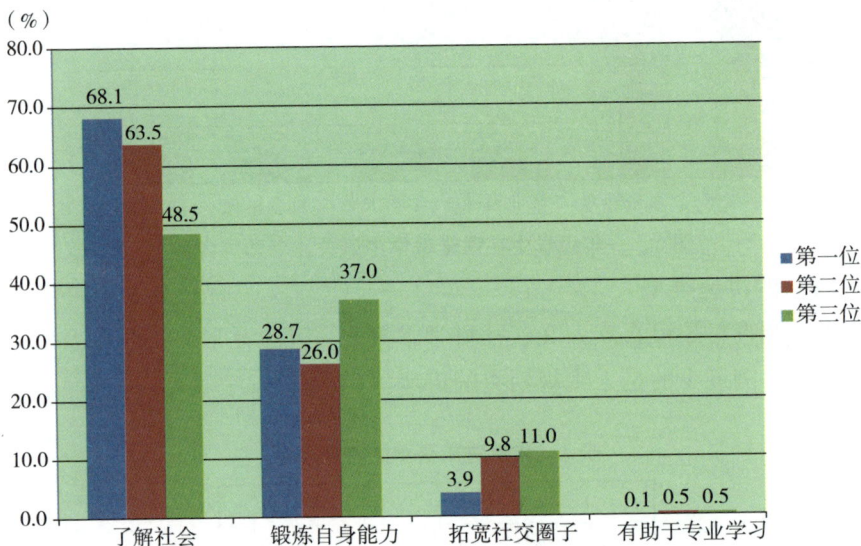

图7　一年级学生参加社会实践活动对成长的帮助

5. 学习方面存在的困难

一年级学生在学习方面遇到的最大困难是学习方法不当，其次是对专业不感兴趣、不能很好地与老师沟通及对自己没有信心。（见图8）

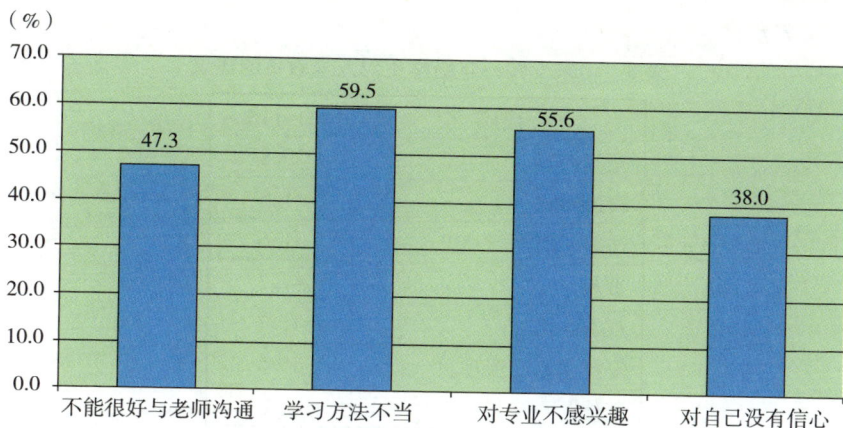

图8 一年级学生在学习方面存在的困难

6. 对自己学习状况的满意度

对自己的学习状况感到非常满意的一年级学生占30.9%，比较满意的占49.8%，感觉一般的同学占13.7%，感觉不满意的同学占3.4%，非常不满意的占2.3%。也就是说，19.4%的一年级学生对自己的学习状况感到一般和不满意。

同学们对自己的学习状况感到一般和不满意的原因主要是教学条件差，其次是教师教学水平不高以及自律能力较弱。（见图9）

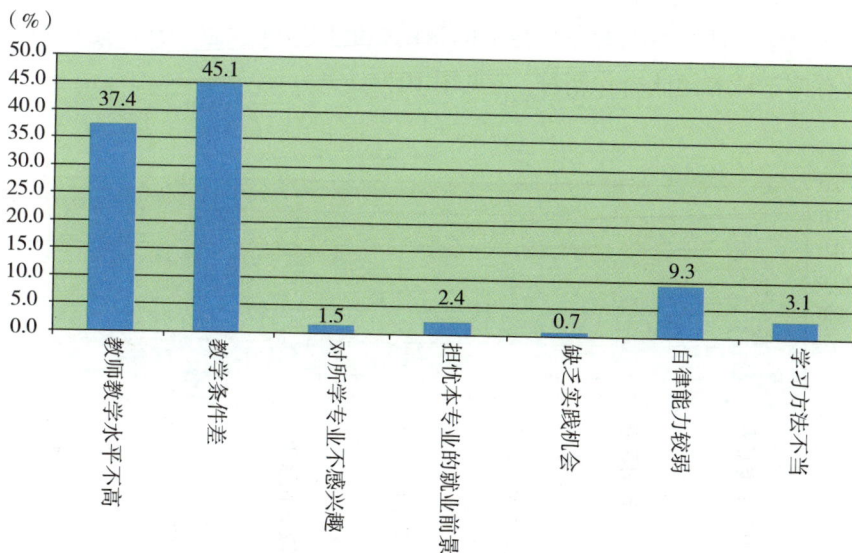

图9 一年级学生对自己的学习状况感到一般和不满意的原因

7. 入学教育

表3 山东女院一年级学生对入学教育的建议

建议	百分比
充实内容	29.8
改进形式	31.5
增加时间	31.6
参观	49.7
观看录像片	41.7
安排学姐交流项目	35.5
其他	5.1

65.4%的一年级学生对学校提供的入学教育感到满意。

针对学校的入学教育，一年级学生提出的建议中所占比例最高的是参观、观看录像片以及安排学姐交流项目。（见表3）

8. 入门指导课程开设情况

87.2%的一年级学生所学专业开设了学科或专业类的入门指导课程。

87.8%的同学认为所开设的学科或专业入门指导课程对自己了解所学的学科专业有帮助。

9. 军训对成长的帮助

一年级学生认为军训对成长最大的帮助是磨炼坚强意志，其次是增强组织纪律性及有助于培养团队合作精神。（见图10）

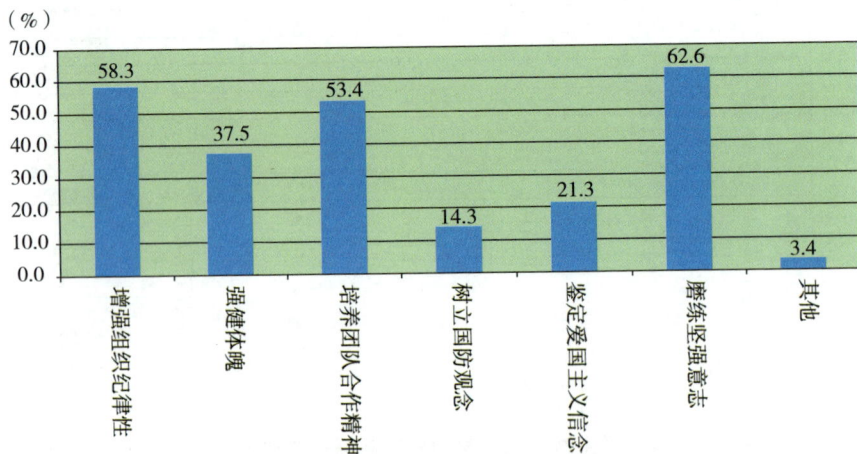

图10 军训对成长的帮助

10. 礼仪与修养类课程开设情况

85.9%的一年级学生回答所在学校开设了礼仪与修养类的课程。

71.3%的同学认为礼仪类课程对自己的帮助是有助于了解礼仪基本规范及要求；24%的同学认为礼仪类课程对自己的帮助是有助于提升自身修养；2%的同学认为礼仪类课程对自己的帮助是有助于学会与人交往与沟通；1.8%的同学认为礼仪类课程对自己的帮助是有助于提升自信。

四、生活情况

1. 课余时间的安排方式

从图10可以看出，大一学生主要将课余时间用于休息娱乐，其次是学习和参加社团活动。（见图11）

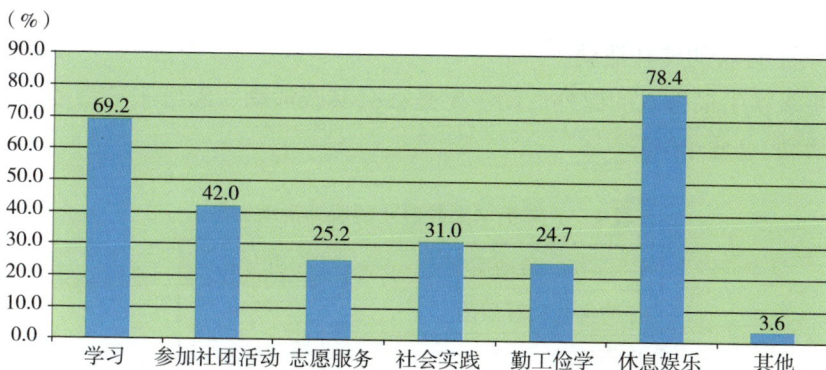

图11 大一学生安排课余时间的方式

2. 上网情况

一年级学生平均每天上网时间在1~3个小时的所占比例最高，其次是平均每天上网时间在3~5小时和1小时以下。还有0.3%的一年级同学从不上网。（见图12）

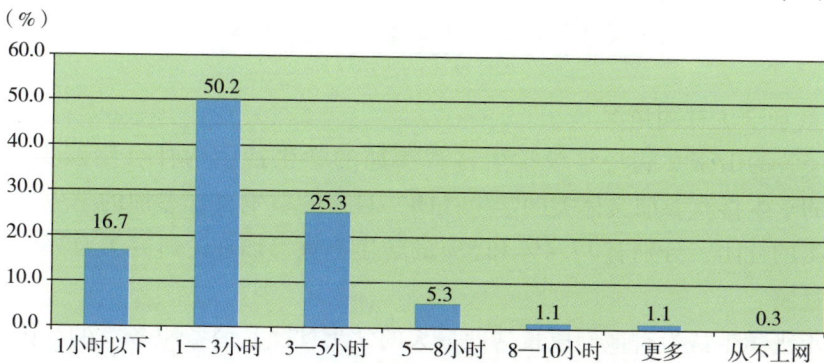

图12 大一学生平均每天上网时间分布情况

一年级学生上网的主要目的是为了查找学习资料及阅读新闻。（见图13）

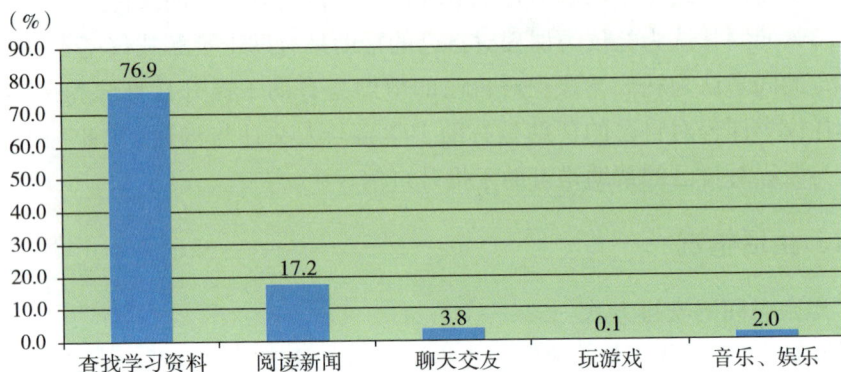

图13　一年级学生上网的主要目的

3. 学生喜欢的课外活动

一年级学生最喜欢的课外活动主要是社会实践活动、志愿服务活动及文艺体育竞赛活动。（见表4）

表4　一年级学生最喜欢的课外活动类型

活动类型	百分比
各种主题教育活动	25.0
社团活动	38.8
讲座或报告会	21.7
文艺体育竞赛活动	44.6
社会实践活动	56.1
志愿服务活动	52.8
辩论赛等文化类竞赛活动	21.9

4. 参加学生社团情况

29.5%的山东女院一年级学生喜欢参加的学生社团为社会实践类的社团，24.1%的学生喜欢参加文体类的学生社团，24%的学生喜欢参加的学生社团为公益服务类的社团，分别有17.4%和5%的学生喜欢参加理论研究类及兴趣爱好类的学生社团。

一年级学生认为对他们成长帮助最大的学生社团是公益服务类的社团，其次是理论研究类的学生社团。（见图14）

（%）

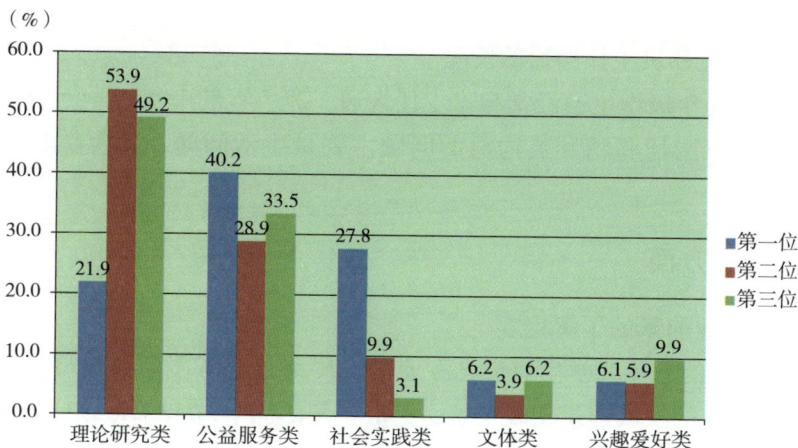

图14　对学生成长帮助最大的学生社团

5. 与同学的关系

86.7%的一年级学生与同学关系良好，关系一般的占12.4%，与同学关系不好的学生占0.9%。

6. 对宿舍生活满意度

46.9%的一年级学生对宿舍生活感到满意，53.1%的一年级学生不满意自己的宿舍生活。不满意的主要原因是宿舍空间小、条件差以及洗澡不方便。

7. 遇到烦恼和挫折时交流的对象

一年级学生在遇到难以解决的烦恼或挫折时最愿意交流的对象是家人、学生干部及朋友。（见图15）

（%）

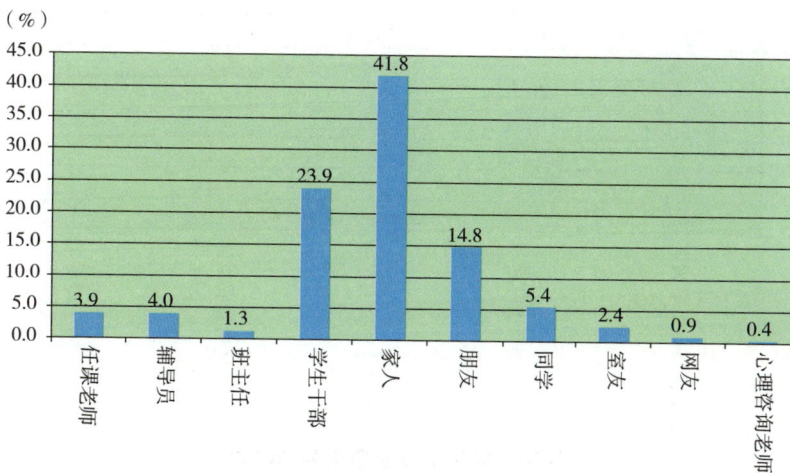

图15　遇到烦恼和挫折时最愿意交流的对象

9. 与辅导员和班主任沟通的情况

20.8% 的一年级学生会经常与班主任沟通，27.7% 的一年级学生会经常与辅导员沟通。与班主任和辅导员沟通的问题主要是生活问题，其次是学习方面的问题。

五、发展方面

1. 对本专业前景的了解程度

只有 6.4% 的一年级学生对自己专业的发展前景非常了解，38.3% 的一年级学生对自己专业的发展前景比较了解，一般了解的同学占 42.2%，11.5% 的同学不太了解自己专业的发展前景，还有 1.6% 的同学非常不了解自己专业的发展前景。

2. 对职业生涯发展的规划

12.2% 的一年级学生对自己的职业生涯发展有明确的规划，62.3% 的同学有一个粗略的规划，17.9% 的同学正在规划自己的职业生涯，还有 7.6% 的同学没有规划。

3. 未来工作中最重要的能力

一年级学生认为未来工作中最重要的能力是团队协作与沟通能力以及综合性知识及素养。（见图 16）

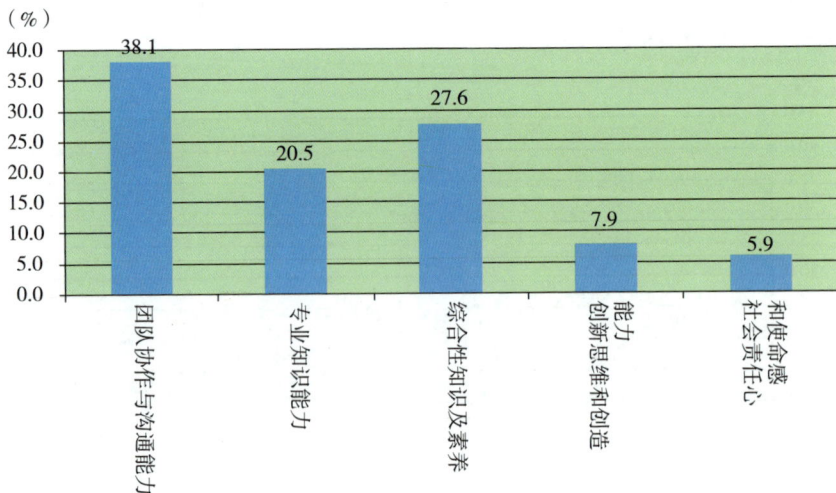

图 16 未来工作中最重要的能力

4. 选择工作时主要考虑的因素

一年级学生在选择工作时主要考虑的因素是薪酬与报酬，其次是社会声誉和发展机会。（见图 17）

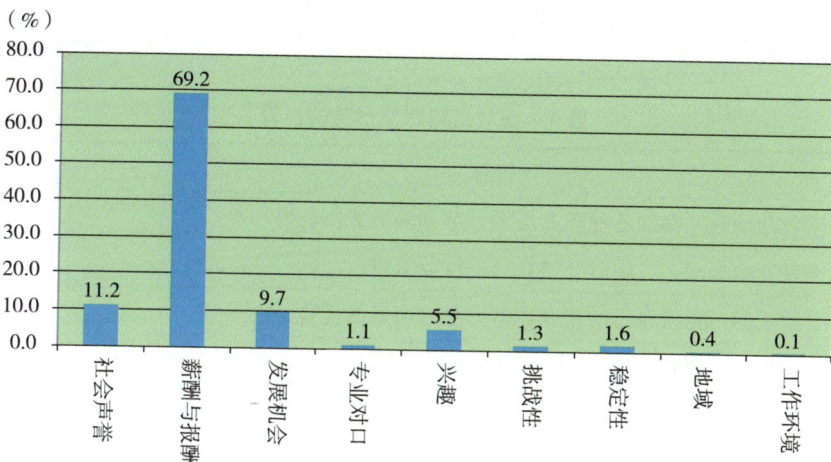

（%）

80.0

69.2

社会声誉	薪酬与报酬	发展机会	专业对口	兴趣	挑战性	稳定性	地域	工作环境
11.2	69.2	9.7	1.1	5.5	1.3	1.6	0.4	0.1

图 17　一年级学生在选择工作时主要考虑的因素

5. 对当前大学生择业、就业、创业政策的了解

一年级学生对大学生择业、就业、创业政策的了解程度一般的所占比例最高。（见图 18）

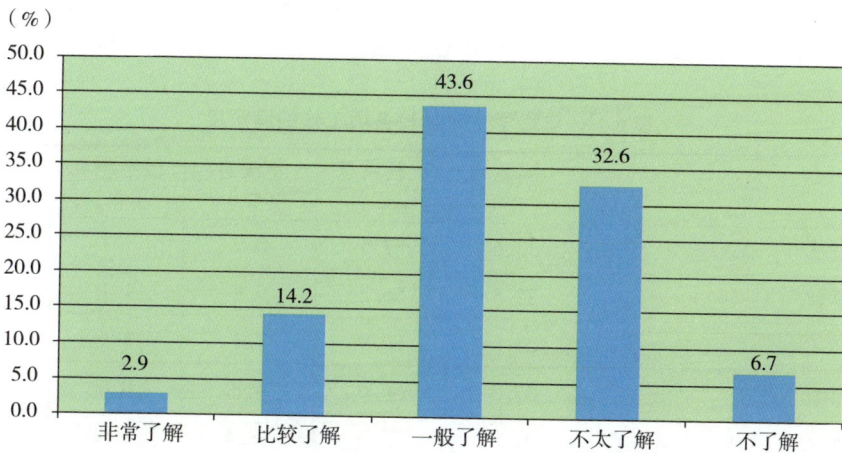

（%）

非常了解	比较了解	一般了解	不太了解	不了解
2.9	14.2	43.6	32.6	6.7

图 18　一年级学生对当前大学生择业、就业、创业政策的了解

6. 面对当前就业形势的打算

面对当前的就业形势，最多的同学打算在完成学业的同时，参加各种职业培训，拿到多项资格证书；其次是关注社会就业市场动态，随时调整自己的就业策略；占第三位的是同学觉得很焦虑，很茫然，觉得自己的就业竞争力没有明显的优势。（见表5）

表5　面对当前就业形势的打算

打算	百分比
在完成学业的同时，参加各种职业培训，拿到多项资格证书	46.6
关注社会就业市场动态，随时调整自己的就业策略	35.9
很焦虑，很茫然，觉得自己的就业竞争力没有明显的优势	11.5
没有特别的准备，但相信"车到山前必有路"	2.6
多方寻求实习机会，弥补经验不足的缺陷，增强求职的自信	2.7
有自主创业的想法，并进行了相应的准备，争取自己主导自己的命运	0.1
更新就业观念，积极响应政府号召，去基层就业	0.4

六、综合部分

1. 对学校各项工作的满意度

一年级学生不满意的方面主要是大学学习生活、后勤保障服务以及校园环境，这也体现了学生们不满足分校区学习环境的局限性和对回归学校本部的期盼。

表6　一年级学生对学校各项工作的满意度

	满意（%）	比较满意（%）	不满意（%）	很不满意（%）	不清楚（%）
所学专业	33.6	57.5	6.9	1.1	0.9
课堂教学	22.5	66.2	9.8	1.1	0.4
教学	29.0	60.9	7.1	1.4	1.6
教师师德	37.3	56.0	4.3	0.6	1.8
学习风气	21.6	57.3	18.4	1.4	1.3
思想政治教育课	24.1	53.8	17.5	3.3	1.3
体育课	36.5	45.6	13.4	3.2	1.3

续表

	满意（%）	比较满意（%）	不满意（%）	很不满意（%）	不清楚（%）
家庭经济困难学生资助	28.8	49.5	17.7	1.8	2.2
心理健康教育	31.4	50.2	10.5	2.5	5.4
社团活动	21.7	49.8	17.6	4.8	6.0
社会实践活动	24.9	51.2	14.5	5.2	4.3
就业指导	27.3	55.7	11.6	1.9	3.6
后勤保障服务	17.5	52.4	21.4	3.6	5.1
大学学习生活	18.3	53.8	22.9	3.3	1.7
校园环境	21.5	52.1	19.4	3.2	3.8

2. 目前最大的压力来源

一年级学生感到最大的压力分布是就业和发展压力、学业压力及经济压力。

3. 学校应加强对学生培养的内容

一年级学生认为学校应加强培养学生的社会责任感、思想道德素质，以及专业能力。

4. 女院特色的体现

一年级学生认为女院的特色主要体现在"四自"精神教育，其次是女性学课程。（见图19）

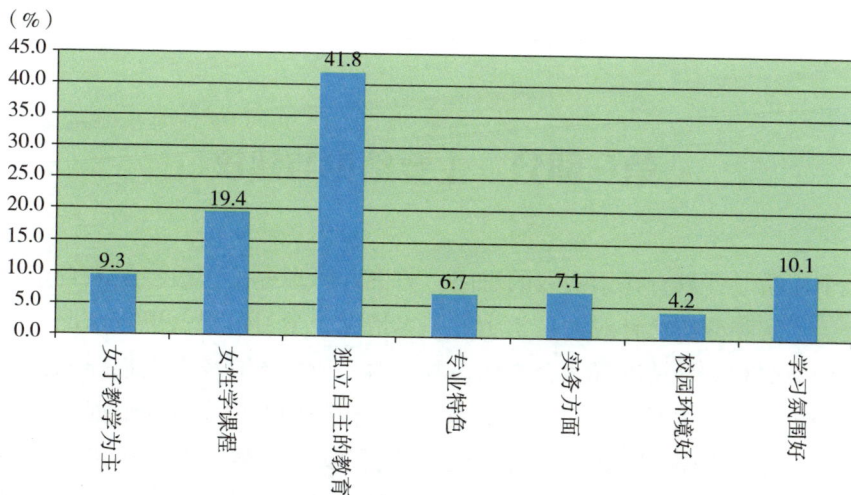

图19 女院特色的体现

5. 如果你是好高校的校长，你认为办好自己学校的建议和措施

占最高比例的措施是完善基础设施建设，其次是创新办学理念以及加强专业学习。（见表7）

表7 作为女校的校长，办好自己学校的措施

建议和主张	百分比
创新办学理念	14.0
提高教师队伍素质	9.9
完善基础设施建设	15.8
加强学术方面的教育	6.4
加强专业学习	12.3
开设形体课程	3.4
提高女性修养	4.3
图书馆全天开放，每天开放	5.1
创造良好的学习氛围	5.2
扩大校园规模	3.3
开展安全教育	5.0
帮助学生解决心理问题	1.9
多听学生的意见	7.7
改善住宿条件	3.5
培养现代女性人才	2.2

第三部分　主要结论与建议

大学生适应性教育探索实践的思路、方案和管理办法，很多是来自于对学生的调查、了解和分析。针对大一学生的基本情况、学习情况、思想情况、生活情况、发展情况和综合情况等六个方面，我们对三所女子高校学生抽样调查的数据进行了分析归纳，主要结论与建议也是本书考虑问题的出发点和依据。

1. 一年级的调查对象中有多数是自愿选择女校，第一志愿录取率较高，一年级学生是自己作出决定报考女院所占比例显著高于其他年级，一年级选择女校

的原因考虑的前4项因素从多到少依次为"地域优势——女校的独特氛围——专业的吸引力——女校人才培养目标"，年轻人对大城市充满了向往，愿意到大城市开阔眼界，了解新事物。对女校的了解限定在专业的吸引力和女校独特的氛围，但对女校的管理方式了解不深也是不太愿意选择女校的原因，有的是家长的选择，有的是分数不高不得不选择。可以看出，还有部分学生对女校的了解仅仅停留在表面。处于首都北京和省会城市这一地理优势是女院招生的主要优势，学校应继续大力开展学科建设、硬件建设，改进管理方式，增进学校的整体实力。

2. 一年级调查对象中生源来自中小城市和农村家庭的较多，多子女家庭也较多，家庭收入不高，父母亲的文化程度偏低。这部分学生家庭生活困难，很多学生业余时间外出打工挣钱，影响到学业，经济压力导致学业压力增大，同时影响到就业。这就要求学校要加大资助力度，大力提高学生的综合素质，多角度培养学生。但是家庭贫困的学生到校之后努力上进，在班级中有较高威信，担任班干部的占较高比例，他们的自立精神强，思想上积极进步，向党组织靠拢，有一定的组织协调能力，属于中坚力量，是其他年级学生的榜样。对一年级学生要加强专业的引导以及就业方向的指导，使得他们能够明确自己的职业发展方向，对国家政策和就业形势有明确的认识，不至于迷茫。

3. 一年级的调查对象中思想上大多是积极向上的，51.3%入党动机是为了追求理想和信念，人生价值观正确，判断事物的标准符合主流价值观，热爱公益活动，愿意服务社会和他人，有自律意识，对老人尊重和照顾，恋爱观积极健康，女校"四自"精神使得他们独立性增强，自信心提高，收获较大。他们最关注的是就业和学校问题。但也有少部分调查对象在政治上迷茫，精神境界不高，人生价值观和恋爱观都有些偏激。对待这部分学生要积极引导，给他们树立榜样，不能简单采取批评教育的方式，要多加以引导。

4. 一年级调查对象对教师的关注大多在敬业精神和人格魅力上，不甚关注教师的创新精神和拓宽视野，可以看出女院学生在开拓视野方面没有太多要求，创新意识不够强。比较喜欢学习就业和同学之间的关系，选择形势报告和人文社科学术报告的比例居高，说明女院学生比较关心国家大事。对人生规划不太感兴趣，很多学生认为大一先玩玩再说，还来不及关注人生规划。一年级学生认为参加科技竞赛对他们培养团队精神和合作意识具有很大帮助，而且可以提高沟通能力和协调组织能力等。他们普遍认为学习方法不当、对专业不感兴趣是他们学习方面存在的最大困难。有超过30%以上的一年级学生对自己的学习状况感到满意。不满意的原因主要是对教师教学水平不高和教学条件差。学校一定要加大对大一专业入门指导课程的重视，提高教学水平，以便给大学四年打好基础。一年级学生没有参加过专业实习和学年论文，所以很难评价这些对他们成长的帮助大小，但是也要多给他们提供参加社会实践的机会，以提升对专业的了解，提高专业研究能力和就业能力。

5. 调查发现，目前一年级学生平均每天上网时间为 1—3 小时的所占比例最高，其次居多的是 1 小时和 3—5 小时。大多数学生上网的主要目的是查找学习资料，但也有部分学生阅读新闻、聊天交友及音乐娱乐，玩游戏和发邮件的几乎没有。这些说明大一学生的课业负担比较重，没有时间用电脑去看电影。建议在学生工作中加强对学生有效、合理地使用网络的引导和规范，鼓励学生积极利用网络开展学习，促进学生养成网络正常行为，通过网络获取人生成长的正能量。

6. 调查发现，一年级学生最喜欢的课外活动依次是社会实践活动、志愿服务活动、体育竞赛活动、社团活动和各种主题教育活动，讲座、报告会及辩论赛活动喜欢的比例比较低。应该为一年级学生多创造社会实践活动机会，提高讲座报告会的针对性，指导他们参加竞赛活动，从中培养对各类竞赛的兴趣。

7. 一年级调查对象大多与同学相处比较好，对宿舍生活感到不太满意，满意率只占 47%，这可能与女院大一学生住在北校区，条件比较艰苦有关系，他们在遇到困难和问题时首先想到的是家人，第二位是学生干部，排在第三位的是朋友。一年级学生中只有不到 5% 的学生经常与辅导员交流，仅有不到 1.3% 的学生经常和班主任沟通，并且这部分与辅导员和班主任经常交流的学生中，各级各类班干部占了绝大多数。普通学生中与辅导员和班主任交流的比例很低，并且交流的次数也很少。可以看出，一年级学生与辅导员、班主任交流的时间和频率较低。辅导员和班主任工作中忙于日常琐事，辅导员、班主任深入关心学生学业和品德发展方面投入不足。学校应从深层次找出原因，学生为何不主动与辅导员和班主任沟通，班主任和辅导员又为何走不进学生的心中，不能获得他们的信任。学校应该尽量把辅导员和班主任的工作职责分清楚，少安排一些事务性的工作，多留一些时间给辅导员和班主任与学生进行深度交流，建立互动关系，增加信任度。

8. 调查发现，一年级学生对自己的专业只能做到一般了解和比较了解，对自己的职业生涯有一个粗略的规划，选择工作时主要考虑薪酬，对国家目前大学生择业、就业、创业政策一般了解，面对当前就业形势，主要打算是进一步提升学历层次，增强就业竞争力；一部分学生关注社会就业市场动态，随时调整自己的就业策略。从中可以发现，大一学生还不能很明确自己的人生目标和职业规划，对未来比较迷茫，选择工作较为注重经济效益。面对当前的就业形势，大一学生愿意选择各种职业培训，同时拿到各种执业资格证书，随时调整自己的结业策略和应对方式，学校需要对大一学生加以正确引导，保持这种愿望，多提供职业生涯规划指导。

9. 一年级学生对学校各项工作的满意度依次是：教师师德、体育课、所学专业、心理健康教育、教学、家庭经济困难学生资助、就业指导、思想政治教育课、社会实践活动、课堂教学、学习风气、校园环境、大学学习生活、后勤保障服务。他们最大的压力来源是就业压力和发展问题，其次是学习考研压力。可以看出，一年级学生更多考虑的是未来的前途，当时报考大学时对未来的希望和理想热衷度未减。学校应该加大学姐学妹沟通，加大学生导师工作推进的力度，可以开展一些考研辅导，主要还是要发挥专业教师的作用，在专业上对学生进行指导，帮助他们提高学习能力，增强就业竞争力。

后　记

　　本书由宋胜菊、郭春鸿负责总体策划、提纲统筹、内容审定，王宁负责文字汇总和编辑整理，编写任务分工如下：前言、第一章、第二章，郭春鸿；第三章，王宁；第四章，马俊巍；第五章，赵晓丹；第六章，郑雷；第七章，宋立新；第八章，常琨；第九章，姜焱；第十章，张薇娅；附录1，马俊巍；附录2，郭春鸿。本书在编写过程中采用了北校区教师所编《牵手教育》中部分研究成果，在此感谢张惠敏、祝洁琼、邱阳、王学美、李庆华、樊玫华、邱浩、杨晓峰、徐超、刘娜、秦毓梅等同志为大学一年级学生适应性教育做出的辛勤努力和探索。此书在编写过程中也得到了学生处处长张瑞芝、原教务处处长洪艺敏的指导和支持。另外，此书在编写过程中还参考了大量同行们的文献资料，在此一并表示感谢！

　　由于编者时间紧促和水平有限，疏漏之处在所难免，敬请读者朋友、同行批评指正。

编者

2015 年 8 月